Fabritius

Konzerninterne Arbeitnehmerüberlassung im Krankenhaus

Meinem Vater

Sonja Fabritius

Konzerninterne Arbeitnehmerüberlassung im Krankenhaus

Schriftenreihe zur Zeitarbeit

Verlag Personal, Recht, Management Ltd.

Bibliographische Information der deutschen Nationalbibliothek
Die Deutsche Nationalbibliothek verzeichnet diese Publikation in der Deutschen Nationalbibliographie; detaillierte bibliographische Daten sind im Internet über http://dnb.d-nb.de abrufbar.

Niederlassung Deutschland: Lindlaustr. 2a, 53842 Troisdorf

Umschlagskonzeption: Verlag Personal, Recht, Management Ltd.
Satz: Verlag Personal, Recht, Management Ltd.
Druck: Books on Demand GmbH, Norderstedt
Printed in Germany, Mai 2009

ISBN 978-3-941388-20-8

Vorwort

Die vorliegende Arbeit wurde im Sommersemester 2008 als Diplomarbeit an der Fachhochschule Gelsenkirchen, Abteilung Recklinghausen im Fachbereich Wirtschaftsrecht geschrieben. Für die Drucklegung konnte teilweise noch die neuere Entwicklung in aktuellen Diskussionen sowie der Rechtsprechung berücksichtigt werden.

Motivation für das Thema waren Seminare während des Studiums, in denen die Arbeitnehmerüberlassung und ihre Aspekte vielfältig diskutiert und in unterschiedlicher Weise beleuchtet werden konnten. Hieraus entwickelte sich die Thematik der konzerninternen Arbeitnehmerüberlassung für die vorliegende Arbeit.

Mein Dank gilt zunächst Herrn Prof. Dr. Peter Pulte für die freundliche Zusammenarbeit bei der Bearbeitung und die Betreuung der Diplomarbeit als Erstkorrektor. Herrn Prof. Karl-Heinz Niehüser möchte ich für die Übernahme der Betreuung als Zweitkorrektor danken.

Mein ganz besonderer Dank geht an meine Mutter, Frau Marita Fabritius, für ihre uneingeschränkte Förderung meiner Ausbildung und ihre fortwährende Unterstützung, nicht zuletzt durch das mühevolle Korrekturlesen. Auch möchte ich Herrn Heinz Himmels für die wertvollen und kritischen Anmerkungen sowie seine herzliche Unterstützung danken.

Nicht mehr danken kann ich meinem Vater, Herrn Heinz Fabritius. Er hat meinen beruflichen Werdegang mit Freude verfolgt und mich an seinen zahlreichen Erfahrungen als Jurist teilhaben lassen. Seinem Gedenken widme ich diese Arbeit.

Köln, im Februar 2009 Sonja Fabritius

Inhaltsverzeichnis

Abbildungsverzeichnis

Abkürzungsverzeichnis

a.A.	anderer Ansicht
a.a.O.	am angegebenen Ort
a.F.	alte Fassung
Abs.	Absatz / Absätze
AEntG	Gesetz über zwingende Arbeitsbedingungen bei grenzüberschreitenden Dienstleistungen (Arbeitnehmer-Entsendegesetz)
AG	Aktiengesellschaft
AGG	Allgemeines Gleichbehandlungsgesetz
AktG	Aktiengesetz
AMP	Arbeitgeberverband Mittelständischer Personaldienstleister
Anm.	Anmerkung
AO	Abgabenordnung
ArbG	Arbeitsgericht
ArbGG	Arbeitsgerichtsgesetz
AR-Blattei (SD)	Arbeitsrechts-Blattei (Systematische Darstellung)
ArbR-Hdb.	Arbeitsrechts-Handbuch (Schaub)
ArbZG	Arbeitszeitgesetz
ARGE	Arbeitsgemeinschaft
Art.	Artikel
AuA	Arbeit und Arbeitsrecht
Aufl.	Auflage
AÜG	Gesetz zur Regelung der gewerbsmäßigen Arbeitnehmerüberlassung (Arbeitnehmerüberlassungsgesetz)
AuK	Arbeitsrecht und Kirche
AVR Caritas	Richtlinien für Arbeitsverträge in den Einrichtungen des Deutschen Caritasverbands
AVR DW EKD	Arbeitsvertragsrichtlinien des Diakonischen Werks der Evangelischen Kirche
BAG	Bundesarbeitsgericht
BAT	Bundesangestelltentarifvertrag
BAT-KF	Bundesangestelltentarifvertrag – Kirchliche Fassung
BayObLG	Bayerisches Oberstes Landesgericht
BB	Betriebs-Berater

BeckRs	Beck-Rechtsprechung (Beck-Online)
BetrVG	Betriebsverfassungsgesetz
BGB	Bürgerliches Gesetzbuch
BGBl.	Bundesgesetzblatt
BMT-G	Bundesmanteltarifvertrag für Arbeiter gemeindlicher Verwaltungen und Betriebe
BPersVG	Bundespersonalvertretungsgesetz
BPflV	Verordnung zur Regelung der Krankenhauspflegesätze (Bundespflegesatzverordnung)
BT-Drs.	Bundestagsdrucksache
BVD	Tarifgemeinschaft Zeitarbeitsunternehmen in der Bundesvereinigung Deutscher Dienstleistungsunternehmen
BVerfG	Bundesverfassungsgericht
BVerwG	Bundesverwaltungsgericht
BZA	Bundesverband Zeitarbeit Personal-Dienstleistungen e.V.
bzw.	beziehungsweise
CDU	Christlich Demokratische Union
CGZP	Tarifgemeinschaft Christlicher Gewerkschaften Zeitarbeit und PSA
CSU	Christlich-Soziale Union
d.h.	das heißt
DB	Der Betrieb
DGB	Deutscher Gewerkschaftsbund
DKG	Deutsche Krankenhausgesellschaft
DRG	Diagnosis Related Groups
e.V.	eingetragener Verein
EGV	Vertrag zur Gründung der Europäischen Gemeinschaft
Einl.	Einleitung
EKD	Evangelische Kirche in Deutschland
ErfK	Erfurter Kommentar zum Arbeitsrecht
EU	Europäische Union
EzAÜG	Entscheidungssammlung zum Recht der Arbeitnehmerüberlassung
f.	folgende
FA	Fachanwalt für Arbeitsrecht
FAZ	Frankfurter Allgemeine Zeitung

ff.	fortfolgende
FPG	Fallpauschalengesetz
GewO	Gewerbeordnung
GewSt	Gewerbesteuergesetz
GG	Grundgesetz für die Bundesrepublik Deutschland
ggf.	gegebenenfalls
gGmbH	gemeinnützige Gesellschaft mit beschränkter Haftung
GKV	Gesetzliche Krankenversicherung
GmbH	Gesellschaft mit beschränkter Haftung
Hs.	Halbsatz
HWK	Henssler/Willemsen/Kalb, Arbeitsrecht – Kommentar
i.S.d.	im Sinne des
i.S.v.	im Sinne von
i.V.m.	in Verbindung mit
iGZ	Interessenverband Deutscher Zeitarbeitsunternehmen e.V.
JArbSchG	Gesetz zum Schutze der arbeitenden Jugend (Jugendarbeitsschutzgesetz)
JbArbR	Jahrbuch des Arbeitsrechts
JURA	Juristische Ausbildung
jurisPR-ArbR	juris Praxis-Report Arbeitsrecht
KGaA	Kommanditgesellschaft auf Aktien
KGH.EKD	Kirchengerichtshof der Evangelischen Kirche in Deutschland
KHEntgG	Gesetz über die Entgelte für voll- und teilstationäre Krankenhausleistungen (Krankenhausentgeltgesetz)
KHG	Gesetz zur wirtschaftlichen Sicherung der Krankenhäuser und zur Regelung der Krankenhauspflegesätze (Krankenhausfinanzierungsgesetz)
KHGG NRW	Krankenhausgestaltungsgesetz des Landes Nordrhein-Westfalen
KSchG	Kündigungsschutzgesetz
KStG	Körperschaftssteuergesetz
LAG	Landesarbeitsgericht
LPVG NW	Personalvertretungsgesetz für das Land Nordrhein-Westfalen
LPVG	Landespersonalvertretungsgesetz
MAV	Mitarbeitervertretung
MAVO	Rahmenordnung für eine Mitarbeitervertretungsordnung

MTArb	Manteltarifvertrag für Arbeiterinnen und Arbeiter des Bundes und der Länder
MuSchG	Gesetz zum Schutze der erwerbstätigen Mutter (Mutterschutzgesetz)
MVG.EKD	Kirchengesetz über Mitarbeitervertretungen in der Evangelischen Kirche in Deutschland
NachwG	Gesetz über den Nachweis der für ein Arbeitsverhältnis geltenden wesentlichen Bedingungen (Nachweisgesetz)
NJW	Neue Juristische Wochenschrift
NPersVG	Personalvertretungsgesetz für das Land Niedersachsen
Nr.	Nummer
NZA	Neue Zeitschrift für Arbeitsrecht
NZA-RR	Neue Zeitschrift für Arbeitsrecht – Rechtsprechungs-Report
NZS	Neue Zeitschrift für Sozialrecht
PKV	Private Krankenversicherung
RdA	Recht der Arbeit
Rdnr.	Randnummer
Rn.	Randnummer
Rz.	Randzeichen
S.	Satz / Seite
SGB III	Sozialgesetzbuch Drittes Buch – Arbeitsförderung -
SGB V	Sozialgesetzbuch Fünftes Buch – Gesetzliche Krankenversicherung -
SGB VI	Sozialgesetzbuch Sechstes Buch – Gesetzliche Rentenversicherung –
SGB XI	Sozialgesetzbuch Elftes Buch – Soziale Pflegeversicherung –
SPD	Sozialdemokratische Partei Deutschlands
StGB	Strafgesetzbuch
TdL	Tarifgemeinschaft deutscher Länder
TV-Ärzte	Tarifvertrag für Ärztinnen und Ärzte an Universitätskliniken
TV-Ärzte/VKA	Tarifvertrag für Ärzte an kommunalen Krankenhäusern
TVG	Tarifvertragsgesetz
TV-L	Tarifvertrag für den öffentlichen Dienst der Länder
TVöD	Tarifvertrag für den öffentlichen Dienst

TVöD–BT-K	Tarifvertrag für den öffentlichen Dienst – Besonderer Teil Krankenhäuser
TzBfG	Gesetz über Teilzeitarbeit und befristete Arbeitsverhältnisse (Teilzeit- und Befristungsgesetz)
u.a.	unter anderem
ver.di	Vereinte Dienstleistungsgewerkschaft
vgl.	vergleiche
VKA	Vereinigung der kommunalen Arbeitgeberverbände
WISU	Das Wirtschaftsstudium
WiVerw	Wirtschaft und Verwaltung
WRV	Die Verfassung des Deutschen Reichs
z.B.	zum Beispiel
ZfA	Zeitschrift für Arbeitsrecht

Einleitung

Die Arbeitnehmerüberlassung ist eins der sozial- und arbeitsmarktpolitisch umstrittensten Themen in Deutschland. Diese Beschäftigungsform – auch Leiharbeit, Zeitarbeit oder Personalleasing genannt – birgt erhebliches Konfliktpotential in sich. Dies spiegelt sich in zahlreichen Diskussionen in den vergangenen Jahren und auch in der derzeitigen Diskussion um einen Mindestlohn bzw. eine Einführung einer Lohnuntergrenze wider.

Durch das „Erste Gesetz für moderne Dienstleistungen am Arbeitsmarkt“ vom 23.12.2002 sind die Rahmenbedingungen der Arbeitnehmerüberlassung durch den Gesetzgeber erheblich geändert worden. Sie wurden liberalisiert und flexibilisiert. Betrachtet man die statistischen Erhebungen bezüglich der Arbeitnehmerüberlassung, so spiegeln sich die Änderungen in der Anzahl der überlassenen Leiharbeitnehmer wider. Diese hat sich in den vergangenen Jahren fast verdoppelt.[1] Gerade wegen dieser Entwicklung wird die Arbeitnehmerüberlassung von den einen als „Jobmotor“ bezeichnet, der neue Arbeitsplätze schafft und somit hilft, die Arbeitslosigkeit zu verringern. Von den anderen, insbesondere den Gewerkschaften, wird die Arbeitnehmerüberlassung als prekäre Beschäftigungsform bezeichnet, deren Entwicklung es aufzuhalten gilt.

Seit der Änderung der gesetzlichen Rahmenbedingungen stehen den Unternehmen neue Möglichkeiten für den Einsatz von Leiharbeitnehmern offen. Vor diesem Hintergrund haben sich auch neue Formen von Arbeitnehmerüberlassung entwickelt – so auch die in der vorliegenden Arbeit thematisierte konzerninterne Arbeitnehmerüberlassung. Bei dieser wird ein konzerneigenes Verleihunternehmen, meist als Personal-Service-Gesellschaft bezeichnet, gegründet. Zwecks Senkung der Personalkosten überlässt diese sodann Leiharbeitnehmer an die konzernzugehörigen Unternehmen.

Diese Form der Arbeitnehmerüberlassung ist derweil in vielen Branchen vorzufinden. Insbesondere greift jedoch der Krankenhaussektor auf die konzerninterne Arbeitnehmerüberlassung zurück. Sie stellt für diesen Sektor nicht nur eine Antwort auf die Modifikationen der gesetzlichen Rahmenbedingungen, sondern auch auf den zunehmenden Kostendruck dar.

Die vorliegende Arbeit behandelt ausführlich die Aspekte der konzerninternen Arbeitnehmerüberlassung im Krankenhaus. Dabei werden sowohl die wirtschaftlichen Gründe der Krankenhäuser sowie die rechtlichen Problemstellungen einer solchen Konstruktion erläutert. Für die rechtlichen Ausführungen zu dieser Thematik ist es jedoch unerheblich, um welchen Sektor es sich handelt, insofern werden diese branchenunabhängig dargestellt. Sofern die Besonderheiten des Krankenhaussektors zu berücksichtigen sind, wird dies in die Erläuterungen aufgenommen.

---

[1] Vgl. Statistik der Bundesagentur für Arbeit, Arbeitsmarkt in Zahlen, Arbeitnehmerüberlassung, 1. Halbjahr 2008, Nürnberg 2008, Tabelle 8.

Die Thematik der konzerninternen Arbeitnehmerüberlassung wird in neun Kapiteln dargestellt. Dabei beinhaltet das erste Kapitel einen allgemeinen Überblick der Arbeitnehmerüberlassung. Die aufgezeigten Grundlagen sind auch für die Form der konzerninternen Arbeitnehmerüberlassung von Bedeutung.

Das zweite Kapitel bildet die Eckdaten des Krankenhauswesens als dem hier im Speziellen behandelten Sektor ab. Dabei wird klargelegt, was der Begriff „Krankenhaus" besagt sowie die verschiedenen Arten der Trägerschaften vorgestellt. Zudem werden die wesentlichen Entwicklungen der vergangenen Jahre aufgezeigt. Die aus dieser Entwicklung resultierende derzeitige Situation der Krankenhäuser spielt eine Rolle für den Rückgriff auf die konzerninterne Arbeitnehmerüberlassung.

Eine theoretische Darstellung des Konstrukts der konzerninternen Arbeitnehmerüberlassung leitet zunächst Kapitel 3 ein. Sodann wird anhand von Ausgangsbeispielen aus dem Krankenhaussektor die praktische Umsetzung dieses Konstrukts verdeutlicht sowie die hiermit in Zusammenhang stehenden wirtschaftlichen Gründe und rechtlichen Probleme angerissen.

Das vierte Kapitel setzt sich vertiefend mit den wirtschaftlichen Gründen für die konzerninterne Arbeitnehmerüberlassung auseinander. Dabei werden speziell die für das Krankenhauswesen maßgeblichen Gründe aufgezeigt. Des Weiteren wird erläutert, warum für Krankenhäuser andere Handlungsalternativen zur Senkung der Personalkosten nur kaum in Frage kommen.

Das 5. und 6. Kapitel befassen sich mit den gesetzlichen Rahmenbedingungen der konzerninternen Arbeitnehmerüberlassung. Während Kapitel 5 aufzeigt, ob das Arbeitnehmerüberlassungsgesetz als gesetzliche Grundlage auf die spezielle Ausgestaltung der konzerninternen Arbeitnehmerüberlassung Anwendung findet, erörtert Kapitel 6 die maßgeblichen Änderungen der gesetzlichen Rahmenbedingungen, die diese Form der Arbeitnehmerüberlassung möglich und ökonomisch attraktiv gemacht haben. Schwerpunktmäßig wird hier auf den Gleichbehandlungsgrundsatz („equal pay/equal treatment" – Grundsatz) sowie dessen Abweichungsmöglichkeiten eingegangen.

Eine Darstellung und Erläuterung der Zulässigkeit dieser Konstruktion erfolgt im darauf folgenden Kapitel. Innerhalb dieses Kapitels werden zunächst die Argumente vorgetragen, die nach Ansicht der Kritiker dieser Konstruktion gegen deren Zulässigkeit sprechen. Ebenfalls werden die Ansichten derjenigen dargestellt, die die konzerninterne Arbeitnehmerüberlassung für zulässig erachten. Danach erfolgt eine kritische Würdigung der gegen die Zulässigkeit hervorgebrachten Argumente.

Kapitel 8 stellt die Beteiligungsrechte der Arbeitnehmervertretung bei der Übernahme von Leiharbeitnehmern im Entleiherbetrieb dar. Aufgrund des hier thematisierten Sektors, dem Krankenhaussektor, ist eine differenzierte Betrachtung nach Betriebsrat, Personalrat und Mitarbeitervertretung notwendig. Speziell gilt es zu beurteilen, ob der Arbeitnehmervertretung bei der konzerninternen Arbeitnehmerüberlassung ein Beteiligungsrecht zusteht, welche Ausgestaltung das Beteiligungsrecht hat und ob hierdurch der Einsatz von Leiharbeitnehmern verhindert werden kann.

Einen Überblick der möglichen Änderungen der gesetzlichen Rahmenbedingungen beinhaltet das letzte Kapitel. Die gesetzlichen Rahmenbedingungen sind von besonderer Bedeutung, weil die Möglichkeit der konzerninternen Arbeitnehmerüberlassung an den Fortbestand der derzeitigen gesetzlichen Regelungen gebunden ist. Hier wird ein Einblick in die Diskussion um deren mögliche Änderungen gegeben.

Abschließend erfolgt ein Fazit zu der Thematik der konzerninternen Arbeitnehmerüberlassung

1 Überblick der Arbeitnehmerüberlassung

Der folgende Überblick der Arbeitnehmerüberlassung stellt zunächst dar, was unter dem Begriff „Arbeitnehmerüberlassung" zu verstehen ist und welche Rechtsbeziehungen ihr zugrunde liegen. Zudem spielen die Abgrenzung zu anderen Vertragsarten sowie die verschiedenen Arten der Arbeitnehmerüberlassung eine Rolle.

1.1 Begriff der Arbeitnehmerüberlassung

Eine Legaldefinition des Begriffs „Arbeitnehmerüberlassung" ist im Arbeitnehmerüberlassungsgesetz (AÜG) nicht enthalten. In § 1 Abs. 1 S. 1 AÜG heißt es lediglich, dass Arbeitgeber, die als Verleiher Dritten (Entleihern) Arbeitnehmer (Leiharbeitnehmer) gewerbsmäßig zur Arbeitsleistung überlassen wollen, der Erlaubnis bedürfen. Die Rechtsprechung des Bundesarbeitsgerichts hat jedoch in zahlreichen Entscheidungen herausgearbeitet, was für die Arbeitnehmerüberlassung kennzeichnend ist. *„Arbeitnehmerüberlassung ist durch eine spezifische Ausgestaltung der Vertragsbeziehung zwischen Verleiher und Entleiher einerseits und Verleiher und Arbeitnehmer andererseits sowie durch das Fehlen einer arbeitsvertraglichen Beziehung zwischen Arbeitnehmer und Entleiher gekennzeichnet".*[2] Demzufolge bestehen bei der Arbeitnehmerüberlassung verschiedene (Vertrags-) Beziehungen zwischen den insgesamt drei Rechtssubjekten.

1.1.1 Rechtsbeziehung zwischen den beteiligten Rechtssubjekten

Verleiher und Leiharbeitnehmer schließen einen Arbeitsvertrag, der nach den allgemeinen Vorschriften des BGB begründet wird.[3] Einige Besonderheiten ergeben sich jedoch aus dem AÜG. So bestimmt beispielsweise § 11 Abs. 1 S. 2 AÜG, dass zusätzlich zu den Angaben des § 2 NachwG den Verleiher zusätzliche Dokumentationspflichten treffen, die in die Niederschrift der Arbeitsvertragsbedingungen aufgenommen werden müssen.

Das Besondere bei der Arbeitnehmerüberlassung ist, dass abweichend von § 613 S. 2 BGB, wonach der Anspruch auf die Dienste im Zweifel nicht übertragbar ist, der Leiharbeitnehmer verpflichtet ist, seine Leistungen für einen anderen Arbeitgeber zu erbringen. Der Leiharbeitnehmer arbeitet demnach nicht bei seinem (Vertrags)Arbeitgeber, sondern bei einem Dritten, dem Entleiher. Deshalb enthält das AÜG diverse Normen, die dem Schutz der Leiharbeitnehmer dienen (vgl. §§ 9 ff. AÜG).

---

[2] BAG, 1 ABR 61/03, Beschluss, 25.01.2005, NZA 2005, 1199 (1202); vgl. auch BAG, 7 AZR 764/96, Urteil, 03.12.1997, NZA 1998, 876 (877); BAG, 7 AZR 487/99, Urteil, 25.10.2000, RdA 2002, 107 (108) mit Anm. *Schüren/Behrend*; BAG, 7 AZR 180/03, Urteil, 06.08.2003, BB 2004, 669 (671).

[3] Schaub/*Koch*, ArbR-Hdb. § 120 Rn. 43.

Verleiher und Entleiher schließen den so genannten Arbeitnehmerüberlassungsvertrag. Dieser bedarf gemäß § 12 Abs. 1 S. 1 AÜG der Schriftform. Er ist Voraussetzung für die Arbeitnehmerüberlassung im Sinne des AÜG. Der Verleiher verpflichtet sich, dem Entleiher einen Arbeitnehmer zur Förderung seiner Betriebszwecke zur Verfügung zu stellen. Er schuldet aber nicht die Erbringung der Arbeitsleistung. Diese ist vom Leiharbeitnehmer zu erbringen. Die Vertragspflicht des Verleihers endet mit der Zurverfügungstellung eines geeigneten Arbeitnehmers. Der Entleiher ist hingegen verpflichtet, dem Verleiher für die Überlassung ein Entgelt zu zahlen.[4] Deshalb ist die Terminologie, welche das AÜG für die Bezeichnung der Beteiligten verwendet, juristisch an sich nicht korrekt [5], denn nach § 598 BGB ist ein Leihvertrag eine unentgeltliche Gebrauchsüberlassung einer Sache.

Zwischen Entleiher und Leiharbeitnehmer fehlt es indes an einer vertraglichen Beziehung. Dem Entleiher steht aber gleichwohl die Ausübung des Direktionsrechts gemäß § 106 GewO zu, d.h. dass der Leiharbeitnehmer den Weisungen des Entleihers bezüglich Art und Ausführung der Arbeit Folge zu leisten hat, obwohl er mit diesem keinen Arbeitsvertrag abgeschlossen hat. Der Entleiher trägt die Fürsorgepflicht für den Leiharbeitnehmer.[6] Somit werden Rechte und Pflichten aus dem Arbeitsverhältnis zwischen Verleiher und Leiharbeitnehmer ausgegliedert. Aufgrund dessen *„kommt es zu einer Aufteilung der Arbeitgeberbefugnisse auf zwei verschiedene Arbeitgeber“* [7]. Nur in Ausnahmefällen besteht ein Arbeitsverhältnis zwischen Leiharbeitnehmer und Entleiher. Ein solches wird nach § 10 Abs. 1 S. 1 AÜG fingiert, wenn das Arbeitsverhältnis zwischen Verleiher und Leiharbeitnehmer nach § 9 Nr. 1 AÜG unwirksam ist.[8]

---

[4] BAG, 03.12.1997; BAG, 25.10.2000, a.a.O. (Fn. 2).

[5] Schüren/*Hamann*, AÜG, § 1 Rn. 28.

[6] *Pulte*, Das deutsche Arbeitsrecht, 2. Aufl. München 2006, S. 27.

[7] *Hamann*, Gewerbsmäßige Arbeitnehmerüberlassung, JURA 2003, 361.

[8] Ausführlich zu den Rechtsbeziehungen der Beteiligten Schüren/*Schüren*, AÜG, Einl. Rn. 102 – 367.

Die Rechtsbeziehungen der Arbeitnehmerüberlassung können zusammengefasst wie folgt dargestellt werden:

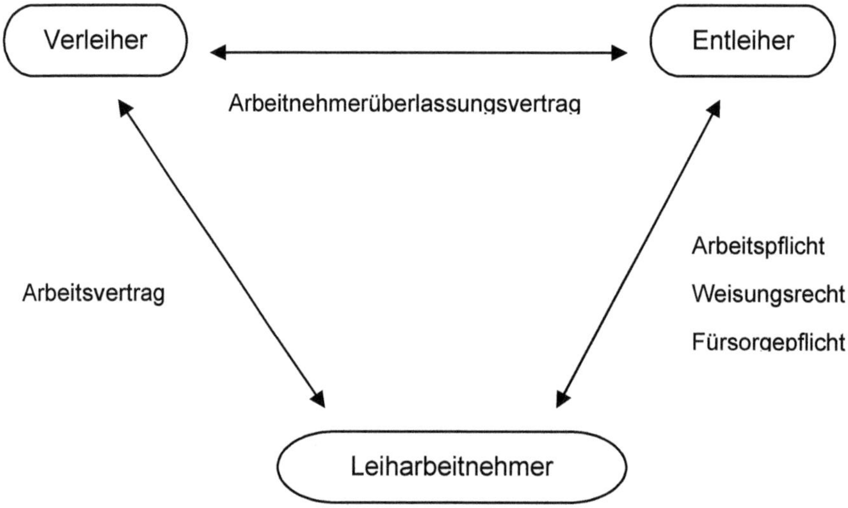

Abbildung 1: Leiharbeitsverhältnis

Quelle: *Pulte*, Das deutsche Arbeitsrecht, 2. Aufl. München 2006, S. 27.

1.1.2 Abgrenzung der Arbeitnehmerüberlassung von anderen drittbezogenen Personaleinsätzen

Die Arbeitnehmerüberlassung muss von anderen drittbezogenen Personaleinsätzen abgegrenzt werden. Denn nicht immer liegt Arbeitnehmerüberlassung vor, wenn ein Arbeitnehmer bei einem Dritten tätig wird.[9] Die Abgrenzung ist vor allem deshalb von Bedeutung, weil jede Vertragsart andere Rechtsfolgen mit sich bringt und die Bestimmungen des AÜG nur auf die Arbeitnehmerüberlassung Anwendung finden. Die beiden wichtigsten Formen des drittbezogenen Personaleinsatzes neben der Arbeitnehmerüberlassung finden im Zuge eines Werkvertrages (§§ 631 ff. BGB) und eines Dienstvertrages (§§ 611 ff. BGB) statt.[10]

[9] BAG, 03.12.1997; BAG, 25.10.2000; BAG, 06.08.2003, a.a.O. (Fn. 2).

[10] Die Durchführungsanweisung der Bundesagentur für Arbeit grenzt darüber hinaus noch von weiteren Vertragsarten ab (vgl. § 1, 1.1.10 ff.); diese sind aber nicht von derselben praktischen Bedeutung wie die Abgrenzung zum Werk- und Dienstvertrag.

1.1.2.1 Abgrenzung von Werk- bzw. Dienstverträgen

Die Unterscheidung ist trotz bestimmter Abgrenzungskriterien oftmals schwierig.[11] So spricht z.B. für das Vorliegen eines Arbeitnehmerüberlassungsvertrages, dass *„dem Entleiher die Arbeitskräfte (...) zur Arbeitsleistung zur Verfügung gestellt"* [12] werden. Der Verleiher ist demnach nicht für einen bestimmten Erfolg verantwortlich. Seine Vertragspflicht endet, wie bereits angesprochen,[13] wenn er dem Entleiher geeignete Arbeitnehmer zur Verfügung gestellt hat. *„Der Entleiher setzt sie nach seinen Vorstellungen und Zielen in seinem Betrieb wie eigene Arbeitnehmer ein. Die Arbeitskräfte sind voll in den Betrieb des Entleihers eingegliedert und führen ihre Arbeiten allein nach dessen Weisungen aus"*.[14] Eine Eingliederung des Arbeitnehmers liegt dann vor, wenn er mit den Arbeitnehmern des Betriebes, in dem er tätig wird, arbeitsteilig zusammenwirkt. Des Weiteren kann für eine Eingliederung sprechen, wenn der Arbeitnehmer mit Betriebsmitteln des Auftraggebers ausgestattet wird oder wenn durch den Entleiher eine Anwesenheitskontrolle durchgeführt wird.[15]

Anders ist dies hingegen zu beurteilen, wenn ein Arbeitnehmer im Rahmen eines Werk- oder Dienstvertrages bei einem Dritten tätig wird. Denn bei diesen Vertragsarten wird der Unternehmer für den Dritten tätig. *„Er organisiert die zur Erreichung eines wirtschaftlichen Erfolgs notwendigen Handlungen nach eigenen betrieblichen Voraussetzungen und bleibt für die Erfüllung der im Vertrag vorgesehenen Dienste oder für die Herstellung des geschuldeten Werks gegenüber dem Drittunternehmen verantwortlich"*.[16]

Bei einem Werk- bzw. Dienstvertrag reicht es demnach nicht aus, dem Dritten einen Arbeitnehmer zur Verfügung zu stellen. Vielmehr wird hier die Erbringung der Dienstleistung bzw. die Herstellung des versprochenen Werkes geschuldet. Das Weisungsrecht liegt bei diesen Vertragsarten – anders als bei der Arbeitnehmerüberlassung - grundsätzlich bei dem Arbeitgeber. Der Arbeitnehmer ist dessen Erfüllungsgehilfe. Nur geringfügig unterliegt der Arbeitnehmer den Weisungen des Dritten. So kann z.B. der Dritte spezifische Anweisungen für den Einsatzbetrieb erteilen, beispielsweise zur Schadensvermeidung.[17] Der Werkbesteller kann zudem Anweisungen gegenüber dem Werkunternehmer oder auch dessen Erfül-

---

[11] Genauer zu den Abgrenzungskriterien: Schaub/*Koch*, ArbR-Hdb. § 120 Rn. 8 f.; *Schwerdtner*, Rechtshandbuch der Personalpraxis, Rn. 3506 f., 15. Aufl. Neuwied 2006.

[12] BAG, 25.01.2005, a.a.O. (Fn. 2).

[13] Siehe Ausführungen Seite 5.

[14] BAG, 06.08.2003, a.a.O. (Fn. 2); vgl. auch BAG, 03.12.1997, a.a.O. (Fn. 2).

[15] *von Steinau-Steinrück/Paul,* Drittbezogener Personaleinsatz im Überblick, NJW – Spezial 2006, 81.

[16] BAG, 06.08.2003, a.a.O. (Fn. 2).

[17] *Marschner*, Die Abgrenzung der Arbeitnehmerüberlassung von anderen Formen des Personaleinsatzes, NZA 1995, 668 (670).

lungsgehilfen erteilen, die sich auf die Ausführung des Werkes beziehen (vgl. § 645 Abs. 1 BGB).[18]

1.1.2.2 Rechtliche Einordnung

Für die rechtliche Einordnung ist weder die von den Parteien gewünschte Rechtsfolge noch eine dem Geschäftsinhalt nicht entsprechende Bezeichnung des Vertrages maßgebend. Welche Vertragsart vorliegt bestimmt sich vielmehr nach dem objektiven Geschäftsinhalt. Dieser ist aufgrund einer wertenden Gesamtbetrachtung des Einzelfalls zu ermitteln. Er ergibt sich sowohl aus den ausdrücklichen Vereinbarungen, die dem Vertrag zugrunde liegen, als auch aus der praktischen Ausführung. *„Widersprechen sich beide, so ist die tatsächliche Durchführung des Vertrags maßgebend, weil sich aus der praktischen Handhabung der Vertragsbeziehungen am ehesten Rückschlüsse darauf ziehen lassen, von welchen Rechten und Pflichten die Vertragsparteien ausgegangen sind, was sie also wirklich gewollt haben. Der so ermittelte wirkliche Wille der Vertragsparteien bestimmt den Geschäftsinhalt und damit den Vertragstyp“.*[19]

1.1.2.3 Rechtsfolgen illegaler Arbeitnehmerüberlassung

Haben die Vertragsparteien einen Werk- oder Dienstvertrag abgeschlossen, der in Wirklichkeit aber als Arbeitnehmerüberlassungsvertrag zu qualifizieren ist, so bleibt dies nicht ohne Folgen. Denn die Rechtsfolgen, die ein Werk- oder Dienstvertrag mit sich bringt, treten nur ein, wenn es sich auch tatsächlich um eine dieser Vertragsarten handelt. Handelt es sich hingegen um Arbeitnehmerüberlassung, so sind die hierfür maßgeblichen Bestimmungen anzuwenden. Die Anwendung des AÜG steht nicht zur Disposition, sondern ist zwingend. Unerheblich ist dabei, ob die Parteien unbewusst oder bewusst die Vertragsart des Werk- oder Dienstvertrages gewählt haben, d.h. ob sie irrtümlich hiervon ausgegangen sind oder sogar vorsätzlich Arbeitnehmerüberlassung unter dem Deckmantel eines Werk- oder Dienstvertrags betrieben haben.[20]

Von besonderer Bedeutung sind die Rechtsfolgen, wenn der „Werkunternehmer“ bzw. „Dienstgeber“, der tatsächlich jedoch als Verleiher anzusehen ist, keine Erlaubnis besitzt. In einem solchen Fall wird ein Arbeitsverhältnis zum Entleiher nach §§ 10 Abs. 1, 9 Nr. 1 AÜG fingiert.

1.2 Gewerbsmäßigkeit der Arbeitnehmerüberlassung

Die Arbeitnehmerüberlassung kann gewerbsmäßig oder auch nichtgewerbsmäßig erfolgen. Diese Unterscheidung ist deshalb von Bedeutung, da das AÜG – mit Ausnahme der §§ 1

[18] BAG, 06.08.2003, a.a.O. (Fn. 2).

[19] BAG, 06.08.2003, a.a.O.

[20] Schüren/*Hamann*, AÜG, § 1 Rn. 227 f.

Abs. 2, 14 AÜG - nur auf die gewerbsmäßige Arbeitnehmerüberlassung Anwendung findet.[21]

Das AÜG definiert nicht den Begriff der Gewerbsmäßigkeit. Gewerbsmäßigkeit im Sinne des AÜG ist jedoch im gewerberechtlichen Sinn zu verstehen. *„Unter gewerbsmäßig i.S. des § 1 I AÜG ist jede nicht nur gelegentliche, sondern auf eine gewisse Dauer angelegte und auf die Erzielung unmittelbarer oder mittelbarer wirtschaftlicher Vorteile gerichtete selbständige Tätigkeit zu verstehen. Das entscheidende Kriterium für die Gewerbsmäßigkeit ist die Gewinnerzielungsabsicht, wobei es nicht darauf ankommt, ob tatsächlich ein Gewinn erzielt wird".*[22]

Die Gewerbsmäßigkeit hat demnach drei Voraussetzungen – es muss sich um eine selbständige Tätigkeit handeln, diese muss auf Dauer angelegt sein und es muss eine Gewinnerzielungsabsicht bestehen.

1.2.1 Selbständige und auf Dauer angelegte Tätigkeit

Die Verleihertätigkeit ist dann selbständig, wenn diese auf eigene Rechnung und im eigenen Namen erfolgt und der Verleiher hierbei das Unternehmerrisiko trägt.

Des Weiteren muss die Tätigkeit auf eine gewisse Dauer angelegt sein. Dies ist dann der Fall, wenn die Tätigkeit nachhaltig und planmäßig ist. Hingegen ist sie nicht auf gewisse Dauer angelegt, wenn sie nur gelegentlich und zufällig oder nur auf eine vorübergehende Zeit ausgerichtet ist. Allerdings ist eine einmalige Überlassung auch dann schon gewerbsmäßig, wenn diese in Wiederholungsabsicht erfolgt.[23] Es kommt nicht auf die Anzahl der überlassenen Arbeitnehmer oder auf die Dauer der Überlassung an.[24]

1.2.2 Gewinnerzielungsabsicht

Problematischer kann die Beurteilung der Gewinnerzielungsabsicht sein. Hierbei kommt es nicht darauf an, dass tatsächlich ein Gewinn erzielt wird, sondern *„dass aus der Sicht des Handelnden die Möglichkeit einer Gewinnerzielung besteht"* [25]. Der Gewinn ist dabei als jede geldwerte Leistung definiert, die nicht mehr zur Deckung der Kosten, sondern darüber hinaus erwirtschaftet wird. Im gewerberechtlichen Sinn liegt dann eine Gewinnerzielungs-

---

[21] Thüsing/*Waas*, AÜG, § 1 Rn. 94; *Boemke/Lembke*, AÜG, § 1 Rn. 13; ErfK/*Wank*, § 1 AÜG Rn. 36; Schüren/*Hamann*, AÜG, § 1 Rn. 267; a.A. *Ulber*, AÜG, § 1 Rn. 146, nach dessen Auffassung die Anwendung des AÜG nicht davon abhängt, ob die Arbeitnehmerüberlassung gewerbsmäßig erfolgt.

[22] BAG, 7 ABR 20/04, Beschluss, 20.04.2005, NZA 2005, 1006 (1008).

[23] Thüsing/*Waas*, AÜG, § 1 Rn. 97 f.; *Boemke/Lembke*, AÜG, § 1 Rn. 44 ff.; ErfK/*Wank*, § 1 AÜG Rn. 37 f.

[24] Schüren/*Hamann*, AÜG, § 1 Rn. 303.

[25] BAG, 20.04.2005, a.a.O. (Fn. 22).

absicht vor, wenn der Verleiher einen Überschuss seiner Erträge gegenüber seinen Aufwendungen anstrebt. Deshalb handelt ein Verleiher dann mit Gewinnerzielungsabsicht, wenn das Entgelt für die Überlassung des Leiharbeitnehmers so bemessen ist, dass es seine Kosten übersteigt.[26]

Der Begriff der Gewinnerzielungsabsicht muss jedoch weit ausgelegt werden. Deshalb reicht es grundsätzlich aus, wenn ursächlich durch die Überlassung dem Verleiher irgendein konkreter Vermögensvorteil erwächst. Gewinnerzielungsabsicht liegt auch dann vor, wenn durch die Arbeitnehmerüberlassung an Dritte ein Verlust, der mit dem Hauptzweck des Betriebs in Zusammenhang steht, minimiert werden soll. Genauso handelt ein Verleiher mit Gewinnerzielungsabsicht, wenn er eigene Arbeitnehmer aufgrund von fehlenden Einsatzmöglichkeiten im eigenen Betrieb an Dritte überlässt, um hierdurch seine Personalkosten zu mindern bzw. auszugleichen.[27]

Bei gemeinnützigen Einrichtungen nach § 52 AO wird nach der Durchführungsanweisung der Bundesagentur für Arbeit grundsätzlich keine Gewerbsmäßigkeit angenommen. Das führt für den Bereich der Arbeitnehmerüberlassung jedoch nur dann zur Erlaubnisbefreiung, wenn sich die Gemeinnützigkeit in der Bescheinigung der Finanzverwaltung nach § 52 AO ausdrücklich auf den Bereich der Arbeitnehmerüberlassung bezieht.[28]

1.3 Erlaubnispflicht der Arbeitnehmerüberlassung

Die nichtgewerbsmäßige Arbeitnehmerüberlassung wird vom Anwendungsbereich des AÜG mit Ausnahme der §§ 1 Abs. 2, 14 AÜG nicht erfasst. Deshalb bedarf es bei der nichtgewerbsmäßigen Arbeitnehmerüberlassung keiner staatlichen Erlaubnis.[29]

Der Verleiher, der hingegen gewerbsmäßig Arbeitnehmerüberlassung betreibt, bedarf einer Erlaubnis (§ 1 Abs. 1 S. 1 AÜG). Diese muss gemäß § 2 Abs. 1 AÜG schriftlich bei der Bundesagentur für Arbeit als Erlaubnisbehörde beantragt werden.

Allerdings liegt es nicht im Ermessen der Bundesagentur für Arbeit, eine solche zu erteilen oder zu versagen. Nur wenn einer der in § 3 Abs. 1 Nr. 1–3 AÜG normierten Versagungsgründe vorliegt, darf eine Erlaubnis versagt werden. Diese Bestimmungen dienen dem arbeits- und sozialrechtlichen Schutz der Leiharbeitnehmer. Liegt kein Versagungsgrund vor, so hat der Verleiher aufgrund seiner Berufsfreiheit nach Art. 12 GG einen Anspruch auf Erteilung der Erlaubnis. Diese ist nicht betriebsbezogen, sondern personen- bzw. rechts-

---

[26] BAG, 20.04.2005, a.a.O. (Fn. 22).

[27] *Boemke/Lembke*, AÜG, § 1 Rn. 48 ff.

[28] Durchführungsanweisung der Bundesagentur für Arbeit, PP 11-7160.4, § 1 AÜG, 1.1.3.; Stand Oktober 2004.

[29] BAG, 25.01.2005, a.a.O. (Fn. 2).

trägerbezogen, sodass es bei einem Wechsel der natürlichen bzw. juristischen Person einer neuen Erlaubnis bedarf.[30]

Sobald der Verleiher seine Tätigkeit aufnimmt muss die Erlaubnis vorliegen. Aus § 9 Nr. 1 AÜG folgt, dass vor Erteilung der Erlaubnis keine Leiharbeitsverträge abgeschlossen werden dürfen. Zudem darf der Verleiher auch keine Arbeitnehmerüberlassungsverträge mit dem Entleiher abschließen.[31]

Die Erlaubnis kann auch unter Bedingungen erteilt und mit Auflagen versehen werden. Hierdurch kann sichergestellt werden, dass keine Tatsachen eintreten, die einen Versagungsgrund nach § 3 AÜG darstellen (§ 2 Abs. 2 AÜG). Zudem ist die Erlaubnis zunächst auf ein Jahr zu befristen, sie kann jedoch unbefristet erteilt werden, wenn der Verleiher drei aufeinander folgende Jahre erlaubt tätig war (§ 2 Abs. 4, 5 AÜG).

Ausnahmsweise bedarf es selbst dann keiner Erlaubnis, wenn die Voraussetzungen des § 1 Abs. 1 AÜG vorliegen. Solche Ausnahmetatbestände sind u.a. auch im AÜG normiert (vgl. §§ 1 Abs. 3, 1 a AÜG).[32]

---

[30] *Ulber*, AÜG, § 1 Rn. 167.

[31] *Ulber*, AÜG, § 1 Rn. 166; a.A. *Boemke/Lembke*, AÜG, § 1 Rn. 54, nach deren Auffassung schon vorher Verträge abgeschlossen werden können und es ausreichend ist, wenn die Erlaubnis zum Zeitpunkt der Überlassung vorliegt.

[32] Eine Auflistung aller Ausnahmetatbestände in *Boemke/Lembke*, AÜG, § 1 Rn. 55 ff.

2 Eckdaten des Krankenhauswesens

Nach dem allgemeinen Überblick der Arbeitnehmerüberlassung werden im Folgenden die wesentlichen Eckpunkte des hier zu betrachteten Sektors, dem Krankenhaussektor, dargestellt. Dazu bedarf es zunächst einer Bestimmung des Begriffs „Krankenhaus“ sowie einem Überblick der verschiedenen Arten der Krankenhausträgerschaften. Im weiteren Verlauf wird ein Einblick in die Entwicklung des Krankenhaussektors in den vergangenen Jahren sowie die daraus resultierende derzeitige Situation der Krankenhäuser gegeben.

2.1 Begriffsbestimmung „Krankenhaus“

Das Krankenhauswesen ist Teil des Gesundheits- und Sozialwesens in Deutschland. Bei Krankenhäusern handelt es sich gemäß § 2 Nr. 1 des Krankenhausfinanzierungsgesetzes (KHG) um Einrichtungen, in denen durch ärztliche und pflegerische Hilfeleistung Krankheiten, Leiden oder Körperschäden festgestellt, geheilt oder gelindert werden sollen oder Geburtshilfe geleistet wird und in denen die zu versorgenden Personen untergebracht und verpflegt werden können.

Die Legaldefinition des § 2 Nr. 1 KHG ist sehr weit gefasst und kann auf den ersten Blick nicht eindeutig von Vorsorge- und Rehabilitationseinrichtungen abgegrenzt werden. Hierzu bedarf es der weiteren Bestimmungen des KHG sowie der Bundespflegesatzverordnung.[33] Eine enger gefasste Legaldefinition enthält hingegen das SGB V.

Nach § 107 Abs. 1 SGB V sind Krankenhäuser Einrichtungen, die der Krankenhausbehandlung oder Geburtshilfe dienen (Nr. 1), fachlich – medizinisch unter ständiger ärztlicher Leitung stehen, über ausreichende, ihrem Versorgungsauftrag entsprechende diagnostische und therapeutische Möglichkeiten verfügen und nach wissenschaftlich anerkannten Methoden arbeiten (Nr. 2), mit Hilfe von jederzeit verfügbarem ärztlichem, Pflege-, Funktions- und medizinisch – technischem Personal darauf eingerichtet sind, vorwiegend durch ärztliche und pflegerische Hilfeleistung Krankheiten der Patienten zu erkennen, zu heilen, ihre Verschlimmerung zu verhüten, Krankheitsbeschwerden zu lindern oder Geburtshilfe zu leisten (Nr. 3), und in denen die Patienten untergebracht und verpflegt werden können (Nr. 4).

2.2 Art der Trägerschaft

Krankenhäuser können durch unterschiedliche Träger geführt werden. Einen Überblick gibt die folgende Darstellung.

---

[33] *Bruckenberger/Klaue/Schwintowski*, Krankenhausmärkte zwischen Regulierung und Wettbewerb, erlin / Heidelberg 2006, S. 30.

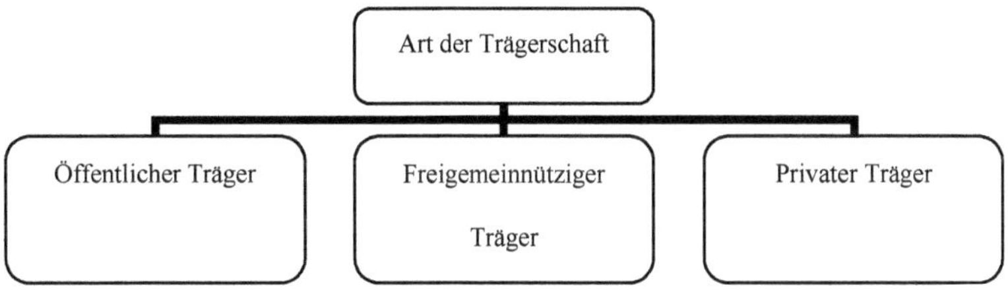

Abbildung 2: Art der Trägerschaft bei Krankenhäusern

Quelle: Eigene Darstellung in Anlehnung an: Statistisches Bundesamt, Grunddaten der Krankenhäuser 2006, Fachserie 12, Reihe 6.1.1, Wiesbaden 2007, Seite 8.

2.2.1 Öffentliche Trägerschaft

Krankenhäuser in öffentlicher Trägerschaft sind *„Einrichtungen, die von Gebietskörperschaften (Bund, Land, Bezirk, Kreis, Gemeinde) oder von Zusammenschlüssen solcher Körperschaften wie Arbeitsgemeinschaften oder Zweckverbänden oder von Sozialversicherungsträgern wie Landesversicherungsanstalten und Berufsgenossenschaften betrieben oder unterhalten werden“* [34]. Grundlage für die Bereitstellung von öffentlichen Einrichtungen ist das Sozialstaatsprinzip (Art. 20 GG). Hieraus resultiert die Verpflichtung des Staates, ein funktionierendes Gesundheits- bzw. Krankenhauswesen zu garantieren. Die Länder und die kommunalen Gebietskörperschaften sind aufgrund des so genannten Sicherstellungsauftrags verpflichtet, die stationäre Versorgung für die Bevölkerung sicherzustellen. Sofern sich kein anderer Träger findet, fällt der Sicherstellungsauftrag an die Gemeinden zurück, sodass diese verpflichtet werden, Krankenhäuser zu betreiben (vgl. beispielsweise § 1 KHGG NRW). Aus wirtschaftlicher Sicht steht bei öffentlichen Einrichtungen deshalb keine Gewinnerzielungsabsicht im Vordergrund, sondern vielmehr die Deckung der Betriebskosten.[35]

2.2.2 Freigemeinnützige Trägerschaft

Träger von freigemeinnützigen Krankenhäusern sind beispielsweise die katholische und evangelische Kirche, Wohlfahrtsverbände (z.B. der Caritasverband als Wohlfahrtsverband der katholischen Kirche und das Diakonische Werk als Wohlfahrtsverband der evangelischen Kirche), Hilfsorganisationen, Stiftungen oder Vereine. Sie verfolgen zusätzlich noch ideelle Zwecke. Zentrale Norm ist hier § 52 AO, wonach eine Körperschaft dann gemein-

---

[34] *Bruckenberger/Klaue/Schwintowski*, a.a.O., S. 29.

[35] *Ahrens*, Auswirkungen der Einführung von Diagnosis Related Groups in Deutschland, Regensburg 2005, S. 4.

nützige Zwecke verfolgt, wenn ihre Tätigkeit darauf gerichtet ist, die Allgemeinheit auf materiellem, geistigem oder sittlichem Gebiet selbstlos zu fördern (§ 52 Abs. 1 S. 1 AO). Nach § 52 Abs. 2 Nr. 3 AO ist eine Förderung der Allgemeinheit insbesondere im Fall der Förderung des öffentlichen Gesundheitswesens anzuerkennen. Steuerlich sind diese Einrichtungen von der Körperschafts- und Gewerbesteuer befreit (vgl. § 5 Abs. 1 Nr. 9 KStG, § 3 Nr. 6 GewStG). Freigemeinnützigen Einrichtungen ist es gemäß § 55 Abs. 1 AO beispielsweise nicht erlaubt, die ihnen zur Verfügung stehenden Mittel für Zwecke zu verwenden, die nicht ihrer Satzung entsprechen. Gewinnanteile dürfen auch an Mitglieder nicht ausgeschüttet werden. Freigemeinnützige Krankenhäuser werden deshalb ohne Gewinnerzielungsabsicht betrieben.

2.2.3 Private Trägerschaft

Krankenhäuser können auch durch private Träger geführt werden. In diesem Fall handelt es sich um gewerbliche Unternehmen, die einer Konzession gemäß § 30 GewO bedürfen. Anders als öffentliche oder freigemeinnützige Krankenhäuser werden private Krankenhäuser primär mit erwerbswirtschaftlichen Zielen betrieben, sodass eine Gewinnerzielung beabsichtigt ist.[36]

2.2.4 Abgrenzung der Trägerschaft

Zu beachten ist indes, dass auch ein in privatrechtlicher Rechtsform betriebenes Krankenhaus karitativen Zwecken dienen und damit gemeinnützig sein kann. *„Nach ständiger Rechtsprechung des Bundesarbeitsgerichts (...) dient ein Unternehmen karitativen Bestimmungen, wenn es sich den sozialen Dienst am körperlich oder seelisch leidenden Menschen zum Ziel gesetzt hat, sofern diese Betätigung ohne die Absicht der Gewinnerzielung erfolgt und das Unternehmen selbst nicht von Gesetzes wegen unmittelbar zu derartiger Hilfeleistung verpflichtet ist. Dagegen ist unerheblich, wer rechtlich oder wirtschaftlich an dem privatrechtlich organisierten Unternehmen beteiligt ist oder darauf einen beherrschenden Einfluss ausübt“.*[37]

Zur Karitativität gehört die Freiwilligkeit der Hilfeleistung. Diese wird nicht deswegen ausgeschlossen, weil ein Rechtsanspruch auf solche Hilfeleistungen gegen die öffentliche Hand besteht. Denn ein solcher Anspruch richtet sich gegen den Staat bzw. den Sozialversicherungsträger, nicht aber gegen ein privatrechtlich organisiertes Unternehmen, das sich die tatsächliche Erbringung solcher Hilfeleistungen zum Ziel gesetzt hat. Die gesetzliche Verpflichtung zur Betreibung von Krankenhäusern (Sicherstellungsauftrag) richtet sich weiterhin gegen die Gemeinde oder den Landkreis, auch wenn sie tatsächlich von einer

---

[36] *Ahrens*, a.a.O., S. 5.

[37] BAG, 7 ABR 48/94, Beschluss, 24.05.1995, Haufe Personal Office Professional Online - HaufeIndex 441001.

Krankenhausgesellschaft als einem Dritten erfüllt wird.[38] Der Sicherstellungsauftrag steht demnach der Karitativität nicht entgegen.

Die zu leistende Hilfe darf jedoch nicht in der Absicht der Gewinnerzielung erfolgen. Das bedeutet aber nicht, dass die Hilfe unentgeltlich oder gegen ein nicht kostendeckendes Entgelt geschehen muss. *„Vielmehr genügt es, dass der Träger des Unternehmens seinerseits mit seiner Hilfeleistung keine eigennützigen Zwecke im Sinne einer Gewinnerzielung verfolgt, mag er auch bis zur Höhe der Kostendeckung Einnahmen aus seiner Betätigung erzielen“.*[39] Zudem ist es unerheblich, ob die Einrichtung in einem Rechnungsjahr tatsächlich einen Bilanzgewinn erzielt, wenn ein solcher Gewinn wieder satzungsmäßigen Zwekken zugeführt wird und deshalb nur Rücklagencharakter hat.

Handelt es sich jedoch um ein Krankenhaus in der Rechtsform einer Aktiengesellschaft und erfolgt die Hilfeleistung mit einer Gewinnerzielungsabsicht, so liegt keine Karitativität vor.[40]

2.3 Entwicklung der Anzahl der Krankenhäuser in Deutschland

In den vergangenen Jahren war die Zahl der Krankenhäuser in Deutschland rückläufig. Gab es 1991 noch 2.411 Krankenhäuser, sank deren Anzahl bis zum Jahr 2006 auf 2.104. Dies entspricht einem Rückgang von 12,7 %.

Dabei muss es sich allerdings nicht immer um Krankenhausschließungen handeln. Vielmehr fusionieren und kooperieren Krankenhäuser, um dem zunehmenden Kostendruck standhalten zu können. Bei einer Fusion verschmelzen die Krankenhäuser zu einer (rechtlichen) Einheit, bei einer Kooperation hingegen bleiben diese rechtlich selbständig. Die kooperierenden Krankenhäuser stimmen jedoch das Angebot von stationären Leistungen durch Schließung einzelner Abteilungen aufeinander ab und führen sich gegenseitig Patienten zu.[41]

Nach Expertenmeinung ist in den nächsten Jahren mit einem weiteren Rückgang der Anzahl der Krankenhäuser zu rechnen. Dies geht aus einer Studie aus dem Jahr 2006 hervor, nach der bei rund 600 Krankenhäusern die Insolvenz droht. Grund hierfür ist vor allem die Umstellung des Vergütungssystems.[42]

---

[38] BAG, 24.05.1995, a.a.O.

[39] Ebd.

[40] BayObLG, 3Z BR 149/93, Beschluss, 10.08.1995, NZA-RR 1996, 10.

[41] *Bruckenberger/Klaue/Schwintowski*, a.a.O. (Fn. 33), S. 169.

[42] Focus vom 02.05.2006, „Krankenhaus-Sterben: 600 Kliniken vor dem Aus“; vgl. auch die folgenden Ausführungen zu den wirtschaftlichen Gründen der Krankenhäuser Seite 24 ff.

Die folgende Graphik verdeutlicht die Entwicklung der Anzahl der Krankenhäuser im Zeitraum 1991 - 2006.

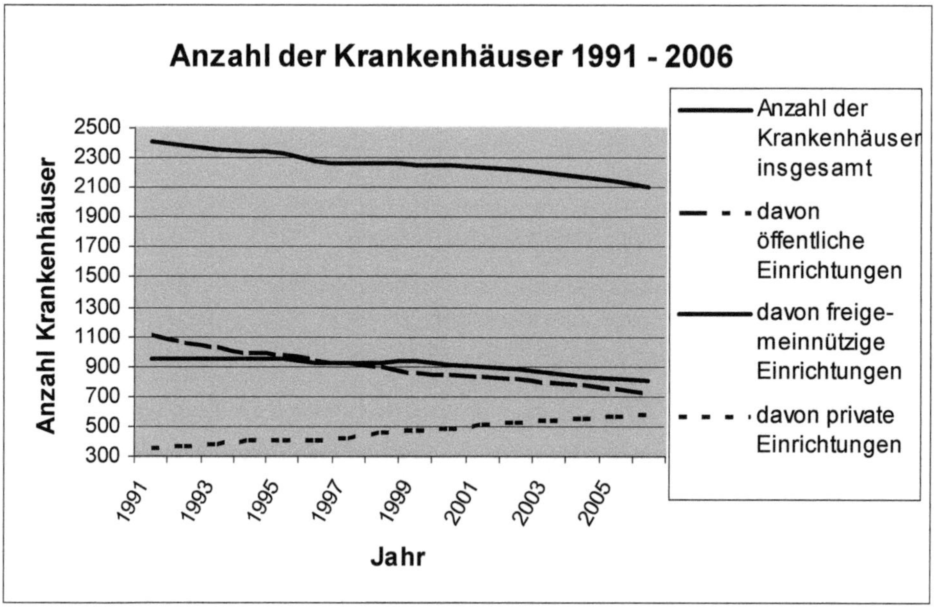

Abbildung 3: Anzahl der Krankenhäuser 1991 – 2006

Eigene Darstellung, Datenquelle: Statistisches Bundesamt, Grunddaten der Krankenhäuser 2006, Fachserie 12, Reihe 6.1.1, Wiesbaden 2007, Tabelle 1.4.

Aus der Graphik wird deutlich, dass der Anteil der Krankenhäuser in privater Trägerschaft stetig gestiegen ist, während im gleichen Zeitraum die Anzahl der öffentlichen Krankenhäuser gesunken ist. In Zahlen ausgedrückt ist bei den privaten Krankenhäusern ein Anstieg von 358 Krankenhäusern im Jahr 1991 auf 584 Krankenhäuser im Jahr 2006 zu verzeichnen. Im selben Zeitraum fiel die Anzahl der öffentlichen Krankenhäuser von 1.110 auf 717. Die Anzahl der freigemeinnützigen Krankenhäuser fiel in diesem Zeitraum von 943 auf 803.

Der Anstieg der Anzahl von Krankenhäusern in privater Trägerschaft und die gleichzeitige Abnahme der Anzahl der Krankenhäuser in öffentlicher Trägerschaft ist ein Ausdruck der voranschreitenden Privatisierung.[43] Da die Kommunen oftmals wirtschaftlich nicht in der Lage sind, defizitäre Krankenhäuser zu unterstützen oder hohe Investitionen zu tätigen,

[43] Statistisches Bundesamt, Grunddaten der Krankenhäuser 2006, Fachserie 12, Reihe 6.1.1, Wiesbaden 2007, S. 13.

entschließen sie sich häufig zu einem Verkauf ihrer Krankenhäuser an private Krankenhausbetreiber.

2.4 Anzahl der behandelten Fälle in Krankenhäusern

Zwar ist im betrachteten Zeitraum die Anzahl der Krankenhäuser ebenso wie die Anzahl der Betten[44] gesunken, die Zahl der vollstationär behandelten Fälle ist dagegen erheblich gestiegen. Im Jahr 1991 verzeichneten die Krankenhäuser bundesweit insgesamt 14.576.613 Fälle. Bis zum Jahr 2002 stieg die Anzahl der Fälle auf 17.432.272. Seitdem ist die Fallzahl jedoch leicht rückläufig, 2006 lag sie bei 16.832.883.[45]

Die Verweildauer der Patienten in Tagen ist demgegenüber immer weiter gesunken. Während 1991 ein Patient durchschnittlich noch 14,0 Tage für eine vollstationäre Behandlung im Krankenhaus blieb, lag der Wert im Jahr 2006 lediglich noch bei 8,5 Tagen.[46] Demnach ist die Verweildauer im Laufe der Jahre um 39,3 % gesunken, wohingegen die Fallzahl um 15,5 % gestiegen ist.

Die Bettenauslastung der Krankenhäuser war im betrachteten Zeitraum ebenfalls rückläufig. Sie sank von 84,1 % (1991) auf 74,9 % (2005). Im letzten Jahr des Betrachtungszeitraums (2006) stieg die Bettenauslastung allerdings auf 76,3 % leicht an.[47]

2.5 Personal in Krankenhäusern

Die Legaldefinition des § 107 Abs. 1 SGB V besagt, dass in Krankenhäusern jederzeit verfügbares ärztliches, Pflege-, Funktions- und medizinisch–technisches Personal zur Patientenversorgung bereit stehen muss. Ausfluss des Sozialsystems ist die Garantie, dass auch im Notfall eine Behandlung im Krankenhaus sichergestellt sein muss, d.h. den Patienten muss eine medizinische Versorgung rund um die Uhr zur Verfügung stehen. Neben der Regelversorgung hat ein Krankenhaus demnach auch für die Notfallversorgung Vorsorge zu treffen und seine personellen Kapazitäten entsprechend einzuplanen. Deshalb ist der Personalvorhaltung eine besondere Bedeutung beizumessen.

Die folgende Graphik stellt die Entwicklung der Anzahl der Beschäftigten in Krankenhäusern dar. Bei den „Beschäftigen insgesamt" handelt es sich um stichtagsbezogene Daten, d.h. es wurde nur das Personal gezählt, das am 31.12. bei den Einrichtungen angestellt war. Die verschiedenen Beschäftigungsmodelle wie z.B. Teilzeit bleiben bei dieser Darstellung

[44] Die Anzahl der Betten ist im betrachteten Zeitraum von 665.565 auf 510.767 gefallen, Statistisches Bundesamt, a.a.O., Tabelle 1.1.

[45] Statistisches Bundesamt, a.a.O.

[46] Statistisches Bundesamt, a.a.O.

[47] Statistisches Bundesamt, a.a.O.

unberücksichtigt. Deshalb erfolgt eine Umrechnung auf die volle tarifliche Arbeitszeit der Krankenhäuser. Daraus ergibt sich die Anzahl der Vollkräfte im Jahresdurchschnitt.

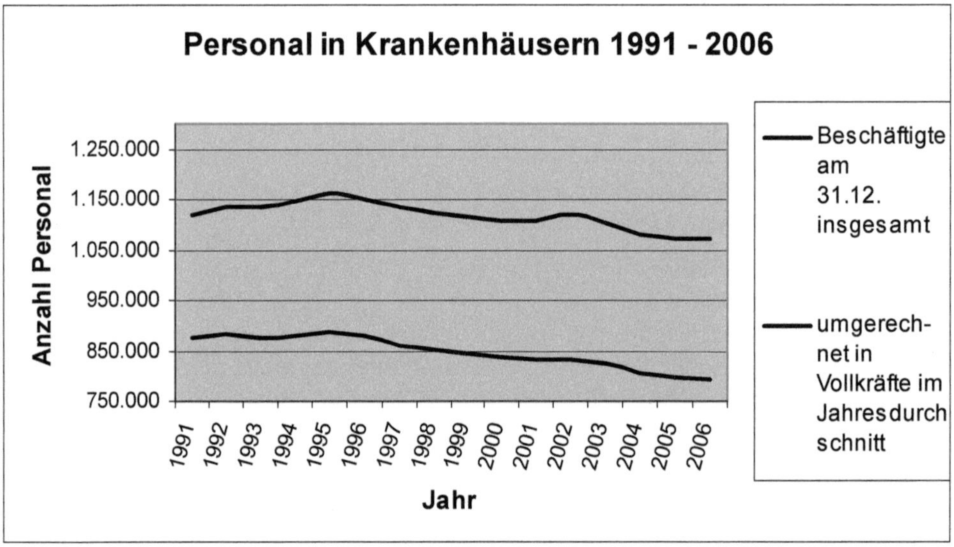

Abbildung 4: Personal in Krankenhäusern 1991 - 2006

Eigene Darstellung, Datenquelle: Statistisches Bundesamt, Grunddaten der Krankenhäuser 2006, Fachserie 12, Reihe 6.1.1, Wiesbaden 2007, Tabelle 1.2.

Insgesamt haben im Jahr 1991 1.119.791 Personen in deutschen Krankenhäusern gearbeitet. Dies entspricht 875.816 Vollkräften. Im Jahr 2006 waren es im Vergleich 1.071.995 Beschäftigte bzw. 791.914 Vollkräfte.

Im Durchschnitt entspricht dies einer Beschäftigtenzahl von fast 510 Beschäftigten bzw. 376 Vollkräften je Krankenhaus im Jahr 2006. Schon hieraus wird ersichtlich, dass das Krankenhauswesen für den Arbeitsmarkt von großer Bedeutung ist.

Außerdem hat sich die Personalstruktur der Krankenhäuser im Laufe der Jahre verändert. Lag der Anteil des ärztlichen Personals (gemessen an den Vollkräften) im Jahr 1991 noch bei 10,9 %, stieg dieser bis zum Jahr 2006 auf 15,6 %. Dementsprechend sank der Anteil des nichtärztlichen Personals von 89,1 % (1991) auf 84,4 % (2006).[48]

[48] Eigene Berechnungen, Datenquelle: Statistisches Bundesamt, a.a.O (Fn. 43), Tabelle 1.2.

3 Ausgangsbeispiele für die konzerninterne Arbeitnehmerüberlassung

In der jüngsten Vergangenheit wurde zunehmend bekannt, dass Unternehmen auf das Instrument der Personal-Service-Gesellschaft und damit verbunden auf die konzerninterne Arbeitnehmerüberlassung zurückgreifen. Dies gilt vor allem für die Gesundheitsbranche – speziell für die Krankenhäuser. Neben dieser Branche setzen u.a. auch die Druckindustrie, Flughäfen und das Transportgewerbe[49] auf dieses Konstrukt.

Da es hier im Speziellen um die konzerninterne Arbeitnehmerüberlassung im Krankenhauswesen geht, wird zunächst das Grundmodell der konzerninternen Arbeitnehmerüberlassung durch einen Krankenhausbetreiber beschrieben, um dieses sodann durch Ausgangsbeispiele zu präzisieren.

3.1 Das Grundmodell der konzerninternen Arbeitnehmerüberlassung

Das Grundmodell der konzerninternen Arbeitnehmerüberlassung durch Gründung einer Personal–Service–Gesellschaft ist wie folgt zu erklären: Ein Krankenhausbetreiber gründet – entweder alleine oder gemeinsam mit einem anderen Krankenhausbetreiber - eine Personal–Service–Gesellschaft. Die Gesellschaft wird meist in der Rechtsform einer GmbH geführt. Dort wird Personal beschäftigt, das im Wege der Arbeitnehmerüberlassung an das Krankenhaus / die Krankenhäuser des Krankenhausbetreibers überlassen wird.[50] Das entleihende Krankenhaus besitzt das Weisungsrecht gegenüber dem Leiharbeitnehmer. Sofern der Träger eines Krankenhauses gesellschaftsrechtlich mehrheitlich auch Gesellschafter der Personal-Service-Gesellschaft ist, liegt eine konzerninterne Arbeitnehmerüberlassung vor.[51]

Die Besonderheit der konzerninternen Arbeitnehmerüberlassung liegt demnach darin, dass der Leiharbeitnehmer nicht von einem externen Verleiher zur Arbeitsleistung überlassen wird, sondern von einem konzerneigenen Verleiher, der Personal-Service-Gesellschaft. Die Arbeitnehmerüberlassung an sich erfolgt jedoch nach dem gleichen System wie bei einem externen Verleiher. Bei der konzerninternen Arbeitnehmerüberlassung schließt der Leiharbeitnehmer seinen Arbeitsvertrag mit der Personal-Service-Gesellschaft. Diese wiederum vereinbart mit dem Krankenhaus die Bedingungen im Arbeitnehmerüberlassungsvertrag,

---

[49] Vgl. *Bertram,* Konzerninterne Personal-Service-Gesellschaften, HR Services 3/2007, 39; *Ubber,* Zeitarbeit aus dem eigenen Haus, Personalwirtschaft 11/2006, 50; *o.V.,* Flexibilisierung kontra Besitzstände, Personalführung 6/2007, 20.

[50] *Bertram,* a.a.O.

[51] *Herms/Meinel,* Neue Wege im Arbeitsrecht, Krankenhaus Umschau 2006, 705 (707).

welcher der Arbeitnehmerüberlassung zugrunde liegt. Zwischen dem Leiharbeitnehmer und dem Krankenhaus besteht indes keine Vertragsbeziehung.[52]

Im Folgenden werden beispielhaft Gründungen von Personal-Service-Gesellschaften durch Krankenhäuser aufgezeigt, um das Instrument der konzerninternen Arbeitnehmerüberlassung zu verdeutlichen und praxisorientiert darzustellen, ohne jedoch an dieser Stelle detailliert auf die Gründe sowie die sich hieraus ergebenden rechtlichen Fragestellungen einzugehen. Diese werden im weiteren Verlauf dieser Arbeit erörtert.

3.2 Ausgangsbeispiele im Krankenhauswesen

3.2.1 Ausgangsbeispiel 1: Universitätsklinikum Essen

Das Universitätsklinikum Essen steht in öffentlicher Trägerschaft des Landes Nordrhein-Westfalen. Das Land Nordrhein-Westfalen ist Mitglied eines tarifvertragsschließenden Arbeitgeberverbands, namentlich der Tarifgemeinschaft deutscher Länder (TdL). Auf die Arbeitsverhältnisse finden demnach die Tarifverträge der TdL Anwendung.

Im Jahr 2005 hat das Universitätsklinikum Essen die „Universitätsklinikum Essen Personalservice GmbH“, kurz PSG, gegründet. Gegenstand dieser Gesellschaft ist die gewerbsmäßige Arbeitnehmerüberlassung. Die PSG ist eine 100 - prozentige Tochter des Universitätsklinikums Essen. Geschäftsführer der PSG ist gleichzeitig auch der Leiter des Personalwesens im Universitätsklinikum Essen.

Für bestimmte Berufsgruppen stellt das Universitätsklinikum Essen selbst keine Arbeitnehmer mehr ein. Seit Gründung der PSG erfolgen Einstellungen in diesen Berufsgruppen ausschließlich über die Tochtergesellschaft. Unter diese Berufsgruppen fallen die Tätigkeiten, die durch nichtwissenschaftliche Arbeitnehmer ausgeführt werden. Dies sind beispielsweise Team- und Serviceassistenten, die die Pflegekräfte z.B. beim Verteilen der Mahlzeiten unterstützen. Auch hausmeisterliche Tätigkeiten fallen hierunter. Die PSG hatte im April 2007 mehr als 60 Angestellte, die seither dem Universitätsklinikum Essen überlassen werden. Nicht geplant ist die Einstellung von ärztlichem Personal über die PSG.[53] Neben den Neueinstellungen wird auch den derzeit beim Universitätsklinikum befristet eingestellten Arbeitnehmern das Angebot unterbreitet, nach Ablauf des befristeten Arbeitsvertrags einen Arbeitsvertrag mit der PSG abzuschließen.

Das Universitätsklinikum Essen hat die konzerneigene Personal-Service-Gesellschaft zwecks Anpassung an eine veränderte Marktsituation im Krankenhaussektor gegründet, die sich insbesondere durch die Einführung der Diagnosis Related Groups (DRG) ergeben hat. Durch den Einsatz des Instruments der konzerninternen Arbeitnehmerüberlassung ver-

---

[52] *Bertram,* a.a.O. (Fn. 49); dies stellt die Grundkonstellation dar; zur Zulässigkeit dieser Konstruktion vgl. spätere Ausführungen Seite 60 ff.

[53] *o.V.,* Leiharbeiter sollen Kosten an Uniklinik Essen senken, Ärzte-Zeitung vom 27./28.04.2007.

spricht sich das Universitätsklinikum die Sicherung von Arbeitsplätzen, die Einsparung von Kosten sowie eine höhere Flexibilität.[54]

Die „Universitätsklinikum Essen Personalservice GmbH“ ist Mitglied des Interessenverbands Deutscher Zeitarbeitsunternehmen e.V. (iGZ). Die Tarifverträge der iGZ finden Anwendung auf die zwischen Leiharbeitnehmern und der PSG begründeten Arbeitsverhältnisse. Die PSG überlässt die bei ihr beschäftigten Arbeitnehmer nur an das Universitätsklinikum Essen. Geplant ist aber auch eine Überlassung an andere Arbeitgeber.

Der Personalrat des Universitätsklinikums Essen hat die Zustimmung zu den Abschlüssen der Arbeitnehmerüberlassungsverträge verweigert. Um diese Zustimmung ersetzen zu lassen wandte sich das Universitätsklinikum Essen an die Einigungsstelle, die dem Abschluss der Arbeitnehmerüberlassungsverträge zustimmte. Die Gründung der PSG hält der Personalrat für eine Strohmannkonstruktion und deshalb für nicht zulässig.[55]

3.2.2 Ausgangsbeispiel 2: St. Joseph Krankenhaus / Berlin

Auch das St. Joseph Krankenhaus in Berlin hat eine eigene Personal-Service-Gesellschaft namens „auxilia“ gegründet. Der Träger der Klinik ist eine katholische Wohltätigkeitsanstalt, die insgesamt acht Kliniken und mehrere Altenheime betreibt. Der Träger ist an die „Richtlinien für Arbeitsverträge in den Einrichtungen des Deutschen Caritasverbandes“ (AVR Caritas) gebunden.

Das St. Joseph Krankenhaus stellt derzeit keine neuen Mitarbeiter mehr ein. Ausnahmen bilden hier nur Chef- und Oberärzte, der Krankenhausdirektor sowie die leitenden Angestellten, die weiterhin direkt beim Krankenhaus beschäftigt werden sollen. Die übrigen Mitarbeiter leiht sich das St. Joseph Krankenhaus von der Tochtergesellschaft. Dort erfolgen Neueinstellungen. Darüber hinaus bietet auch „auxilia“ den befristet eingestellten Mitarbeitern des St. Joseph Krankenhauses nach Ablauf der Befristung einen Neuvertrag an. Mittel- bis langfristig sollen ca. 200 bis 250 Mitarbeiter bei „auxilia“ angestellt werden.[56]

Im Arbeitsvertrag zwischen der Tochtergesellschaft „auxilia“ und den Leiharbeitnehmern wird auf einen Tarifvertrag der Zeitarbeit Bezug genommen. Der hier in Bezug genommene Tarifvertrag „BOLERO“ wurde zwischen der Tarifgemeinschaft Zeitarbeitsunternehmen in der Bundesvereinigung Deutscher Dienstleistungsunternehmen (BVD) und der Tarifgemeinschaft Christlicher Gewerkschaften Zeitarbeit und PSA (CGZP) abgeschlossen. Das Vergütungsniveau des Tarifvertrags liegt unter dem der AVR Caritas.[57]

---

[54] Jahresbericht 2006 des Universitätsklinikums Essen, S. 61.

[55] Personalrat-Info des Uniklinikums Essen, Extraausgabe 06-2007, S. 3 – 6.

[56] *Laschet,* Lohndumping im Namen der Barmherzigkeit, Ärzte-Zeitung vom 19.10.2005.

[57] *Herms/Meinel,* a.a.O. (Fn. 51).

Als Anlass für die Gründung der Gesellschaft „auxilia“ gibt der Gesellschafter die Einführung der DRG sowie bestehende Überkapazitäten in Berlin an, die die Krankenhäuser zur Zentralisierung und Schwerpunktbildung zwangen. Das St. Joseph Krankenhaus hat sich trotz dieses Kostendrucks dafür entschieden, das bestehende Leistungsspektrum zu erhalten. Mit dieser Entscheidung ging auch ein Entschluss gegen einen Stellenabbau einher. Um dennoch wettbewerbsfähig bleiben zu können, hat das St. Joseph Krankenhaus das Instrument der konzerneigenen Personal-Service-Gesellschaft eingeführt. Dieses ist langfristig trägerübergreifend konzipiert.[58]

3.2.3 Ausgangsbeispiel 3: St. Josefs-Stift Eisingen

Bei der St. Josefs-Stift Eisingen gGmbH handelt es sich nicht um ein Krankenhaus, sondern um eine Behinderteneinrichtung. Zur Verdeutlichung kann jedoch auch dieses Beispiel herangezogen werden.

Die St. Josefs-Stift Eisingen gGmbH hat im November 2007 eine Tochtergesellschaft mit dem Namen „St. Josefs-Stift Eisingen Service GmbH“ gegründet. Zweck dieser Gesellschaft ist die Erbringung von Dienstleistungen und die Arbeitnehmerüberlassung, insbesondere im Zusammenhang mit dem Betrieb von Behinderteneinrichtungen. Anlass für die Gründung ist eine seit Jahren andauernde Unterfinanzierung der Einrichtung. Aus Sicht des St. Josefs-Stifts stellt diese Personal-Service-GmbH einen wichtigen Schritt zur finanziellen Konsolidierung der Einrichtung und damit verbunden zum Erhalt der Arbeitsplätze dar. Durch Kostenreduzierungen der vergangenen Jahre konnte der Unterfinanzierung nicht genügend Einhalt geboten werden. Deshalb wurde jetzt, zusätzlich zu anderen Maßnahmen, die Personal-Service-GmbH gegründet.[59]

Auch hier werden Neueinstellungen nur noch über das Tochterunternehmen vorgenommen sowie den befristet eingestellten Mitarbeitern ein Arbeitsvertrag bei der Personal-Service-GmbH angeboten. Im Gegensatz zu den bisherigen Beispielen beschränkt sich dies jedoch nicht nur auf bestimmte Berufsgruppen. Bereits wenige Monate nach Gründung beschäftigt die St. Josefs-Stift Eisingen Service GmbH 35 Mitarbeiter. Diese werden nach einem Tarifvertrag der Zeitarbeit vergütet.[60] Allerdings gibt es noch außertarifliche Vergütungsbestandteile, sodass die Vergütung insgesamt an das Niveau des Tarifvertrags für den öffentlichen Dienst (TVöD) angelehnt ist.[61]

---

[58] *Laschet,* a.a.O. (Fn. 56).

[59] Mainpost vom 31.03.2008, „Bischof verurteilt kirchliche Leiharbeit“.

[60] Besondere Probleme können sich ergeben, weil der alleinige Gesellschaftszweck nicht in der Arbeitnehmerüberlassung liegt, siehe Ausführungen zur Abweichung vom „equal pay/equal treatment“ - Grundsatz bei Mischbetrieben Seite 57.

[61] Kitzinger Zeitung vom 01./02.03.2008, „Service GmbH soll Supergau verhindern“.

Die Personal-Service-Gesellschaft soll für etwa 5 Jahre bestehen bleiben. Innerhalb dieser Zeit hofft die Einrichtung auf andere Faktoren, die die Finanzlage positiv beeinflussen. So wird beispielsweise schon seit einigen Jahren über die Reformierung der AVR Caritas nachgedacht. In den neuen AVR soll für die unteren Entgeltgruppen eine geringere Vergütung als bisher vorgesehen werden.

Die Mitarbeitervertretung (MAV) der St. Josefs-Stift Eisingen gGmbH hat die Gründung der Personal-Service-GmbH abgelehnt. Deshalb rief sie das zuständige kirchliche Arbeitsgericht in Augsburg an. Begründet wird die Klage mit der gravierenden Verletzung der Verpflichtungen als Caritas-Einrichtung.[62] Zudem haben sich in diesem Fall auch der zuständige Diözesanverband der Caritas sowie der Bischof geäußert. Die St. Josefs-Stift Eisingen gGmbH wurde von beiden aufgefordert, sich von der Personal-Service-GmbH zu lösen und einen Weg aus der finanziellen Situation zu finden, der im Einklang mit dem so genannten Dritten Weg[63] steht. Leiharbeit unter dem Dach der Kirche werde jedenfalls abgelehnt.[64]

3.2.4 Ausgangsbeispiel 4: Stiftung Friedehorst Bremen

Auch die diakonische Behinderteneinrichtung Stiftung Friedehorst hat zusammen mit einer weiteren diakonischen Einrichtung im Jahr 2005 eine konzerneigene Personal-Service-GmbH namens „Parat Personal- und Service GmbH" gegründet. Über diese wurden neue Mitarbeiter sowie Mitarbeiter der Stiftung Friedehorst mit auslaufendem befristeten Arbeitsvertrag eingestellt und anschließend an die Stiftung Friedehorst verliehen. Gegenstand dieser Gesellschaft ist die Arbeitnehmerüberlassung in diakonische Einrichtungen. Die Arbeitsbedingungen einschließlich des Entgelts richten sich nach einem Zeitarbeitstarifvertrag.[65]

Mit der MAV gab es bezüglich dieser Gründung und der anschließenden Arbeitnehmerüberlassung erhebliche Streitpunkte. Die MAV hatte die Zustimmung bezüglich der Überlassung von Leiharbeitnehmern für die Dauer von zwei Jahren an die Stiftung Friedehorst verweigert. Sie begründete ihre Verweigerung mit der Substitution von Stammarbeitnehmern durch Leiharbeitnehmer und mit der Ungleichbehandlung von Stamm- und Leiharbeitnehmern bezüglich der Vergütung. Die Streitpunkte wurden daraufhin vor dem Kirchengericht geklärt.[66]

---

[62] Kitzinger Zeitung vom 01./02.03.2008, „Service GmbH soll Supergau verhindern".

[63] Zum Dritten Weg siehe Ausführungen Seite 32.

[64] Mainpost vom 31.03.2008, „Bischof verurteilt kirchliche Leiharbeit".

[65] *Baumann-Czichon,* Leiharbeit – die neue Form der Tarifflucht, AuK 2006, 47; *Gathmann,* Wo Kirche draufsteht, muss auch Kirche drin sein, AuK 2007, 106.

[66] KGH.EKD, II-0124/M 35-06, Beschluss, 09.10.2006, NZA 2007, 761 (761,762); siehe auch spätere Ausführungen zu den Beteiligungsrechten der MAV.

4 Wirtschaftliche Gründe für die konzerninterne Arbeitnehmerüberlassung

Unternehmen greifen oftmals auf Arbeitnehmerüberlassung zurück, um vorübergehende Personalengpässe, z.B. aufgrund von Krankheit, Urlaub oder Mutterschutz zu überbrücken. Ebenso können kurzfristig Leiharbeitnehmer eingesetzt werden um Auftragsspitzen abzuarbeiten. Der Personalbedarf kann somit flexibel geplant werden. Zudem können auf diese Weise Personalbeschaffungskosten verlagert werden, da der Verleiher diese Kosten trägt.

Diese genannten Gründe sind jedoch nicht ausschlaggebend für die konzerninterne Arbeitnehmerüberlassung. Sie spielen vielmehr eine untergeordnete Rolle. Denn die Leiharbeitnehmer sollen in der überwiegenden Anzahl der Fälle nicht kurzfristig einen Personalengpass abdecken, sondern über einen längeren Zeitraum an den Entleiher überlassen werden. Deshalb stehen für eine solche Entscheidung andere Gründe im Vordergrund, wie auch die vorangegangenen Ausgangsbeispiele zeigen.

Der Gründung einer eigenen Verleihgesellschaft liegen im Krankenhaussektor allgemeine Überlegungen zugrunde, die auch in anderen Branchen bestehen. Neben diesen gibt es in diesem Sektor noch spezifische Gründe für eine solche Entscheidung. Dies ist auf die für Krankenhäuser bestehenden gesetzlichen Regelungen und Strukturen zurückzuführen.

4.1 Krankenhauserlöse und Krankenhausfinanzierung

Anders als beispielsweise ein Industrieunternehmen, das bestimmte Mengen eines oder mehrerer Produkte herstellt und am Markt zu einem selber festgelegten Preis absetzt, kann ein Krankenhaus grundsätzlich nicht selbst den Preis für die durchgeführten Behandlungen am Markt festsetzen. Das Gesundheitswesen allgemein, aber auch der Krankenhaussektor im Speziellen ist ein stark reglementierter Sektor[67], d.h. es bestehen diverse Einflussfaktoren, welche die Krankenhäuser nicht selber steuern können.

4.1.1 Gesetzliche Grundlagen der Krankenhausfinanzierung

Nach Art. 74 Abs. 1 Nr. 19a GG erstreckt sich die konkurrierende Gesetzgebung zwischen Bund und Ländern auch auf die wirtschaftliche Sicherung der Krankenhäuser und die Regelung der Krankenhauspflegesätze. Anhand dieser verfassungsrechtlichen Regelung wird schon deutlich, dass ein Krankenhaus mit dem jeweiligen Patienten nicht ein Entgelt verhandeln kann, sondern dass diesbezüglich gesetzliche Vorschriften maßgebend sind.

Seit der Einführung des Krankenhausfinanzierungsgesetzes (KHG) im Jahr 1972 werden die Krankenhäuser in Deutschland dualistisch finanziert. Dies bedeutet, dass einerseits die

---

[67] Aufzählung einiger wesentlichen Regulierungen des Gesundheitswesens in *Dietrich,* Qualität, Wirtschaftlichkeit und Erfolg von Krankenhäusern, Wiesbaden 2005, S. 16.

Investitionskosten durch öffentliche Förderung aufgebracht werden, andererseits die entstehenden Betriebskosten durch die Benutzer bzw. die Kostenträger (insbesondere Krankenkassen) finanziert werden.[68]

Durch die Übernahme der Investitionskosten im Wege der öffentlichen Förderung wird der Staat bzw. werden die Bundesländer der Aufgabe der wirtschaftlichen Sicherung der Krankenhäuser gerecht (vgl. § 4 Nr. 1 KHG). Die öffentliche Förderung gilt nicht nur für die öffentlichen Einrichtungen, sondern auch für die freigemeinnützigen und die privaten Krankenhäuser (vgl. § 1 Abs. 2 KHG).

Die Kosten, die im Krankenhaus während einer Behandlung entstehen, tragen überwiegend die Krankenkassen. In der gesetzlichen Krankenversicherung (GKV) hat der Versicherte (§ 5 ff. SGB V) einen (Sachleistungs-) Anspruch auf Krankenhausbehandlung (§ 27 Abs. 1 Nr. 5 SGB V). Auf eine vollstationäre Krankenhausbehandlung besteht jedoch nur dann ein Anspruch, wenn dies erforderlich ist, weil das Behandlungsziel nicht anders erreicht werden kann (§ 39 Abs. 1 S. 2 SGB V). Allerdings muss immer das Wirtschaftlichkeitsgebot gemäß § 12 SGB V beachtet werden, wonach die Leistungen immer ausreichend, zweckmäßig und wirtschaftlich sein müssen.

Die Krankenversicherung ist Teil des sozialen Systems in Deutschland. Die Beiträge der Mitglieder konnte die gesetzliche Krankenkasse bis zum 31.12.2008 gemäß § 241 Abs. 1 SGB V a.F. in ihrer Satzung festlegen. Deshalb gab es für die Beitragszahlung in die Krankenversicherung – anders als bei den anderen Sozialversicherungen (vgl. § 341 Abs. 2 SGB III, § 160 SGB VI, § 55 Abs. 1 SGB XI) – keinen festen Prozentsatz. Vielmehr schwankte dieser zuletzt je nach Krankenkasse zwischen ca. 13 % und 15 %. Seit dem 01.01.2009 wird jedoch gemäß § 241 Abs. 1 SGB V ein allgemeiner Beitragssatz durch Rechtsverordnung festgelegt.

Bei der privaten Krankenversicherung (PKV) hängt eine Übernahme der Krankenhauskosten von den Vereinbarungen zwischen dem privaten Versicherungsunternehmen und dem Versicherten bzw. von den individuell gewählten Tarifen ab. Hier besteht keine einheitliche Regelung. Anders als bei der GKV ist die Beitragszahlung der privaten Krankenversicherung nicht einkommens- sondern risikobezogen, d.h. die zu zahlenden Beiträge hängen von der Einschätzung des jeweiligen Krankheitsrisikos des Versicherten ab.[69]

4.1.2 Vergütungssystem im Krankenhaus

Seit etlichen Jahren befinden sich die Vergütungsstrukturen im Krankenhaussektor kontinuierlich im Wandel. Zahlreiche Gesetzesänderungen wurden seit der Einführung der dualisti-

[68] *Bruckenberger/Klaue/Schwintowski*, Krankenhausmärkte zwischen Regulierung und Wettbewerb, Berlin / Heidelberg 2006, S. 28.

[69] *Haubrock/Schär (Hrsg.)*, Betriebswirtschaft und Management im Krankenhaus, 4. Aufl. Bern 2007, S. 105 f.

schen Finanzierung vollzogen.[70] Immer wieder gab es Eingriffe bezüglich der finanziellen Mittel, die den Krankenhäusern zur Verfügung gestellt werden. Auch die GKV musste ihren Beitragssatz immer weiter erhöhen, um der Ausgabenentwicklung besser standzuhalten. Grund für diese Entwicklung ist die ständige Erhöhung der Ausgaben im Krankenhaussektor.[71]

Die letzte erhebliche Änderung des Vergütungssystems wurde zum 01.01.2003 vollzogen. Bis zu diesem Zeitpunkt wurde der überwiegende Teil der Betriebskosten eines Krankenhauses über administrative Pflegesätze vergütet. Diese Pflegesätze wurden je Behandlungstag von den Krankenkassen erstattet.[72] Es galt die Bundespflegesatzverordnung (BPflV). Die Pflegesätze wurden in jährlichen Budgetverhandlungen nach § 18 KHG zwischen den einzelnen Krankenhausträgern und den Kostenträgern, d.h. den Krankenkassen, ausgehandelt.

Seit dem 01.01.2003 wurde stufenweise ein fallpauschalenfinanziertes Modell für voll- und teilstationäre Krankenhausleistungen, die so genannten Diagnosis Related Groups (DRG) eingeführt. Jeder Behandlungsfall wird dabei einer klinisch definierten Fallgruppe zugeordnet. In diesen Fallgruppen sind solche Behandlungsfälle zusammengefasst, die medizinisch ähnlich und im Hinblick auf die Behandlungskosten möglichst homogen sind. Entscheidend für die Zuordnung ist die Hauptdiagnose. Eine weitere Differenzierung aufgrund des Schweregrads der Erkrankung oder von aufgetretenen Komplikationen ist möglich.[73] Gesetzliche Grundlage der DRG ist das Krankenhausentgeltgesetz (KHEntgG), das Fallpauschalengesetz (FPG) sowie das KHG.

„Der Fallpauschalenfinanzierung liegt der Gedanke zugrunde, dem konkreten Behandlungsfall ein pauschalisiertes Abrechnungsvolumen (Fallpauschale) zuzuordnen, das die Krankenhäuser den Krankenkassen in Rechnung stellen“.[74]

Die Krankenhäuser haben demnach keinen Einfluss auf die Höhe der in Rechnung gestellten Entgelte. Es gibt nur noch einen Festpreis, der abhängig ist von der gestellten Diagnose. Grund für die Einführung der DRG war der gesetzgeberische Wunsch nach einer Verbesserung der Wirtschaftlichkeit der Krankenhäuser. Es soll zu einem stärkeren Leistungswettbewerb der Leistungserbringer untereinander kommen. Zudem sollen die Krankenhäuser

---

[70] Vgl. *Rutz,* Die Einführung von Diagnosis Related Groups in Deutschland, Lohmar - Köln 2006, S. 23 ff.

[71] *Rutz,* a.a.O., S. 29.

[72] *Pitschas,* Fallpauschalen im Krankenhaus – Rechtsfragen leistungsbezogener Krankenhausentgelte, NZS 2003, 341 (342).

[73] *Bruckenberger/Klaue/Schwintowski*, a.a.O. (Fn. 68), S. 162.

[74] *Landauer,* Wie krank ist der Patient Krankenhaus?, WISU 2006, 1045 (1047).

managementorientierter ausgerichtet werden, sodass sie kostenbewusster handeln.[75] Dieser Ansatz dient mithin in erster Linie einer Dämpfung der Kosten für die stationäre Versorgung. Infolge dessen soll es dann zu stabilen Beiträgen in der GKV kommen.[76]

Nach § 17 b Abs. 1 KHG gilt das DRG-System für alle allgemeinen Krankenhausleistungen. Ausgenommen sind hier nur die psychiatrischen Einrichtungen, in denen weiterhin die Vergütung über Pflegesätze erfolgt (vgl. § 1 Abs. 1 BPflV). Zu beachten ist jedoch, dass sich das Fallpauschalensystem bis 2009 in der Konvergenzphase befindet. Nachdem 2003 und 2004 noch krankenhausindividuelle Basisfallwerte bestanden, werden seit 2005 gemäß § 4 KHEntgG diese Basisfallwerte an einen so genannten landesweiten Basisfallwert angenähert. Mit dem Abschluss der Konvergenzphase wird ab 2009 ein landeseinheitliches Vergütungssystem im Krankenhaus bestehen.

4.1.3 Auswirkungen der Diagnosis Related Groups

Das System der DRG, nämlich gleiche Preise für gleichartige Fälle der Abrechnung der Krankenhausbehandlung zugrunde zu legen, erhöht den Druck auf die Krankenhäuser. Da sie bezüglich ihrer Entgelte durch die gesetzlichen Restriktionen sehr stark beschränkt sind, können sie, um wirtschaftlicher zu werden, nur bedingt auf der Erlösseite ansetzen. Eine Erlössteigerung ist in diesem Preissystem nur schwer durchführbar. Preiswettbewerb bei stationären Krankenhausleistungen kann durch die Festpreisregelungen weitestgehend nicht mehr stattfinden.[77]

Im Weiteren ist zu berücksichtigen, dass zwar ein gesetzlicher Anspruch auf öffentliche Förderung für Investitionen in Höhe von 100% besteht, diesem Anspruch kann der Staat aber nicht mehr vollständig nachkommen. Deshalb müssen die Krankenhäuser entweder auf erforderliche Investitionen verzichten oder diese vollständig oder doch zu einem gewissen Anteil aus eigenen Mitteln aufbringen bzw. hierfür Fremdkapital aufnehmen.[78] Auch diese eigen- bzw. fremdfinanzierten Investitionen müssen über die Erlöse aus den Entgelten der abgerechneten Krankenhausleistungen refinanziert werden.

Außerdem herrscht auch im Krankenhaussektor zunehmend mehr Wettbewerb um die Patienten, sodass eine „Mengensteigerung" durch Erhöhung der Fallzahlen zwar grundsätzlich möglich, aber nicht unbedingt durchsetzbar ist, zumal auch hier weitere gesetzliche Restriktionen bestehen. Denn nach § 17 c Abs. 1 KHG müssen die Krankenhäuser darauf hinwirken, dass kein Patient aufgenommen wird, der nicht der stationären Krankenhausbehandlung bedarf. Ebenfalls darf ein Patient nicht vorzeitig aus wirtschaftlichen Gründen entlas-

---

[75] *Pitschas,* a.a.O. (Fn. 72).

[76] *Bruckenberger/Klaue/Schwintowski*, a.a.O. (Fn. 73).

[77] *Dietrich,* a.a.O. (Fn. 67), S. 46.

[78] *Bruckenberger/Klaue/Schwintowski*, a.a.O., (Fn. 68), S. 149.

sen werden. Auch trägt die Krankenkasse nur dann die Behandlungskosten, wenn und solange eine stationäre Behandlung notwendig ist.

Deshalb ist es für die Krankenhäuser besonders wichtig, die Struktur ihrer Kosten zu kennen. Um wirtschaftlich zu bleiben oder zu werden, muss hieran ständig gearbeitet werden. Durch die Fallgruppenpauschale können individuelle Kostenstrukturen in den Krankenhäusern nicht mehr berücksichtigt werden. Daher ist eine effiziente Verwendung der zur Verfügung stehenden Mittel unerlässlich. Zugleich darf aber auch die Qualität der Leistungen keine Einbußen erleiden, da die Krankenhäuser ansonsten dem Wettbewerb nicht mehr standhalten können.

4.2 Personalkosten und Tarifbindung im Krankenhaus

4.2.1 Kostenstruktur im Krankenhaus

Die Personalkosten machen in Krankenhäusern den größten Kostenanteil aus. Die Kostenstruktur im Jahr 2005 kann wie folgt dargestellt werden:

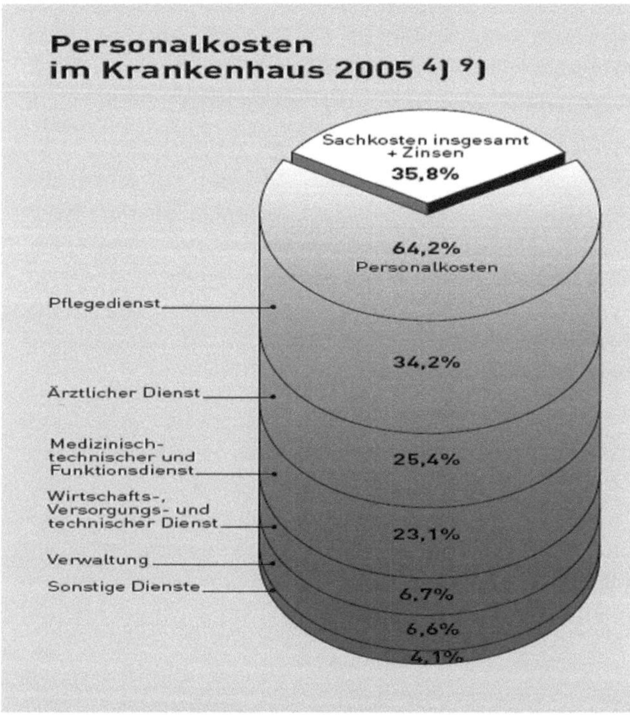

Abbildung 5: Personalkosten im Krankenhaus 2005

Quelle: Deutsche Krankenhausgesellschaft, Broschüre „Zahlen, Daten, Fakten 2007“, S. 46.

Der Personalkostenanteil in Höhe von 64,2 % entspricht insgesamt einem Aufwand von 40.957.758.000 €. Die Sachkosten machen hingegen 22.621.447.000 € aus. Der größte Teil hiervon entfällt auf den medizinischen Bedarf, wie Arzneimittel, Verband-, Heil-, und Hilfsmittel.[79]

Wie zuvor beschrieben können Krankenhäuser nur begrenzt ihre Erlöse steigern. Eine Verbesserung der Wirtschaftlichkeit bzw. eine Reduzierung der Verluste kann deshalb hauptsächlich durch Verringerung der Kosten erreicht werden. Besonderes Augenmerk ist aufgrund ihres hohen Anteils auf die Personalkosten zu werfen.

Die Krankenhäuser sind allerdings in ihren Strategien zur Reduzierung der Personalkosten nicht völlig frei: zwar machen einerseits die Personalkosten den größten Kostenanteil aus, andererseits muss aber jederzeit Personal im Krankenhaus verfügbar sein, um die Patienten zu versorgen.

4.2.2 Tarifverträge im Krankenhauswesen

In Tarifverträgen werden Regelungen bezüglich arbeitsrechtlicher Fragen getroffen. Dies gilt vor allem für die Eingruppierung der Beschäftigten und die Höhe der Vergütungen.

Für den Krankenhausbereich gibt es jedoch keinen einheitlichen Tarifvertrag. Vielmehr ist in diesem Sektor die Tariflandschaft sowohl bezogen auf die unterschiedlichen Trägerstrukturen als auch innerhalb der verschiedenen Berufsgruppen zersplittert. Im Folgenden werden die wichtigsten kollektiven Arbeitsregelungen für den Krankenhaussektor vorgestellt.

4.2.2.1 Tarifverträge für den öffentlichen Dienst

4.2.2.1.1 BAT / MTArb / BMT-G II / TVöD / TV-L

Der Bundesangestelltentarifvertrag (BAT) vom 23.02.1961 war lange Zeit für den öffentlichen Dienst maßgebend. „Öffentlicher Dienst“ bezeichnet eine Diensttätigkeit für juristische Personen des öffentlichen Rechts. Da Krankenhäuser unter anderem auch in öffentlicher Trägerschaft stehen, findet der BAT für die Beschäftigten in diesen Krankenhäusern Anwendung.

Der BAT wurde zwischen der Bundesrepublik Deutschland, der Tarifgemeinschaft deutscher Länder (TdL) und der Vereinigung der kommunalen Arbeitgeberverbände (VKA) auf der Arbeitgeberseite und ver.di[80] auf der Arbeitnehmerseite abgeschlossen. Er gilt für Angestellte des Bundes, der Länder und die Mitglieder der Arbeitgeberverbände, die der VKA angehören (§ 1 Abs. 1 BAT).

---

[79] Statistisches Bundesamt, Statistisches Jahrbuch 2007, Wiesbaden 2007, S. 248.

[80] Ursprünglich war auf der Arbeitnehmerseite die Deutsche Angestellten-Gewerkschaft und die Gewerkschaft Öffentliche Dienste, Transport und Verkehr vertreten; diese schlossen sich jedoch 2001 mit drei weiteren Gewerkschaften zusammen und ver.di trat die Rechtsnachfolge an.

Die frühere Unterscheidung zwischen Arbeitern und Angestellten fand sich auch in den Tarifverträgen wieder. Für die Arbeiter wurde dementsprechend der Manteltarifvertrag für Arbeiterinnen und Arbeiter des Bundes und der Länder (MTArb) abgeschlossen, für die Arbeiter in den Kommunen galt der Bundesmanteltarifvertrag für Arbeiter gemeindlicher Verwaltungen und Betriebe (BMT-G II).

Zum 01.10.2005 wurde der BAT durch den Tarifvertrag für den öffentlichen Dienst (TVöD) abgelöst. Außerdem trat mit Wirkung vom 01.11.2006 der Tarifvertrag für den öffentlichen Dienst der Länder (TV-L) in Kraft. Ziel der neuen Tarifverträge war zum einen eine Beseitigung der Unterscheidung zwischen Arbeitern und Angestellten, zum anderen eine Flexibilisierung der Arbeitszeit wie auch die Schaffung eines neuen, leistungsbezogeneren Vergütungssystems.[81]

Den TVöD haben ver.di und die dbb tarifunion mit der Bundesrepublik Deutschland und der VKA geschlossen. Der TV-L wurde von ver.di und der dbb tarifunion mit der TdL abgeschlossen. Der Grund für einen separaten Tarifvertrag mit der TdL war deren Ausschluss von den Tarifvertragsverhandlungen zum TVöD, nachdem sie die Arbeitszeitregelungen des BAT gekündigt hatten.[82]

Für den Krankenhausbereich bestehen sowohl im TVöD als auch im TV-L spezielle Regelungen. Der TVöD gliedert sich in einen allgemeinen Teil und in besondere Teile. Für die Beschäftigten in Krankenhäusern und Pflegeeinrichtungen gilt der „Besondere Teil Krankenhäuser“ (TVöD-BT-K), der zwischen der VKA und ver.di / dbb tarifunion abgeschlossen wurde. Im TV-L sind Sonderregelungen in §§ 41, 42, 43 TV-L enthalten. Beide Besondere Teile der Tarifverträge enthalten allerdings keine eigenständigen Entgelttabellen für die Beschäftigten in Krankenhäusern. Diese richten sich vielmehr nach den allgemeinen Regelungen. Eine Ausnahme bildet hier nur der TVöD-BT-K, der eine gesonderte Entgelttabelle für Ärzte vorsieht.

4.2.2.1.2 TV-Ärzte / TV-Ärzte/VKA

Der Marburger Bund hat ebenfalls für den öffentlichen Dienst Tarifverträge abgeschlossen. Hier ist der Tarifvertrag für Ärzte an kommunalen Krankenhäusern (TV-Ärzte/VKA) vom 17.08.2006 zu nennen, welcher mit der VKA abgeschlossen worden ist. Zudem wurde am 30.10.2006 ein Tarifvertrag für Ärztinnen und Ärzte an Universitätskliniken (TV-Ärzte) mit der TdL vereinbart.

Der TV-Ärzte/VKA gilt nur für Ärzte in kommunalen Krankenhäusern (vgl. § 1 Abs. 1 TV-Ärzte/VKA). Der TV-Ärzte gilt nur für Ärzte an Universitätskliniken (vgl. § 1 Abs. 1 TV-Ärzte). Beide Tarifverträge gelten nicht für das nichtärztliche Personal in Krankenhäusern, da es sich beim Marburger Bund um eine Ärztegewerkschaft handelt.

---

[81] Schaub/*Linck*, ArbR-Hdb. § 184 Rn. 65.

[82] *Steinherr* in Sponer/Steinherr, TVöD Kommentar, Rz. 5 zu § 1 TVöD.

Der Marburger Bund hat für den öffentlichen Dienst noch weitere Tarifverträge abgeschlossen. Anzuführen ist hier beispielsweise der Tarifvertrag von dessen Landesverband Hessen mit dem Land Hessen (TV-Ärzte Hessen vom 30.11.2006). Dieser gilt für Ärzte an hessischen Universitätsklinken.[83]

4.2.2.2 Arbeitsvertragsrichtlinien bei konfessionellen Krankenhäusern

Für die freigemeinnützigen Krankenhäuser in kirchlicher Trägerschaft gelten besondere Regelungen. Denn den Kirchen steht ein so genanntes Selbstbestimmungsrecht zu, nach welchem die Religionsgesellschaften das Recht haben, ihre Angelegenheiten selbständig innerhalb der Schranken des für alle geltenden Gesetzes zu ordnen und zu verwalten. Das Selbstbestimmungsrecht ist in Art. 140 GG i.V.m. Art. 137 Abs. 3 WRV geregelt.

Träger dieses Rechts sind Religionsgesellschaften. Darunter fallen auch alle *„der Kirche in bestimmter Weise zugeordneten Einrichtungen ohne Rücksicht auf ihre Rechtsform, wenn sie nach kirchlichem Selbstverständnis ihrem Zweck oder ihrer Aufgabe entsprechend berufen sind, ein Stück des Auftrags der Kirche wahrzunehmen und zu erfüllen“* [84]. Somit genießen auch die Einrichtungen der Caritas und des Diakonischen Werks diesen verfassungsrechtlichen Schutz.[85]

Die Arbeitsbedingungen der Mitarbeiter[86] der katholischen und evangelischen Kirche werden aufgrund dieses Selbstbestimmungsrechts über einen eigenen Weg, den so genannten Dritten Weg geregelt.

Eine Regelung der Arbeitsbedingungen über den Ersten Weg bedeutet, dass die Arbeitsbedingungen einseitig vom Arbeitgeber im Arbeitsvertrag festgelegt werden. Die Kirchen haben sich jedoch gegen diesen Weg entschieden, da die Festlegung der Arbeitsbedingungen unter Beteiligung der Mitarbeiter erfolgen soll.

Eine solche Beteiligung wird beim Zweiten Weg gewährleistet, nach welchem die Parteien Tarifverträge vereinbaren. Beide Kirchen haben sich – von wenigen Ausnahmen abgesehen[87] - gegen diesen Weg entschieden, da eine Übernahme des Tarifvertragsmodells aufgrund des Arbeitskampfrechts und einer möglichen Aussperrung nicht zum Leitbild der

[83] Hessen und Berlin sind die einzigen Länder, die nicht Mitglied der TdL sind.

[84] BVerfG, 2 BvR 1703, 1718/83, 2 BvR 856/84, Beschluss, 04.06.1985, NJW 1986, 367, mit Anm. Weber.

[85] *Belling,* Kirchliches Arbeitsrecht und kirchliche Arbeitsgerichtsbarkeit, NZA 2006, 1132.

[86] Im kirchlichen Arbeitsrecht wird anders als im staatlichen Arbeitsrecht von Mitarbeitern, Dienstgebern und Dienstgemeinschaft gesprochen; Grund hierfür ist die gemeinsame Erfüllung des Sendungsauftrags.

[87] Ausnahmen sind die Nordelbische Kirche und die Evangelische Kirche in Berlin – Brandenburg, die die Arbeitsbedingungen durch Tarifverträge regeln, Schaub/*Linck,* ArbR-Hdb. § 185 Rn. 6.

Kirche passt. Sowohl die Kirchen als auch die dazugehörigen Einrichtungen wollen durch ihre Arbeit den Sendungsauftrag erfüllen. Sie wollen Interessenkonflikte nicht mittels Arbeitskampf lösen, da sie in hohem Maße auf ein Miteinander und eine gemeinsame Aufgabenerfüllung ausgerichtet sind. Dieses Leitbild schließt es nach herrschender Meinung aus, dass die Änderung von Arbeitsbedingungen durch einen offenen Druck erzwungen werden kann.[88]

Deshalb wird von den Kirchen ein eigener Weg beschritten, der Dritte Weg. Hiernach werden die Arbeitsbedingungen einschließlich der Vergütung nach kircheneigenen Ordnungen durch paritätisch besetzte Kommissionen festgelegt, der sowohl Dienstgeber als auch Mitarbeiter angehören.[89] Diese Arbeitsrechtlichen Kommissionen beschließen das jeweilige Arbeitsvertragsrecht. Über die Beschreitung des Dritten Weges werden die Mitarbeiter an der Gestaltung ihrer Arbeitsbedingungen beteiligt. Aufgrund der Parität der Gremienbesetzung können nur gemeinsame Entscheidungen getroffen werden.

Die Ausgestaltung des Dritten Weges ist jedoch in den beiden Kirchen unterschiedlich. In der evangelischen Kirche muss sogar nach den einzelnen Landeskirchen unterschieden werden.[90] Deshalb gibt es in den kirchlichen Bereichen auch verschiedene Regelwerke.

Für konfessionelle Krankenhäuser kommen insbesondere zwei auf dem Dritten Weg zustande gekommenen Arbeitsvertragsrichtlinien (AVR) zur Anwendung. Für katholische Einrichtungen sind dies die „Richtlinien für Arbeitsverträge in den Einrichtungen des Deutschen Caritasverbands" (AVR Caritas), die gemäß § 2 für alle Mitarbeiter der Einrichtungen und Dienststellen gelten, die dem Deutschen Caritasverband e.V. angeschlossen sind. Dies ist u.a. der Katholische Krankenhausverband Deutschland e.V.. Für evangelische Einrichtungen gelten vor allem die Arbeitsvertragsrichtlinien des Diakonischen Werks der Evangelischen Kirche (AVR DW EKD). Der Caritas und der Diakonie wird überwiegend der Gesundheitsbereich zugerechnet.

Neben den AVR DW EKD ist für evangelische Krankenhäuser noch der Bundesangestelltentarifvertrag – Kirchliche Fassung (BAT-KF) von Bedeutung. Dieser gilt für Angestellte der Evangelischen Kirche im Rheinland, der Evangelischen Kirche von Westfalen und der Lippischen Landeskirche sowie ihrer Diakonischen Werke. Die Regelungen des BAT-KF sind ebenfalls Arbeitsvertragsrichtlinien, die von einer arbeitsrechtlichen Kommission festgelegt worden sind.[91] Der BAT-KF wird zwar üblicherweise als Tarifvertrag bezeichnet, er ist aber ein aufgrund kirchlichen Rechts geschaffenes Regelwerk, das lediglich auf

[88] *Thüsing,* Kirchliches Arbeitsrecht, Tübingen 2006, S. 115 f.

[89] *Thüsing*, a.a.O., S. 114.

[90] *Thüsing*, a.a.O., S. 117.

[91] BAG, 4 AZR 11/02, Urteil, 19.02.2003, Haufe Personal Office Professional Online - HaufeIndex 980897.

den Bestimmungen und der Systematik des BAT aufbaut. Deshalb ist er kein Tarifvertrag i.S.v. § 1 TVG.[92]

In allen AVR sind Regelungen bezüglich der Eingruppierung und des Entgelts getroffen. Die AVR gelten nach der Rechtsprechung des Bundesarbeitsgerichts nicht normativ, sondern müssen einzelvertraglich in Bezug genommen werden.[93]

4.2.2.3 Tarifverträge der privaten Krankenhäuser

Für Krankenhäuser in privater Trägerschaft wurden verschiedene Tarifverträge durch Verbände abgeschlossen. Beispielsweise ist hier der Vergütungstarifvertrag zwischen dem Verband der Privatkrankenanstalten Nordrhein Westfalen e.V. mit der Gewerkschaft DHV – Deutscher Handels- und Industrieangestelltenverband im CGB Landesverband zu nennen.

Ebenfalls besteht für private Krankenhäuser eine Vielzahl von Haustarifverträgen. Zu nennen sind beispielsweise die Tarifverträge des Marburger Bunds mit der Helios Kliniken GmbH und den Asklepios – Kliniken.

4.2.3 Bindung an Tarifverträge und AVR

4.2.3.1 Tarifverträge

Ein Tarifvertrag kommt dann in einem Arbeitsverhältnis zur Anwendung, wenn sowohl der Arbeitgeber als auch der Arbeitnehmer Mitglied der Tarifvertragspartei ist (§ 3 Abs. 1 TVG) bzw. der Arbeitgeber selbst Tarifvertragspartei ist. Die Regelungen eines Tarifvertrags gelten in diesem Fall gemäß § 4 Abs. 1 TVG normativ.

Des Weiteren können die Arbeitsbedingungen auch dann durch einen Tarifvertrag bestimmt werden, wenn dieser nach § 5 TVG vom Bundesministerium für Arbeit und Soziales für allgemeinverbindlich erklärt worden ist. Dies ist für die soeben genannten Tarifverträge jedoch nicht der Fall.[94]

Die dritte Möglichkeit ist die einzelvertragliche Bezugnahme auf einen Tarifvertrag. Diese Bezugnahme kann statisch oder dynamisch sein. Handelt es sich um eine statische Bezugnahme, so wird ein konkreter Tarifvertrag in Bezug genommen (Tarifvertrag in der Fassung vom ...). Bei einer dynamischen Bezugnahme wird indes ein Tarifvertrag in seiner jeweils gültigen Fassung in Bezug genommen. Für die Bezugnahme im Arbeitsvertrag gibt es vor allem zwei Beweggründe. Zum einen wollen Arbeitgeber möglichst einheitliche Arbeitsbedingungen für ihre Arbeitnehmer herstellen, zum anderen wollen sie auch verhindern, dass

---

[92] BAG, 10 AZR 287/96, Urteil, 06.11.1996, NZA 1997, 659 (660 f.).

[93] BAG, 4 AZR 101/01, Urteil, 20.03.2002, NZA 2002, 1402.

[94] Eine Liste mit den allgemeinverbindlichen Tarifverträgen ist im Internet beim Bundesministerium für Arbeit und Soziales unter *www.bmas.de* abrufbar.

diejenigen, die nicht organisiert sind, sich einer Gewerkschaft anschließen müssen, um die tariflichen Bedingungen zu erhalten.[95]

4.2.3.2 Arbeitsvertragsrichtlinien

Auch wenn die AVR nach der Rechtsprechung des Bundesarbeitsgerichts nicht normativ gelten, so sind die kirchlichen Dienstgeber dennoch verpflichtet, diese anzuwenden und den Arbeitsverträgen zugrunde zu legen.[96] Hierzu wird in den Arbeitsverträgen Bezug auf die AVR genommen.

4.2.4 Auswege aus der Anwendungsverpflichtung der Tarifverträge bzw. Arbeitsvertragsrichtlinien

Angesichts des hohen Personalkostenanteils in den Krankenhäusern und der gleichzeitigen Reglementierung des Vergütungssystems der Krankenhäuser auf der Erlösseite könnte es für die Krankenhäuser interessant sein, sich von den soeben genannten Tarifverträgen zu verabschieden und die Arbeitsbedingungen einschließlich der Entgelte auf einem anderen Weg zu regeln. Zwar bestehen in den Tarifverträgen bzw. AVR weitestgehend auch spezielle Regelungen für den Krankenhausbereich, dies gilt aber nicht in Bezug auf die Höhe der Tabellenentgelte. Hier bestehen vielmehr einheitliche Regelungen, die auf die speziellen Bedürfnisse des Krankenhauses nicht eingehen.[97]

4.2.4.1 Austritt aus dem Arbeitgeberverband

Jeder Arbeitgeber, auch die des öffentlichen Dienstes, sind frei in ihrer Entscheidung einem Arbeitgeberverband beizutreten oder in einem solchen zu verbleiben. Überwiegend sind die Arbeitgeber jedoch organisiert.[98]

Die bestehende Tarifbindung lässt sich nicht so einfach beseitigen. Eine Möglichkeit besteht in dem Austritt des Arbeitgebers aus dem tarifvertragsschließenden Arbeitgeberverband. Allerdings bleibt die Tarifgebundenheit – auch im Falle eines Austritts – gemäß § 3 Abs. 3 TVG bestehen, bis der Tarifvertrag endet, d.h. bis eine Änderung der Vorschriften eintritt. Diese Nachbindung bezweckt die Weitergeltung der tarifvertraglichen Regelung, sie schützt aber auch die Interessen des jeweiligen Arbeitgeberverbands, das Mitglied, das einen Austritt anstrebt, beispielsweise nicht an einen anderen Arbeitgeberverband zu verlie-

---

[95] Däubler/*Lorenz*, TVG, § 3 Rn. 216 f.

[96] *Tilch/Arloth (Hrsg.),* Deutsches Rechts-Lexikon; Stichwort: Kirche (Arbeitsrecht), 3. Aufl. München 2001.

[97] Vgl. für den kirchlichen Bereich: *Thüsing*, a.a.O. (Fn. 88), S. 153 f.

[98] *Steinherr* in Sponer/Steinherr, TV-L Kommentar, Rz. 4 f. zu § 1 TV-L.

ren.[99] Deshalb ist ein solcher Austritt kein geeignetes Instrument, um sich schnell tarifvertraglichen Wirkungen zu entziehen, zumal auch hier Kündigungsfristen eingehalten werden müssen. Eine fristlose Kündigung kommt nur aus wichtigem Grund in Betracht.[100]

Darüber hinaus besteht eine Nachwirkung der tarifvertraglichen Rechtsnormen, bis diese durch eine andere Abmachung ersetzt werden (vgl. § 4 Abs. 5 TVG). Diese Nachwirkung schließt sich der Tarifbindung nach § 3 Abs. 3 TVG an, sodass ein Arbeitgeber zunächst über den Zeitpunkt seines Verbandsaustritts hinaus an einen Tarifvertrag gebunden ist und dieser anschließend nachwirkt. Die nachwirkenden tarifvertraglichen Rechtsnormen können durch einen neuen Tarifvertrag oder durch Änderungsvereinbarung bzw. Änderungskündigung ganz oder teilweise ersetzt werden.[101]

Des Weiteren sei noch zu erwähnen, dass ein Verbandsaustritt einen Arbeitgeber auch nicht immer von der Verpflichtung löst, eine nach Austritt zwischen den Tarifvertragsparteien vereinbarte Tarifsteigerung an den Arbeitnehmer zu zahlen. Dies gilt zumindest, wenn arbeitsvertraglich bei einem nicht tarifgebundenen Arbeitnehmer eine dynamische Bezugnahme auf den Tarifvertrag vereinbart worden ist und der Vertrag nach dem 31.12.2001 abgeschlossen wurde. Denn das Bundesarbeitsgericht hat seine Rechtsprechung, nach der eine solche Bezugnahme als Gleichstellungsabrede zu werten ist, aufgegeben. Nach dieser endet die Bindung an die dynamische Entwicklung der tarifvertraglichen Regelung dann, wenn die Bindung tarifrechtlich auch für den tarifgebundenen Arbeitnehmer endet, z.B. durch Verbandsaustritt. Nach der neueren Rechtsprechung besteht die Gefahr für den Arbeitgeber, an die weitere dynamische Entwicklung unbefristet gebunden zu sein, wenn nicht hinreichend zum Ausdruck kommt, dass die Vertragsparteien eine Gleichstellung nur für die Dauer der Tarifgebundenheit des Arbeitgebers gewollt haben. Für die Herbeiführung einer Statik steht dann nur die einvernehmliche Änderungsvereinbarung bzw. bei Vorliegen der Voraussetzungen eine Änderungskündigung zur Verfügung.[102]

4.2.4.2 Abschluss von Haustarifverträgen

Eine weitere Möglichkeit wäre der Abschluss eines Haustarifvertrags, der die speziellen Bedürfnisse des tarifvertragsschließenden Krankenhauses berücksichtigt. Somit könnte ein Tarifwechsel herbeigeführt werden. Bei einem Haustarifvertrag schließt ein einzelner Arbeitgeber mit der Gewerkschaft einen Tarifvertrag ab. Auch ein einzelner Arbeitgeber kann

---

[99] *Bohle,* Tarifaustritt, Tarifbindung und Tarifkonkurrenz – tarifrechtliche Aspekte im kommunalen Krankenhaus, Das Krankenhaus 2006, 565.

[100] *Plander,* Tarifflucht durch kurzfristig vereinbarten Verbandsaustritt?, NZA 2005, 897 (898).

[101] *Bohle,* a.a.O. Fn. (99), 566 f.

[102] BAG, 4 AZR 653/05, Urteil, 18.04.2007, DB 2007, 2598 (2599); *Gaul/Naumann,* Gestaltungsrisiken bei der arbeitsvertraglichen Bezugnahme auf Tarifverträge, DB 2007, 2594 (2595 f.); zur Änderungskündigung siehe Seite 38.

gemäß § 2 Abs. 1 TVG Tarifvertragspartei sein. Anders als bei Verbänden wird einem einzelnen Arbeitgeber die Tariffähigkeit immer zugesprochen. Die Möglichkeit zum Abschluss eines Haustarifvertrags besteht selbst dann, wenn der Arbeitgeber Mitglied in einem Arbeitgeberverband ist.[103]

Problematisch kann es allerdings sein, wenn hierdurch im Betrieb mehrere Tarifverträge gleichzeitig gelten würden und der Haustarifvertrag, der die individuelle Situation des Arbeitgebers berücksichtigt, nicht zur Anwendung kommen würde. Denn auch während der Laufzeit eines Verbandstarifvertrages kann ein Haustarifvertrag abgeschlossen werden. Wird nun mit der gleichen Gewerkschaft ein Haustarifvertrag abgeschlossen, so entsteht eine Situation der Tarifkonkurrenz, bei Abschluss mit einer anderen Gewerkschaft entsteht eine Situation der Tarifpluralität.[104]

In beiden Fällen ist nach derzeitiger höchstrichterlicher Rechtsprechung eine Kollision von mehreren Tarifverträgen dahingehend zu lösen, dass von den Grundsätzen der Tarifeinheit und der Tarifspezialität auszugehen ist. Hiernach sollen für einen Betrieb nur die Vorschriften *eines* Tarifvertrags zur Anwendung kommen. Nach dem Grundsatz der Spezialität verdrängt ein sachnäherer, d.h. ein speziellerer Tarifvertrag einen sachfremderen, d.h. allgemeineren Tarifvertrag.[105]

Sachnäher ist ein Tarifvertrag, der den Besonderheiten eines Betriebes am chesten Rechnung trägt. Deshalb ist eine Tarifkonkurrenz dahin gehend aufzulösen, dass, wenn ein Arbeitsverhältnis unter den Geltungsbereich von zwei Tarifverträgen fällt, der Haustarifvertrag als der sachnähere den Verbandstarifvertrag verdrängen kann.[106]

Allerdings ist das Absenken des Verbandstarifniveaus durch den Abschluss eines Haustarifvertrages nicht ohne weiteres möglich. Denn der Tarifwechsel ist davon abhängig, dass die Gewerkschaft eine solche Veränderung trägt.[107] Die Gewerkschaften versuchen jedoch, das von ihnen ausgehandelte Niveau in den Verbandstarifverträgen nicht zu untergraben. Ein Abschluss eines Haustarifvertrags mit einem niedrigeren Entgeltniveau ist daher meist zum Scheitern verurteilt. In Ausnahmefällen werden so genannte Sanierungs- oder Notlagentarifverträge abgeschlossen, die jedoch typischerweise nur befristet gelten und auch mit

---

[103] Haufe Personal Office Professional Online - HaufeIndex 521362.

[104] *Gaul/Naumann,* Tarifwechsel durch Firmentarifvertrag, DB 2006, 1054.

[105] *Gaul/Naumann,* a.a.O.

[106] BAG, 9 AZR 353/04, Urteil, 21.06.2005, Haufe Personal Office Professional Online - HaufeIndex 1459738.

[107] *Gaul/Naumann,* a.a.O. (Fn. 104), (1055).

Gegenleistungen wie beispielsweise dem Ausschluss von betriebsbedingten Kündigungen für die Dauer der Laufzeit des Tarifvertrags behaftet sind.[108]

4.2.4.3 Abweichungsmöglichkeiten von den AVR

Bezüglich der bereits erwähnten AVR, deren Anwendung für die konfessionellen Krankenhäuser von besonderer Bedeutung ist, gelten andere Regelungen, da Einrichtungen aufgrund des Dritten Weges keine Haustarifverträge abschließen können.

Zu erwähnen ist hier insbesondere im Bereich der AVR Caritas, dass von 2005 – 2007 so genannte Unterkommissionen bestanden haben, die u.a. über eine Absenkung der Dienstbezüge um bis zu 10 %, eine Absenkung des Urlaubsgeldes und eine Absenkung der Weihnachtszuwendung beschließen konnten (vgl. § 8 der Ordnung für beschließende Unterkommissionen gemäß der Ordnung der Arbeitsrechtlichen Kommissionen des Deutschen Caritasverband). Seit dem 01.01.2008 bestehen die Unterkommissionen nicht mehr. Zum gleichen Zeitpunkt sind stattdessen sechs Regionalkommissionen eingerichtet worden, die u.a. für die Höhe der Vergütung zuständig sind (vgl. § 10 Abs. 2 der Ordnung der arbeitsrechtlichen Kommission des Deutschen Caritasverbands e.V.). Dies ist allerdings nur in gewissen Bandbreiten möglich, für die Vergütung darf beispielsweise mit einer Bandbreite von bis zu 15 % eines vorher festgelegten mittleren Wertes abgewichen werden. Einrichtungsspezifische Regelungen können nur nach Aufforderung der betroffenen Mitarbeitervertretung oder der Dienstgeber und nach Antragstellung durch ein Mitglied der Regionalkommission getroffen werden. Die Beschlussfassung der Regionalkommission muss mit einer Mehrheit erfolgen (§ 11 der Ordnung). Zudem sind vorher mitarbeitervertretungsrechtliche Aspekte zu beachten.

Auch im Anwendungsbereich der AVR DW EKD gibt es vergleichbare Ausnahmen zur Absenkung des Vergütungsniveaus. Hier sei insbesondere auf die in § 17 AVR DW EKD genannte Abweichungsmöglichkeit hingewiesen, wonach von den AVR zur Sicherung des Leistungsangebots aufgrund einer Dienstvereinbarung abgewichen werden darf, wenn sich die jeweilige Einrichtung in einer schwierigen Wettbewerbssituation befindet. Eine Abweichung ist in diesen Fällen bis zu 6 % des Entgelts eines jeden Mitarbeiters möglich. Darüber hinaus ermöglicht Anlage 17 der AVR DW EKD eine weitere Möglichkeit zur Senkung der Personalkosten, wenn sich eine Einrichtung in einer wirtschaftlichen Notlage befindet. Die Feststellung einer wirtschaftlichen Notlage setzt einen gemeinsamen Antrag von Dienstgeber und Mitarbeitervertretung voraus. Zudem müssen die weiteren Voraussetzungen der Anlage 17 erfüllt sein.

Deshalb kann zusammenfassend festgehalten werden, dass die AVR beider kirchlichen Wohlfahrtsverbände eine Abweichung vom Vergütungsniveau zwar grundsätzlich ermöglichen, diese aber nicht ohne weiteres durchsetzbar sind. Vielmehr sind diese Möglichkeiten

---

[108] *Melms/Lipinski,* Absenkung des Tarifniveaus durch die Gründung von AÜG-Gesellschaften als alternative oder flankierende Maßnahme zum Personalabbau, BB 2004, 2409.

an detaillierte Voraussetzungen geknüpft, welche die Einrichtungen zunächst erfüllen müssen. In der Praxis hat sich jedoch gezeigt, dass die Einrichtungen von Insolvenz bedroht bzw. in ihrer Existenz gefährdet sein müssen, um einen entsprechenden Antrag bewilligt zu bekommen. Zudem werden entsprechende Anträge nur für einen beschränkten Zeitraum bewilligt.

4.2.4.4 Änderungskündigung zur Entgeltsenkung

Da einmal geschlossene (Arbeits-)verträge einzuhalten sind, darf der Arbeitgeber nicht einseitig in Besitzstände des Arbeitnehmers eingreifen. Eine Änderung der Arbeitsbedingungen einschließlich des Arbeitsentgelts ist daher grundsätzlich nur einvernehmlich möglich. Ausnahmsweise kann sie seitens des Arbeitgebers mittels einer Änderungskündigung durchgesetzt werden. Dies erfordert das Vorliegen eines Änderungskündigungsgrunds. Eine Teilkündigung des Arbeitsvertrages ist nicht möglich.

Die Änderungskündigung beinhaltet zwei Elemente, die Kündigung des bestehenden Arbeitsverhältnisses und das gleichzeitige Angebot des Arbeitgebers auf Fortsetzung des Arbeitsverhältnisses zu geänderten Arbeitsbedingungen.

Der Arbeitgeber kann eine Änderungskündigung jedoch nur aussprechen, wenn der Arbeitnehmer zu den bisherigen Vertragsbedingungen nicht mehr beschäftigt werden kann. Das Bedürfnis der Weiterbeschäftigung zu den bisherigen Bedingungen muss entfallen sein. Nur dann ist eine Änderungskündigung sozial gerechtfertigt i.S.v. § 2 KSchG.

Das alleinige Ziel, die Personalkosten zu senken, rechtfertigt nicht ohne weiteres eine Änderungskündigung. Wie bereits einleitend erwähnt wurde, muss ein Arbeitgeber einen einmal geschlossenen Vertrag einhalten, bloßer Geldmangel entlastet ihn nicht. *„Die Dringlichkeit eines schwerwiegenden Eingriffs in das Leistungs-/Lohngefüge, wie es die Änderungskündigung zur Durchsetzung einer erheblichen Lohnsenkung darstellt, ist deshalb nur dann begründet, wenn bei einer Aufrechterhaltung der bisherigen Personalkostenstruktur weitere, betrieblich nicht mehr auffangbare Verluste entstehen, die absehbar zu einer Reduzierung der Belegschaft oder sogar zu einer Schließung des Betriebs führen. Regelmäßig setzt deshalb eine solche Situation einen umfassenden Sanierungsplan voraus, der alle gegenüber der beabsichtigten Änderungskündigung milderen Mittel ausschöpft“.*[109] Des Weiteren kann die tarifliche Vergütung bei einem tarifgebundenen Arbeitnehmer nicht wirksam durch eine Änderungskündigung angetastet werden.[110]

Demnach ist ein strenger Maßstab bei der Beurteilung von Änderungskündigungen zwecks Entgeltabsenkung anzulegen. *„Die von der Rechtsprechung aufgestellten Voraussetzungen für eine Vergütungsanpassung im Wege der Änderungskündigung liegen in der Regel selbst*

[109] BAG, 2 AZR 126/05, Urteil, 12.01.2006, NZA 2006, 587 (588).

[110] BAG, 2 AZR 422/98, Urteil, 10.02.1999, Haufe Personal Office Professional Online - HaufeIndex 436255.

in schweren wirtschaftlichen Unternehmenskrisen nicht vor oder können jedenfalls vom Arbeitgeber im Rahmen seiner Darlegungs- und Beweislast nicht schlüssig dargetan werden".[111] Denn der Entschluss eines Arbeitgebers, die Personalkosten zu senken, ist keine Unternehmensentscheidung, die seitens der Arbeitsgerichte hingenommen werden muss.[112]

Eine Entgeltsenkung durch Änderungskündigung kommt nur in den Fällen in Betracht, in denen auch betriebsorganisatorische Änderungen durch den Arbeitgeber vorgenommen werden. Denn die Änderung der betrieblichen Organisation ist eine freie Unternehmensentscheidung, die nicht auf ihre Zweckmäßigkeit hin überprüft wird, sondern darauf, ob diese offenbar unsachlich, willkürlich oder missbräuchlich ist. Die Entgeltsenkung kann dann durch dringende betriebliche Erfordernisse gerechtfertigt werden (§ 2 Abs. 1 i.V.m. § 1 Abs. 2 KSchG), wenn der Arbeitnehmer solche Änderungen auch billigerweise hinnehmen muss, d.h. wenn sich die Änderungen nicht weiter von den bisherigen Bedingungen entfernen, als es die Erreichung des angestrebten Ziels erfordert.[113]

4.2.5 Auswirkungen der Tarifrunden 2008 im Öffentlichen Dienst

Tarifsteigerungen für Beschäftigte in Krankenhäusern sind seit der Umstellung des Vergütungssystems auch hinsichtlich der Refinanzierung durch die Fallpauschalen zu betrachten. Denn Krankenhäuser haben – anders als andere Branchen – nicht die Möglichkeit, Tarifsteigerungen durch eine Preiserhöhung für die erbrachte Dienstleistung auf die Kunden abzuwälzen. Eine Refinanzierung der angestiegenen Kosten über die Vergütung der Krankenkassen ist bei diesem Preissystem nicht möglich. Gehaltssteigerungen fließen nicht in die Fallpauschalen ein. Aufgrund der derzeitigen Ausgestaltung dieses Vergütungssystems sind hohe Tariflohnsteigerungen nicht finanzierbar.[114]

4.2.5.1 Tarifeinigung zwischen ver.di und VKA vom 31.03.2008

Die Tarifvertragsparteien des TVöD haben sich am 31.03.2008 darauf geeinigt, dass die Tabellenentgelte für den Krankenhausbereich zum 01.01.2008 um 50 € (Sockelbetrag) und anschließend um 1,6 % sowie zum 01.01.2009 nochmals um 4,3 % (lineare Tariferhöhung) steigen sollen. Zudem erfolgt eine einmalige Sonderzahlung von 225 €.[115]

Im Vergleich zu der allgemeinen Entgelttabelle steigen die Tabellenentgelte für den Krankenhaussektor langsamer an, der Umfang ist jedoch derselbe. Mit der zweiten Tariferhö-

---

[111] *Reiserer/Powietzka,* Änderungskündigung zur Entgeltsenkung, BB 2006, 1109.

[112] BAG, 2 AZR 294/85, Urteil, 20.03.1986, Haufe Personal Office Professional Online - HaufeIndex 437722.

[113] *Reiserer/Powietzka,* a.a.O. (Fn. 111).

[114] *Landauer,* a.a.O. (Fn. 74).

[115] Tarifeinigung in den Tarifverhandlungen für die Beschäftigten des öffentlichen Dienstes von Bund und kommunalen Arbeitgebern, Teil A und Anlage 2.

hung zum 01.01.2009 entsprechen die Entgelte wieder denen der anderen Beschäftigten. Die Tariferhöhung ist nach Einschätzung der Deutschen Krankenhausgesellschaft (DKG) für die Krankenhäuser nicht bezahlbar, da diese nicht wie andere Zweige des öffentlichen Dienstes die Personalkostensteigerungen über Steuermehreinnahmen oder Preis- und Gebührenerhöhungen refinanzieren können. Aufgrund von gesetzlichen Vorgaben dürfen die Krankenhausbudgets, d.h. die Fallpauschalen im Jahr 2008 aber nur um 0,64 % steigen.[116] Diese Veränderungsrate wird nach § 71 SGB V jedes Jahr festgestellt. Hierdurch sollen stabile Beitragssätze in den Krankenkassen erreicht werden. Allerdings ist derzeit von dem Rechnungsbetrag der gesetzlich krankenversicherten Patienten ein Abschlag in Höhe von 0,5 % vorzunehmen, der als Sanierungsbeitrag den Krankenkassen zufließt (vgl. § 8 Abs. 9 KHEntgG), sodass letztlich nur eine Steigerungsrate von 0,14 % gegeben ist.

4.2.5.2 Tarifeinigung zwischen Marburger Bund und VKA vom 08.04.2008

Der Tarifabschluss vom 08.04.2008 betrifft den zwischen Marburger Bund und der VKA abgeschlossenen TV-Ärzte/VKA. Die Tarifeinigung sieht eine neue Entgelttabelle ab dem 01.04.2008 vor, in der eine Steigerung der Entgelte um durchschnittlich 4 % zu verzeichnen ist. Darüber hinaus steigen die Entgelte zum 01.01.2009 um weitere 3,8 %.[117]

Auch in diesem Tarifabschluss sieht die DKG eine Verschärfung der Kostenkrise. Für viele Krankenhäuser werde sich die Existenzfrage stellen, da die Personalmehrkosten nicht nach dem derzeit geltenden Recht refinanziert werden können. Von den kommunalen Krankenhäusern seien aufgrund der Tarifeinigung zwischen ver.di und der VKA und aufgrund dieses Tarifabschlusses insgesamt 1,5 Milliarden € mehr zu schultern.[118]

4.3 Zwischenfazit

Die Krankenhäuser sind aufgrund von gesetzlichen Restriktionen erheblich gebunden. Ihre Entgelte können sie wegen des geschilderten Vergütungssystems nicht selbständig festlegen. Die Investitionen müssen, obwohl staatlich zugesichert, in den letzten Jahren zunehmend durch die Krankenhausträger selbst finanziert werden.

Neben diversen Sachkostensteigerungen, wie beispielsweise für Energie und Lebensmittel zur Patientenversorgung, muss auch der Anstieg bei den Personalkosten durch die Entgelte dieses stark reglementierten Vergütungssystems getragen werden. Gleichzeitig kann jedoch der Personalbestand nicht unbegrenzt weiter verringert werden, da ansonsten die Patienten-

---

[116] Pressemitteilung der DKG vom 31.03.2008 zum Tarifabschluss für die Beschäftigten des kommunalen öffentlichen Dienstes.

[117] Tarifeinigung in den Tarifverhandlungen für die Ärztinnen und Ärzte an kommunalen Krankenhäusern.

[118] Pressemitteilung der DKG vom 09.04.2008 zum Tarifabschluss für Ärzte an kommunalen Krankenhäusern.

versorgung erschwert wird und es hierbei zu Qualitätsverlusten kommen würde. Dem Wettbewerb könnte so nicht mehr standgehalten werden.

Aufgrund von Tarifbindungen bzw. der Bindung an die AVR im kirchlichen Bereich und weiterer arbeitsrechtlicher Regelungen bestehen für Krankenhäuser nicht viele Handlungsalternativen, um ihre (Personal-) Kosten zu senken und somit ihre finanzielle und wirtschaftliche Situation zu stabilisieren. Die Möglichkeit der (vollständigen) Auslagerung von bestimmten Tätigkeiten wie beispielsweise hauswirtschaftliche und handwerkliche Bereiche auf Tochter-Unternehmen (Service-Gesellschaften) wurde bereits in der Vergangenheit genutzt. Dies ist auch nur für bestimmte, abgegrenzte Bereiche möglich, die nicht in den Kernbereich eines Krankenhauses fallen. Erforderlich dabei ist, dass das Krankenhaus dem Dienstleister (Service-Gesellschaft) einen im Voraus beschriebenen Auftrag erteilt (Werkvertrag). Dabei „verliert" das Krankenhaus das Direktionsrecht; die beauftragte Service-Gesellschaft schuldet den Erfolg (beispielsweise die Reinigung des Krankenhauses). Innerhalb des Kernbereichs eines Krankenhauses ist die Übertragung von Tätigkeiten auf Dritte aufgrund des fehlenden Direktionsrechts jedoch nur bedingt möglich.[119]

Deshalb sind vor diesem Hintergrund neue Konzepte entstanden, namentlich das Konstrukt der konzerninternen Arbeitnehmerüberlassung durch Gründung einer Personal-Service-Gesellschaft. Durch eine solche Gesellschaft soll es u.a. ermöglicht werden, im Krankenhaus dauerhaft Personal zu anderen Konditionen als den jeweils geltenden tariflichen einzusetzen. Immer mehr Krankenhäuser gründen aufgrund der beschriebenen Ausgangslage Personal-Service-Gesellschaften und machen sich diese zunutze.

Die konzerninterne Arbeitnehmerüberlassung erscheint auf den ersten Blick relativ einfach. Das Krankenhaus gründet eine Personal-Service-Gesellschaft, die anschließend Leiharbeitnehmer an das Krankenhaus überlässt. Mit dieser Konstruktion verbinden sich allerdings zahlreiche rechtliche Fragen, die im Folgenden dargestellt und beurteilt werden sollen.

[119] Vgl. *Baumann-Czichon,* Leiharbeit – die neue Form der Tarifflucht, AuK 2006, 47; *Baumann-Czichon,* Erdbeben in der Diakonie – Das Ende der Leiharbeit, AuK 2006, 46; *Herms/Meinel,* Neue Wege im Arbeitsrecht, Krankenhaus Umschau 2006, 705.

5 Anwendung des AÜG auf die konzerninterne Arbeitnehmerüberlassung

Zunächst stellt sich die Frage, ob das AÜG auf die konzerninterne Arbeitnehmerüberlassung Anwendung findet. Denn der Anwendungsbereich erstreckt sich - wie zuvor erwähnt[120] - nur auf die gewerbsmäßige Arbeitnehmerüberlassung, hingegen nicht auf die nichtgewerbsmäßige. Deshalb ist grundsätzlich zu beurteilen, ob es sich bei der konzerninternen Arbeitnehmerüberlassung um eine Form der gewerbsmäßigen Arbeitnehmerüberlassung handelt und somit die Regelungen des AÜG zu beachten sind.

Vor der Frage der Gewerbsmäßigkeit der konzerninternen Arbeitnehmerüberlassung ist zudem ein Blick auf die Ausnahmeregelungen des AÜG zu werfen. Denn das AÜG beinhaltet bestimmte Sachverhalte, die nicht seinen Vorschriften unterworfen werden. Unter anderem besteht hier die Regelung des § 1 Abs. 3 Nr. 2 AÜG, der auf die Arbeitnehmerüberlassung innerhalb eines Konzerns abstellt.

5.1 Abgrenzung zur Konzernleihe nach § 1 Abs. 3 Nr. 2 AÜG

Nach § 1 Abs. 3 Nr. 2 AÜG ist das AÜG mit wenigen Ausnahmen nicht anzuwenden auf die Arbeitnehmerüberlassung zwischen Konzernunternehmen im Sinne des § 18 AktG, wenn der Arbeitnehmer seine Arbeit *vorübergehend* nicht bei seinem Arbeitgeber leistet. Die Unanwendbarkeit des AÜG erfolgt somit kraft Gesetzes bei Vorliegen der Voraussetzungen.

Zweck dieser Ausnahme ist es, die bürokratischen Förmlichkeiten zu vermeiden, die durch die Anwendung der Vorschriften des AÜG bei einem Personalaustausch zwischen Konzernunternehmen entstehen würden. Denn es ist hierbei nur der interne Arbeitsmarkt betroffen, eine soziale Gefährdung der Leiharbeitnehmer ist indes nicht gegeben.[121]

Umstritten ist jedoch, ob sich das Konzernprivileg nach § 1 Abs. 3 Nr. 2 AÜG nur auf die nichtgewerbsmäßige Arbeitnehmerüberlassung[122] bezieht oder ob auch die gewerbsmäßige Arbeitnehmerüberlassung[123] hiervon erfasst wird. Da sich jedoch der Anwendungsbereich des AÜG nur auf die gewerbsmäßige Arbeitnehmerüberlassung erstreckt, gilt das Konzernprivileg sowohl für die nichtgewerbsmäßige als auch für die gewerbsmäßige Arbeitnehmerüberlassung. Bei der nichtgewerbsmäßigen Arbeitnehmerüberlassung kommen die

[120] Siehe Seite 8.

[121] BT-Drs. 10/3206, S. 33; kritisch hierzu *Ulber,* AÜG, § 1 Rn. 246, der eine Gefährdung aufgrund von zergliederten Konzernstrukturen auch für den Konzernverleih annimmt.

[122] *Ulber*, AÜG, § 1 Rn. 247; AR-Blattei (SD)/*Hantl – Unthan*, Arbeitnehmerüberlassung, Rn. 38 f.

[123] Schüren/*Hamann*, AÜG, § 1 Rn. 531; *Boemke/Lembke*, AÜG, § 1 Rn. 191; *Feuerborn,* Arbeitnehmerüberlassung im Konzern, WiVerw 2001, 190 (194).

Vorschriften des AÜG mit Ausnahme des §§ 1 Abs. 2, 14 AÜG ohnehin nicht zur Anwendung, bei der gewerbsmäßigen dann nicht, wenn die Voraussetzungen des Konzernprivilegs gegeben sind.[124] Für die konzerninterne Arbeitnehmerüberlassung ist für die Beurteilung der Anwendbarkeit der Ausnahmeregelung deshalb zunächst nicht festzustellen, um welche Form der Arbeitnehmerüberlassung es sich handelt, sondern ob die Voraussetzungen des § 1 Abs. 3 Nr. 2 AÜG vorliegen.

5.1.1 Konzern im Sinne von § 18 AktG

Das AÜG verweist auf den Konzernbegriff im Aktiengesetz. Nach § 18 AktG liegt ein Konzern dann vor, wenn ein herrschendes und ein oder mehrere abhängige Unternehmen unter der einheitlichen Leitung des herrschenden Unternehmens zusammengefasst sind.

Unerheblich ist, in welcher Rechtsform die Unternehmen geführt werden. Aus der Verweisung auf § 18 AktG kann nicht geschlossen werden, dass die Ausnahmeregelung des § 1 Abs. 3 Nr. 2 AÜG nur greifen soll, wenn der Konzern, welchem Entleiher und Verleiher angehören, unter das Aktiengesetz fällt und somit dem Konzern mindestens eine AG oder KGaA angehören muss.[125] Deshalb können Entleiher und Verleiher als Kapital- oder Personengesellschaft organisiert sein. Auch ein von einer natürlichen Person geführtes Unternehmen kann beteiligt sein.[126]

Die materiellen Voraussetzungen des § 18 AktG müssen jedoch erfüllt werden, d.h. es muss sich um mindestens zwei rechtlich selbständige Unternehmen handeln, die unter einer einheitlichen Leitung zusammengefasst sind.

Im Hinblick auf die konzerninterne Arbeitnehmerüberlassung sind die soeben genannten Voraussetzungen jedoch von geringerer Bedeutung. Entscheidend für die Ausnahmeregelung ist vielmehr, wie das Merkmal „vorübergehend" i.S.v. § 1 Abs. 3 Nr. 2 AÜG auszulegen ist. Denn die Leiharbeitnehmer werden überwiegend über einen längeren Zeitraum überlassen. Die Ausnahmeregelung des § 1 Abs. 3 Nr. 2 AÜG würde demnach nur greifen, wenn ein solcher Einsatz auch unter das Merkmal „vorübergehend" fallen würde.

---

[124] So auch *Boemke/Lembke*, AÜG, § 1 Rn. 191; vgl. auch BAG, 2 AZR 795/87, Urteil, 05.05.1988, Haufe Personal Office Professional Online - HaufeIndex 438230, wonach für die Anwendung des § 1 Abs. 3 Nr. 2 AÜG offen gelassen werden konnte, ob es sich um gewerbsmäßige Arbeitnehmerüberlassung handelt.

[125] Grundlegend BAG, 05.05.1988, a.a.O.

[126] *Boemke/Lembke*, AÜG, § 1 Rn. 196.

5.1.2 Vorübergehende Überlassung

„Vorübergehend" i.S.v. § 1 Abs. 3 Nr. 2 AÜG ist weit auszulegen.[127] Auch eine mehrjährige Überlassung kann noch vorübergehend sein, da die Überlassungsdauer bei der Konzernleihe grundsätzlich keine Rolle spielt.[128] Die weite Auslegung ist gerechtfertigt, da nach der Konzeption des Gesetzes nur der interne Arbeitsmarkt betroffen ist und der Schutz des Arbeitnehmers nicht beeinträchtigt wird.

Allerdings darf die Arbeitnehmerüberlassung nicht endgültig sein, wenn diese unter das Konzernprivileg fallen soll und somit das AÜG keine Anwendung findet. Das Merkmal „vorübergehend" knüpft dem Gesetzeswortlaut nach nicht an den Einsatz bei dem anderen Konzernunternehmen an. Vielmehr ist auf das Nichttätigwerden bei dem Vertragsarbeitgeber, d.h. dem verleihenden Konzernunternehmen abzustellen.[129] Grundsätzlich muss deshalb sichergestellt sein, dass der überlassene Arbeitnehmer bei Beendigung des Einsatzes in dem entleihenden Konzernunternehmen seine Arbeitsleistung wieder bei seinem Vertragsarbeitgeber erbringen kann.[130]

Demnach muss eine Rückkehrperspektive für den Arbeitnehmer bestehen. Der Arbeitnehmer erbringt in der Regel seine Arbeitsleistung bei seinem Vertragsarbeitgeber. Die Überlassung ist nur zeitlich begrenzt. Bereits zum Zeitpunkt der Überlassung muss feststehen, dass der Arbeitnehmer zu einem späteren Zeitpunkt in das Vertragsunternehmen zurückkehren soll. Dieser Zeitpunkt muss allerdings bei Überlassungsbeginn noch nicht exakt festgelegt worden sein.[131]

Für den Fall der konzerninternen Arbeitnehmerüberlassung, bei dem der Arbeitnehmer beim konzerneigenen Verleihunternehmen gerade zwecks Überlassung an ein anderes Konzernunternehmen eingestellt wird, ist das Konzernprivileg des § 1 Abs. 3 Nr. 2 AÜG daher nicht einschlägig. Der Verleiher hält keinen Arbeitsplatz bei sich selber vor, einen solchen erfordert jedoch die Ausnahmeregelung.

---

[127] LAG Hessen, 2 Sa 423/99, Urteil, 26.05.2000, DB 2000, 1968; grundlegend BAG, 05.05.1988, a.a.O. (Fn. 124).

[128] *Boemke/Lembke*, AÜG, § 1 Rn. 200; HWK/*Pods,Kalb,* § 1 AÜG Rz. 54; Schüren/*Hamann*, AÜG, § 1 Rn. 554.

[129] *Boemke/Lembke*, AÜG, § 1 Rn. 202; HWK/*Pods,Kalb,* § 1 AÜG Rz. 53; Schüren/*Hamann*, AÜG, § 1 Rn. 552; Thüsing/*Waas*, AÜG, § 1 Rn. 194; *Ulber*, AÜG, § 1 Rn. 253; *Feuerborn,* a.a.O. (Fn. 123), (197).

[130] LAG Hessen, 26.05.2000, a.a.O. (Fn. 127).

[131] *Boemke/Lembke*, AÜG, § 1 Rn. 199; ErfK/*Wank*, § 1 AÜG Rn. 70; Schüren/*Hamann*, AÜG, § 1 Rn. 553; Thüsing/*Waas*, AÜG, § 1 Rn. 194; a.A. *Ulber*, AÜG, § 1 Rn. 253, nach dessen Auffassung der Zeitpunkt des Beginns und Endes bei Aufnahme der Tätigkeit genau festgelegt sein muss.

5.1.3 Folgen der Nichterfüllung der Voraussetzungen

Die Voraussetzungen des § 1 Abs. 3 Nr. 2 AÜG liegen nicht vor, da bei der konzerninternen Arbeitnehmerüberlassung insbesondere das Merkmal „vorübergehend" mangels Rückkehrperspektive nicht erfüllt ist. Die Nichterfüllung der Voraussetzungen des Konzernprivilegs bedeutet aber nicht automatisch, dass ein Fall von gewerbsmäßiger Arbeitnehmerüberlassung vorliegt[132] und somit die Vorschriften des AÜG uneingeschränkte Anwendung finden. Denn diese greifen erst ein, wenn mit der konzerninternen Arbeitnehmerüberlassung die Voraussetzungen der Gewerbsmäßigkeit[133] erfüllt sind.

Deshalb muss die konzerninterne Arbeitnehmerüberlassung durch Gründung einer Personal-Service-Gesellschaft dahingehend überprüft werden, ob sie grundsätzlich die Voraussetzungen der Gewerbsmäßigkeit erfüllt.

5.2 Gewerbsmäßigkeit der konzerninternen Arbeitnehmerüberlassung

Der Gesetzgeber hat klargestellt, dass auch innerhalb eines Konzerns unter bestimmten Umständen ein Schutzbedürfnis der Leiharbeitnehmer besteht und deshalb das AÜG angewendet werden soll. Denn so genannte konzernabhängige Personalführungsgesellschaften, die Arbeitnehmer zwecks Entsendung in andere Konzernunternehmen einstellen und beschäftigen, sollen nach seinem Willen den Vorschriften des AÜG unterliegen.[134] Mit dieser Klarstellung wollte der Gesetzgeber verhindern, dass ein Verleihunternehmen innerhalb eines Konzerns unbeschränkt tätig werden kann. Denn auch wenn der Verleih innerhalb des Konzerns stattfindet, so kann trotzdem ein Kontrollbedürfnis bestehen, wenn die Arbeitnehmerüberlassung gewerbsmäßig erfolgt. Auch in einem solchen Fall kann es zu einer Beeinträchtigung des Arbeitnehmerschutzes kommen, wenn beispielsweise ein Arbeitnehmer von einem Konzernunternehmen eingestellt wird, aber mangels eines Arbeitsplatzes bei diesem nicht beschäftigt, sondern an ein anderes Konzernunternehmen überlassen wird.[135]

Bei der Frage nach der Gewerbsmäßigkeit ist hier die Beurteilung der Gewinnerzielungsabsicht des konzerneigenen Verleihers von besonderer Bedeutung. Denn zum einen kann ein Unternehmen eine eigenständige gewinnorientierte Personal-Service-Gesellschaft aufbauen. In diesem Fall handelt die Personal-Service-Gesellschaft gewerbsmäßig, sodass das AÜG uneingeschränkt Anwendung findet und es demnach einer Erlaubnis nach § 1 Abs. 1

---

[132] *Feuerborn,* a.a.O. (Fn. 123), (202).

[133] Siehe Seite 9.

[134] BT-Drs. 10/3206, S. 33; so auch BAG, 7 ABR 20/04, Beschluss, 20.04.2005, NZA 2005, 1006 (1008); LAG Hamm, 17 (9) Sa 578/87, Urteil, 23.10.1987, EzAÜG § 10 AÜG Fiktion Nr. 57.

[135] BAG, 7 AZR 23/06, Urteil, 17.01.2007, DB 2007, 1034 (1035).

AÜG bedarf. Zum anderen kann aber auch ein Unternehmen eine Personal-Service-Gesellschaft gründen, die nicht mit der Absicht der Gewinnerzielung betrieben wird.[136] Denn zum Teil werden bei der konzerninternen Arbeitnehmerüberlassung die Leiharbeitnehmer zu Selbstkosten bzw. Selbstkosten zuzüglich einer Verwaltungsumlage an den Entleiher überlassen, sodass nicht zwingend von einer Gewinnerzielungsabsicht ausgegangen werden muss. Bei Verneinen der Gewinnerzielungsabsicht würde grundsätzlich nichtgewerbsmäßige Arbeitnehmerüberlassung vorliegen mit der Folge, dass das AÜG mit Ausnahme der §§ 1 Abs. 2, 14 AÜG keine Anwendung findet.

Das Bundesarbeitsgericht hat in zwei ähnlich gelagerten Fällen eine Gewinnerzielungsabsicht verneint. Dem Beschluss vom 25.01.2005[137] lag zugrunde, dass der Betreiber eines Alten- und Pflegeheims zukünftig neue Mitarbeiter über eine nicht tarifgebundene, gemeinnützige GmbH gewinnen wollte, die ein Seniorenzentrum betreibt und deren Gesellschaftsanteile er zu 100 % hält. Die Überlassung erfolgte gegen Erstattung der der gGmbH entstehenden Personalkosten. Das Bundesarbeitsgericht hat eine Gewinnerzielungsabsicht verneint, weil die gGmbH durch die Überlassung weder einen Gewinn noch mittelbare wirtschaftliche Vorteile erlangt hat. Aufgrund der fehlenden Gewinnerzielungsabsicht lag deshalb keine gewerbsmäßige Arbeitnehmerüberlassung vor. Einer Erlaubnis durch die Bundesagentur für Arbeit bedurfte es in diesem Fall deshalb nicht.

Eine Gewinnerzielungsabsicht kann aber auch dann fehlen, wenn der Entleiher mit dem Verleiher ein Entgelt in Höhe der Personalkosten zuzüglich einer Verwaltungsumlage von 5 % der Bruttovergütung vereinbart hat, so das Bundesarbeitsgericht im Beschluss vom 20.04.2005[138]. Die Verwaltungsumlage diente der anteiligen Deckung der Verwaltungskosten des Verleihers, wie beispielsweise für Büromiete, Büropersonal, Telefon. Diese gehören ebenfalls zu den Kosten der Arbeitnehmerüberlassung, sodass durch die Zahlung eines so bemessenen Entgelts lediglich die Kosten des Verleiharbeitgebers gedeckt werden. Ein Gewinn wurde jedoch nicht erzielt. In dem hier zu entscheidenden Fall handelte es sich um eine konzernangehörige Personalführungsgesellschaft, der die Aufgabe einer ausgelagerten Personalabteilung sowie Service – Agentur oblag. Diese wickelt im Auftrag und für Rechnung der anderen Konzernunternehmen konzerninterne Einsätze von Arbeitnehmern mit Auslandsberührung ab. Hierzu schließt sie im eigenen Namen Arbeitsverträge. Die Arbeitnehmer werden dann anschließend in Konzernunternehmen im In- und Ausland eingesetzt.

Aus diesen beiden Fällen könnte für die konzerninterne Arbeitnehmerüberlassung abgeleitet werden, dass es an einer Gewinnerzielungsabsicht und somit auch an der Gewerbsmä-

---

[136] *Leuchten,* Zur Zustimmung des Betriebsrats bei der Einstellung von Leiharbeitnehmern – insbesondere bei Konzernverhältnissen, in: Festschrift zum 25-jährigen Bestehen der ARGE Arbeitsrecht im Deutschen Anwaltverein, Bonn 2006, S. 930.

[137] BAG, 1 ABR 61/03, Beschluss, 25.01.2005, NZA 2005, 1199.

[138] BAG, 20.04.2005, a.a.O. (Fn. 134).

ßigkeit fehlt, sofern der Entleiher dem Verleiher für die Überlassung lediglich ein Entgelt in Höhe der Personalkosten, ggf. zuzüglich einer Verwaltungsumlage zahlt. Folge wäre die eingeschränkte Anwendung des AÜG.

Allerdings hat die Bundesagentur für Arbeit in einer Stellungnahme auf Anfrage der DKG klargestellt, dass die Überlassung von Arbeitnehmern eine wirtschaftliche Betätigung darstelle. Eine solche wirtschaftliche Betätigung erfolge grundsätzlich gewerbsmäßig und bedürfe deshalb auch einer Erlaubnis durch die Bundesagentur für Arbeit.

Dies gelte sowohl für nicht gemeinnützige als auch für gemeinnützige Einrichtungen nach § 52 AO. Während in der Durchführungsanweisung geregelt ist, dass bei Vorlage einer Bescheinigung der Finanzverwaltung keine Gewinnerzielungsabsicht und damit auch keine Gewerbsmäßigkeit vorliegt[139], stellt die Bundesagentur für Arbeit nun klar, dass bei der konzerninternen Arbeitnehmerüberlassung unmaßgeblich sei, ob die Gemeinnützigkeit der verleihenden Personal-Service-Gesellschaft anerkannt ist oder nicht.[140]

Aufgrund dieser restriktiven Klarstellung seitens der Bundesagentur für Arbeit wird nach deren Verwaltungspraxis bei der konzerninternen Arbeitnehmerüberlassung immer von einer Gewerbsmäßigkeit auszugehen sein. Somit findet das AÜG uneingeschränkt Anwendung. Deshalb ist – ungeachtet der Beschlüsse des Bundesarbeitsgerichts sowie der Regelung in der Durchführungsanweisung bezüglich gemeinnütziger Einrichtungen – in der Praxis immer eine Erlaubnis nach § 2 AÜG einzuholen.

---

[139] Siehe Seite 10.

[140] Pressemitteilung der DKG vom 08.09.2006, Stellungnahme der Bundesagentur für Arbeit zum Arbeitnehmerüberlassungsgesetz auf Anfragen der DKG.

6 Maßgebliche Änderungen im AÜG zum 01.01.2004

Die konzerninterne Arbeitnehmerüberlassung durch Gründung einer eigenen Verleihgesellschaft ist ein Konstrukt, das sich vor allem in der jüngsten Vergangenheit hervorgetan hat. Grund für diese Entwicklung war die Liberalisierung des AÜG, das, wie soeben aufgezeigt, grundsätzlich auf die konzerninterne Arbeitnehmerüberlassung anzuwenden ist.

Mit der Liberalisierung waren zwei maßgebliche Gesetzesänderungen verbunden, die den Weg für eine solche Konstruktion geebnet haben. Die Gesetzesänderungen betreffen zum einen den Wegfall der Höchstüberlassungsdauer und zum anderen die Abweichungsmöglichkeit vom Gleichbehandlungsgrundsatz („equal pay/equal treatment").

Das AÜG hat durch das „Erste Gesetz für moderne Dienstleistungen am Arbeitsmarkt" („Hartz I") vom 23.12.2002[141] diese maßgeblichen Änderungen erfahren. Die Änderungen gehen auf einen Vorschlag der Hartz – Kommission zurück. Die Umsetzung dieser Vorschläge diente der Reform des Arbeitsmarktes und soll zu höherer Beschäftigung und damit verbunden zum Abbau der Arbeitslosigkeit führen. Um dieses Ziel zu erreichen schlug die Hartz – Kommission u.a. auch eine Deregulierung der Arbeitnehmerüberlassung vor, um so diese zu fördern und Arbeitslosen einen Einstieg in den Arbeitsmarkt zu erleichtern. Die Arbeitnehmerüberlassung soll als ein flexibles Arbeitsmarktinstrument eingesetzt werden und sowohl für den Entleiher und Verleiher als auch für den Leiharbeitnehmer attraktiver gestaltet werden. Das Negativimage, das bislang an der Arbeitnehmerüberlassung haftete, soll durch eine höhere gesellschaftliche Akzeptanz beseitigt werden.[142]

6.1 Wegfall der Höchstüberlassungsdauer

Die Regelungen im AÜG bezüglich der Höchstüberlassungsdauer (§ 3 Abs. 1 Nr. 6 AÜG a.F.) haben seit Einführung des AÜG weitreichende Änderungen erfahren. Zunächst betrug die maximale Überlassungsdauer eines Leiharbeitnehmers an einen Entleiher lediglich drei Monate. Im Jahr 1985 wurde dann diese auf 6 Monate angehoben, um so die Möglichkeiten zur Arbeitnehmerüberlassung zu erweitern und flexibler zu gestalten.[143]

Im nächsten Schritt hat der Gesetzgeber die maximale Dauer eines Einsatzes auf neun Monate verlängert. Hierdurch wollte er verhindern, Arbeitsplätze für Leiharbeitnehmer aufgrund von Regelungen zu verlieren, welche die gewerbsmäßige Arbeitnehmerüberlassung erschweren. Die Arbeitnehmerüberlassung sollte mit der Ausdehnung der Höchstüberlassungsdauer flexibilisiert werden.[144] Schon wenige Jahre später wurde die Höchstüberlas-

---

[141] BGBl. I 2002, 4607 f.

[142] BT-Drs. 15/25, S. 22 ff.

[143] Schüren/*Schüren*, AÜG, Einl. Rn. 62 f.

[144] BT-Drs. 12/5502, S. 42 f.

sungsdauer auf zwölf Monate angehoben. Durch diese Änderung kam der Gesetzgeber dem Wunsch der Wirtschaft nach einer längeren Einsatzmöglichkeit der flexiblen Tätigkeit von Leiharbeitnehmern nach.[145]

Eine erneute Änderung trat mit Wirkung vom 01.01.2002 durch das Job-Aqtiv-Gesetz in Kraft. Die maximale Überlassungsdauer eines Leiharbeitnehmers wurde nochmals erweitert, diesmal auf 24 Monate. Auch diese Änderung wurde mit dem Argument begründet, die Wirtschaft wünsche sich eine Verlängerung, um Leiharbeitnehmer auch für längere Zeiträume einsetzen zu können.[146]

Nur ein Jahr später trat das „Erste Gesetz für moderne Dienstleistungen am Arbeitsmarkt" in Kraft, durch welches schließlich die Höchstüberlassungsdauer ganz aufgehoben worden ist. D.h. dass seit dem 01.01.2004 (vgl. die Übergangsvorschrift des § 19 AÜG) ein Leiharbeitnehmer zeitlich unbegrenzt an einen Entleiher überlassen werden kann, es muss nicht mehr eine Höchstüberlassungsfrist eingehalten werden. Die Arbeitnehmerüberlassung hat damit den vorübergehenden Charakter, den die Beschränkung der Einsatzdauer mit sich brachte, verloren. Der ursprüngliche Gedanke, dass die Arbeitnehmerüberlassung nur der Deckung und Überbrückung eines kurzfristigen Bedarfs beim Entleiher dient, ist aufgrund der wiederholten Ausweitungen und schließlich der gänzlichen Aufhebung der Höchstüberlassungsdauer immer mehr in den Hintergrund gerückt. Deshalb können jetzt auch Leiharbeitnehmer über Jahre hinweg auf demselben Arbeitsplatz beim Entleiher beschäftigt werden.

Eine Begrenzung der Überlassungsdauer hatte bislang die Funktion einer Schutzwirkung, die der Gesetzgeber für Leiharbeitnehmer aufgrund der gespaltenen Arbeitgeberstellung für nötig erachtet hat. Zudem sollte verhindert werden, dass die Stammarbeitnehmer des Entleihers durch Leiharbeitnehmer substituiert werden. Dieser Schutz konnte jedoch nach Ansicht des Gesetzgebers entfallen, weil durch die Reform des AÜG der so genannte Gleichbehandlungsgrundsatz – auch „equal pay/equal treatment" – Grundsatz genannt - eingeführt wurde, der den Leiharbeitnehmern einen ausreichenden Schutz gewährt.[147]

6.2 Der „equal pay/equal treatment" - Grundsatz und dessen Abweichungsmöglichkeiten

Die Einführung des „equal pay/equal treatment" - Grundsatzes bzw. die Abweichungsmöglichkeit hiervon ist die zweite Gesetzesänderung, die das Konstrukt der konzerninternen Arbeitnehmerüberlassung positiv beeinflusst hat.

---

[145] BT-Drs. 13/4941, S. 247 f.

[146] BT-Drs. 14/6944, S. 53.

[147] BT-Drs. 15/25, S. 39; da der Ausdruck „equal pay/equal treatment" nach Meinung der Verfasserin aussagekräftiger ist, wird dieser Ausdruck im Folgenden verwendet.

6.2.1 Der „equal pay/equal treatment" - Grundsatz nach §§ 9 Nr. 2, 3 Abs. 1 Nr. 3 AÜG

6.2.1.1 Einführung durch das Job-Aqtiv-Gesetz

Der „equal pay/equal treatment" - Grundsatz wurde erstmals durch das Job-Aqtiv-Gesetz in das AÜG eingeführt und in § 10 Abs. 5 AÜG a.F. normiert. Hiernach musste der Verleiher dem Leiharbeitnehmer nach Ablauf des zwölften Monats der Überlassung an einen Entleiher die im Betrieb des Entleihers für vergleichbare Arbeitnehmer des Entleihers geltenden Arbeitsbedingungen einschließlich des Arbeitsentgelts gewähren. Grund für die Einführung dieses Grundsatzes war, dass der Gesetzgeber nach Ablauf einer einjährigen Überlassung eine so starke Verbindung zum Entleiherbetrieb gesehen hat, dass er es nicht für gerechtfertigt hielt, dass ein Leiharbeitnehmer von den Arbeitsbedingungen einschließlich des Entgelts des Entleiherbetriebs ausgeschlossen worden wäre.[148]

Demnach konnte nach der damaligen Rechtslage ein Verleiher einen Leiharbeitnehmer maximal 24 Monate einem Entleiher überlassen, musste diesem aber nach einem Jahr die Arbeitsbedingungen des Entleiherbetriebs gewähren. Eine Abweichungsmöglichkeit von diesem Grundsatz war nicht vorgesehen. Die konzerninterne Arbeitnehmerüberlassung hatte sich zu diesem Zeitpunkt noch nicht herausgebildet, da sie aus ökonomischer Sicht nicht attraktiv war.

6.2.1.2 Änderungen durch „Hartz I"

Nach den grundlegenden Änderungen im AÜG durch „Hartz I" ist der „equal pay/equal treatment" - Grundsatz in den §§ 9 Nr. 2, 3 Abs. 1 Nr. 3 AÜG normiert. Diese beiden Normen entsprechen sich inhaltlich jedoch nicht vollständig.

Gemäß § 9 Nr. 2 AÜG darf der Verleiher mit einem Leiharbeitnehmer keine Vereinbarung treffen, die für den Leiharbeitnehmer für die Zeit der Überlassung an einen Entleiher schlechtere als die im Betrieb des Entleihers für einen vergleichbaren Arbeitnehmer des Entleihers geltenden wesentlichen Arbeitsbedingungen einschließlich des Arbeitsentgelts vorsieht. § 3 Abs. 1 Nr. 3 AÜG spricht hingegen nicht von *schlechteren* Arbeitsbedingungen, sondern von einer *Nicht - Gewährung* der im Entleiherbetrieb geltenden Arbeitsbedingungen einschließlich des Arbeitsentgelts.

Dies ist dahingehend auszulegen, dass § 3 Abs. 1 Nr. 3 AÜG lediglich die gewerberechtlichen Konsequenzen bei Verstoß gegen den „equal pay/equal treatment" - Grundsatz formuliert. In diesem Fall kann dem Verleiher die Erlaubnis oder deren Verlängerung versagt werden. Diese Norm dient demnach der Ergänzung des zivilrechtlichen Verbots nach § 9 Nr. 2 AÜG, wonach eine Vereinbarung, die den Leiharbeitnehmer schlechter stellt, unwirk-

[148] BT-Drs. 14/6944, S. 53 f.

sam ist.[149] Der Leiharbeitnehmer darf mithin nicht schlechter, wohl aber günstiger gestellt werden als ein vergleichbarer Stammarbeitnehmer im Entleiherbetrieb.

Anders als der durch das Job-Aqtiv-Gesetz eingeführte „equal pay/equal treatment" - Grundsatz, muss dieser bereits ab dem ersten Tag der Überlassung des Leiharbeitnehmers beachtet werden und nicht erst ab einer bestimmten Überlassungsdauer. Zwar stellt der hier vom Gesetzgeber normierte Grundsatz einen Eingriff in die Berufsfreiheit der Verleiher dar, da eigentlich diese als Arbeitgeber nach dem Grundsatz der Privatautonomie die Vertragsbeziehungen zu ihren Arbeitnehmern eigenständig gestalten können. Dieser Eingriff ist jedoch mit dem Schutzbedürfnis der Leiharbeitnehmer an ihrer beruflichen Ausübung zu rechtfertigen.[150]

Vergleichbare Arbeitnehmer des Entleihers sind diejenigen, die mit der gleichen oder einer zumindest ähnlichen Tätigkeit beim Entleiher beschäftigt sind. Unter das Arbeitsentgelt fällt zum einen das laufende Entgelt, aber auch Zuschläge, Ansprüche auf Entgeltfortzahlung und Sozialleistungen sowie andere Lohnbestandteile. Die Arbeitsbedingungen umfassen alle nach dem allgemeinen Arbeitsrecht vereinbarten Bedingungen, wie beispielsweise die Dauer der Arbeitszeit und des Urlaubs.[151]

Da der Leiharbeitnehmer nicht schlechter gestellt werden darf als ein vergleichbarer Stammarbeitnehmer, eine Besserstellung durch den Verleiher jedoch zulässig ist, muss durch den Verleiher festgestellt werden, welche Arbeitsbedingungen besser bzw. schlechter sind. Eine solche Feststellung erfolgt im Zuge eines Günstigkeitsvergleichs entsprechend § 4 Abs. 3 TVG. Nach diesem wird kein Gesamtvergleich der Regelungswerke des Verleihers und des Entleihers vorgenommen, aber auch eine Einzelbetrachtung von isolierten Arbeitsbedingungen ist unzulässig. Vielmehr werden solche Vereinbarungen in die vergleichende Betrachtung einbezogen, die in einem sachlichen, inneren Zusammenhang zueinander stehen (Sachgruppenvergleich). Für den Leiharbeitnehmer kommt die nach dem Sachgruppenvergleich günstigere Regelung zur Anwendung.[152]

Dem Leiharbeitnehmer steht bei einem Verstoß gegen den „equal pay/equal treatment" - Grundsatz ein Anspruch auf die Gewährung der gleichen Arbeitsbedingungen einschließlich des Arbeitsentgelts zu. Dieser Anspruch ist in § 10 Abs. 4 AÜG normiert. Der Verleiher kann also nicht ohne rechtliche Folgen gegen den „equal pay/equal treatment" - Grundsatz verstoßen. Zur Durchsetzung dieses Anspruchs steht dem Leiharbeitnehmer ein Aus-

---

[149] *Boemke/Lembke*, AÜG, § 3 Rn. 54.

[150] BVerfG, 1 BvR 2283/03, 1 BvR 2504/03, 1 BvR 2582/03, Beschluss, 29.12.2004, BB 2005, 495 (496 f.).

[151] BT-Drs. 15/25, S. 38.

[152] *Boemke/Lembke*, AÜG, § 9 Rn. 67 f.; Thüsing/*Mengel*, AÜG, § 9 Rn. 27.

kunftsanspruch nach § 13 AÜG zu. Im arbeitsgerichtlichen Verfahren kann er sich auf diese Auskunft berufen, ohne dass weitere Darlegungen von ihm verlangt werden.[153]

Aufgrund dieses beschriebenen Grundsatzes wäre die konzerninterne Arbeitnehmerüberlassung ökonomisch nicht attraktiv, da vom ersten Tag an dem Leiharbeitnehmer die im Zuge des Sachgruppenvergleichs ermittelten Arbeitsbedingungen einschließlich des Arbeitsentgelts zu gewähren sind. Es würden also, wenn auch indirekt über den „equal pay/equal treatment" - Grundsatz, die Tarifverträge des Entleihers, hier also des Krankenhauses, gelten.

Der Gesetzgeber hat jedoch zwei Ausnahmen dieses Grundsatzes im AÜG normiert.

6.2.2 Abweichungsmöglichkeiten vom „equal pay/equal treatment" - Grundsatz

§§ 9 Nr. 2, 3 Abs. 1 Nr. 3 AÜG sehen zum einen eine Abweichung vom „equal pay/equal treatment" – Grundsatz bei zuvor Arbeitslosen vor, zum anderen ist eine Abweichung durch Tarifvertrag möglich.

6.2.2.1 Zuvor Arbeitslos

Bei zuvor Arbeitlosen hat der Gesetzgeber die Abweichung zeitlich beschränkt. Denn hier darf nur für einen Zeitraum von insgesamt höchstens sechs Wochen vom „equal pay/equal treatment" - Grundsatz abgewichen werden.

Deshalb spielt diese gesetzlich normierte Möglichkeit für die konzerninterne Arbeitnehmerüberlassung keine Rolle, denn nach Ablauf der sechs Wochen ist der Leiharbeitnehmer nicht schlechter zu stellen als ein vergleichbarer Stammarbeitnehmer.

6.2.2.2 Tarifvertrag

Eine wesentliche Rolle spielt hingegen die zweite gesetzlich normierte Abweichungsmöglichkeit. Hiernach darf ein Tarifvertrag abweichende Regelungen des „equal pay/equal treatment" - Grundsatzes zulassen. Dies kann sowohl zugunsten als auch zuungunsten des Leiharbeitnehmers geschehen.[154] Da aber die gesetzliche Regelung schon ein Optimum für die Leiharbeitnehmer darstellt, ist praktisch nur eine Abweichung zuungunsten der Leiharbeitnehmer möglich.[155] Eine solche Regelung ist für das Arbeitsrecht ungewöhnlich, denn eigentlich regelt der Gesetzgeber ein Mindestmaß zum Schutz von Arbeitnehmern, beispielsweise in Bezug auf den jährlichen Erholungsurlaub, der einem Arbeitnehmer mindestens zusteht. Die Tarifvertragsparteien können jedoch „nach oben" abweichen und somit

[153] BAG, 4 AZR 656/06, Urteil, 19.09.2007, DB 2008, 243 (244).

[154] BT-Drs. 15/25, S. 38.

[155] *Thüsing/Lembke,* Zeitarbeit im Spannungsverhältnis von Dienstleistungsfreiheit und Tarifautonomie, ZfA 2007, 87 (91); so auch *Hamann,* Gleichbehandlungsgrundsatz im AÜG, BB 2005, 2185.

die Regelungen für die Arbeitnehmer verbessern.[156] Bei der Leiharbeit indes regeln sie eher Höchstarbeitsbedingungen.

Mit dieser Ausnahme will der Gesetzgeber den Tarifvertragsparteien ermöglichen, die Arbeitsbedingungen flexibel zu gestalten und beispielsweise das Arbeitsentgelt zu pauschalieren, falls die gesetzliche Regelung als zu starr empfunden wird.[157] Die Vergütungsproblematik der Leiharbeit wird somit an die Tarifvertragsparteien delegiert. Arbeitnehmerüberlassung soll nach dem neuen Leitbild aufgrund von „Hartz I" gefördert werden, was auch eine entsprechende Attraktivität der Überlassungsbedingungen voraussetzt.[158]

Die Tarifparteien haben seit Einführung der Tariföffnungsklausel von dieser Möglichkeit Gebrauch gemacht. Inzwischen gibt es schon mehrere Tarifverträge, die die Arbeitsbedingungen einschließlich der Entgelte der Leiharbeitnehmer regeln. Als Beispiele seien hier die Tarifverträge des Deutschen Gewerkschaftsbunds (DGB) mit dem Interessenverband Deutscher Zeitarbeitsunternehmen e.V. (iGZ) und mit dem Bundesverband Zeitarbeit Personal-Dienstleistungen e.V. (BZA) sowie der Tarifvertrag der Tarifgemeinschaft Christliche Gewerkschaften Zeitarbeit und PSA (CGZP) mit dem Arbeitgeberverband Mittelständischer Personaldienstleister (AMP) erwähnt. Neben diesen Verbandstarifverträgen gibt es auch zahlreiche Haustarifverträge mit einzelnen Verleihern.

6.2.2.2.1 Umfang der Tarifdispositivität

Verschiedene Auffassung gibt es indes darüber, ob die Tarifverträge der Zeitarbeit einen Tariflohn vorsehen müssen, der einschließlich der tariflichen Lohnnebenleistungen zumindest annähernd der Vergütung des Entleiherbetriebs entspricht und somit nicht beliebig weit vom „equal pay/equal treatment" – Grundsatz abweichen darf.[159]

Eine solche Absicht des Gesetzgebers ist jedoch dem Wortlaut der §§ 9 Nr. 2, 3 Abs. 1 Nr. 3 AÜG nicht zu entnehmen. Eine „Mindestvergütung" ist nicht Voraussetzung für die wirksame Abweichung von dem normierten Grundsatz. Er wird aber insofern zu beachten sein, als der Gesetzgeber auch mit den Abweichungsmöglichkeiten ein angemessenes Schutzniveau der Leiharbeitnehmer gewährleisten will.[160] Allerdings besitzen die Tarifvertragsparteien der Branche Expertenwissen, sodass davon auszugehen ist, dass sie die Besonderhei-

[156] ErfK/*Wank*, § 3 AÜG Rn. 29.

[157] BT-Drs. 15/25, S. 38; vgl. auch BVerfG, a.a.O. (Fn. 150), (497).

[158] *Röder/Krieger,* Arbeitnehmerüberlassung: Kein Ausweg aus der equal pay-Falle? DB 2006, 2122 (2123).

[159] befürwortend: Thüsing/*Pelzner*, AÜG, § 3 Rn. 82; ErfK/*Wank*, § 3 AÜG Rn. 29; ablehnend: *Boemke/Lembke*, AÜG, § 9 Rn. 110; Thüsing/*Mengel*, AÜG, § 9 Rn. 44; HWK/*Pods*,Kalb § 3 AÜG Rz. 37; *Thüsing/Lembke,* a.a.O. (Fn. 155), (96); *Grimm/Brock,* Praxis der Arbeitnehmerüberlassung, Bonn 2004, S. 126 f.

[160] BT-Drs. 15/25, S. 24.

ten der Branche beachten. Zudem ist zu berücksichtigen, dass nach Art. 9 Abs. 3 GG Regelungen bezüglich des Entgelts grundsätzlich zwischen den Tarifvertragsparteien in freier Vereinbarung erfolgen sollen. Deshalb kommt den Tarifverträgen eine Richtigkeitsgewähr von Verfassungs und Gesetzes wegen zu.[161] Des Weiteren sollte nach dem Willen des Gesetzgebers den Tarifvertragsparteien gerade die Möglichkeit gegeben werden, die Arbeitsbedingungen flexibel zu gestalten.

Gesetzliche Grenze des Vergütungsniveaus ist jedoch eine sittenwidrige oder gegen Wucher verstoßende Vereinbarung gemäß § 138 BGB. Nach der Rechtsprechung des Bundesarbeitsgerichts müssen tarifvertragliche Entgeltvereinbarungen den in Art. 2 Abs. 1, Art. 20 Abs. 1 GG zum Ausdruck kommenden Gerechtigkeitsanforderungen genügen. Eine tarifliche Vereinbarung kann allerdings nur dann als sittenwidrig eingestuft werden, wenn der vereinbarte Tariflohn einen „Hungerlohn" darstellt und somit ein auffälliges Missverhältnis zwischen Leistung und Gegenleistung vorliegt. Um zu prüfen, ob ein solches auffälliges Missverhältnis vorliegt, ist der objektive Wert der Leistung eines Arbeitnehmers zu bestimmen. Maßgeblich als Vergleichsmaßstab bei der Beurteilung des Missverhältnisses ist der Tariflohn eines Wirtschaftszweiges, d.h. hier der Tariflohn der Zeitarbeitsbranche. Indes ist nicht auf den Tariflohn des Entleihers abzustellen. Bei der Beurteilung sind alle Umstände des räumlichen, fachlichen und persönlichen Geltungsbereichs sowie die im Geltungsbereich des Tarifvertrags verrichteten Tätigkeiten zu berücksichtigen.[162]

6.2.2.2.2 Geltung der Tarifverträge der Zeitarbeit

Die Arbeitsbedingungen einschließlich des Arbeitsentgelts werden seit der Einführung des „equal pay/equal treatment" - Grundsatzes überwiegend durch Tarifverträge geregelt.[163] Die Tarifverträge können auf unterschiedliche Weise zur Anwendung zwischen Verleiher und Leiharbeitnehmer kommen.

6.2.2.2.2.1 Geltung kraft beiderseitiger Tarifbindung

Aufgrund der Besonderheit, dass Tarifverträge für Leiharbeitnehmer eine Abweichung nach unten vom gesetzlich normierten Optimum zulassen und faktisch auch nur ein niedrigeres Niveau regeln, sind Leiharbeitnehmer nur sehr gering organisiert. Deshalb kommt eine Anwendung der Tarifverträge kraft beiderseitiger Tarifbindung nach §§ 3 Abs. 1, 4 Abs. 1 TVG praktisch nicht vor.

[161] BAG, 5 AZR 303/03, Urteil, 24.03.2004, DB 2004, 1432 (1433).

[162] BAG, 24.03.2004, a.a.O.

[163] BVerfG, 29.12.2004, a.a.O. (Fn. 157); *Hamann,* a.a.O. (Fn. 155), (2188).

6.2.2.2.2.2 Allgemeinverbindlichkeit / Antrag auf Aufnahme der Arbeitnehmerüberlassung in das AEntG

Bislang wurde auch noch kein Tarifvertrag der Zeitarbeitsbranche gemäß § 5 TVG für allgemeinverbindlich erklärt. Allerdings bestand (auch) für die Leiharbeitsbranche die Möglichkeit, in das Arbeitnehmerentsendegesetz (AEntG) aufgenommen zu werden.

Das AEntG bietet unabhängig von dem Sitz des Arbeitgebers einen Rechtsrahmen, damit tarifvertragliche Mindestlöhne für alle Arbeitnehmer einer Branche verbindlich gemacht werden können. Um in Deutschland ein angemessenes Lohnniveau zu erreichen, hat sich die Koalition am 18.06.2007 darauf verständigt, Branchen mit einer Tarifbindung von mindestens 50 % die Aufnahme in das AEntG anzubieten. Bis zum 31.03.2008 konnten die Tarifvertragsparteien einen *gemeinsamen* Antrag auf Aufnahme stellen. Einen solchen haben die Tarifvertragsparteien iGZ, BZA und DGB gestellt. Zwar weisen die Leiharbeitnehmer, wie gesagt, keinen hohen Organisationsgrad auf, jedoch sind die meisten Arbeitgeber der Branche Mitglied einer der Arbeitgeberverbände der Zeitarbeit und unterliegen somit einem Tarifvertrag.

Im Geltungsbereich des AEntG kann dann seitens einer Branche ein Antrag auf Allgemeinverbindlichkeitserklärung gestellt werden. Wenn der Tarifausschuss, der sich mit diesem Antrag befasst, dem zustimmt, gilt der Mindestlohn für alle in- und ausländischen Arbeitnehmer.[164] Die antragstellenden Tarifvertragsparteien der Leiharbeitsbranche haben die Allgemeinverbindlichkeit des zwischen ihnen abgeschlossenen „Tarifvertrag zur Regelung von Mindestarbeitsbedingungen“ vom 30.05.2006 angestrebt.[165]

Die Bundesregierung hat mit diesem Hintergrund das bestehende AEntG überarbeitet und am 16.07.2008 einen Gesetzentwurf beschlossen.[166] Der Bundestag hat die Neufassung am 22.01.2009 verabschiedet. Ziel des Gesetzes ist die Schaffung und Durchsetzung angemessener Mindestarbeitsbedingungen beschäftigter Arbeitnehmer sowie die Gewährleistung fairer und funktionierender Wettbewerbsbedingungen (§ 1 des Gesetzentwurfs).

Einigkeit bestand in der Regierungskoalition speziell bezüglich der Aufnahme der Leiharbeitsbranche in das AEntG und der damit verbundenen angestrebte branchenspezifische Mindestlohn jedoch nicht. Während die SPD die Aufnahme der Zeitarbeit in das AEntG

---

[164] Koalitionsbeschluss zum Arbeitnehmerentsendegesetz und Mindestarbeitsbedingungsgesetz vom 18.06.2007.

[165] Vgl. Wirtschaftswoche vom 21.03.2008, „Zeitarbeit: Kleber und Brücke“, Focus vom 25.06.2007, „Bruderkrieg der Bosse“, Focus vom 07.01.2008, „Kolbenfresser im Jobmotor“.

[166] BT-Drs. 16/10486.

anstrebte, lehnten CDU/CSU eine Aufnahme mit der Begründung ab, dass schon jetzt die Beschäftigten überwiegend einen Tarifvertrag hätten.[167]

Bereits vor dem Koalitionsbeschluss bezüglich der Aufnahme weiterer Branchen in das AEntG gab es diesbezüglich Streitpunkte zwischen den Parteien der großen Koalition. Die SPD war für einen einheitlichen, branchenübergreifenden Mindestlohn, während die CDU/CSU einen solchen ablehnte.[168] Deshalb hatte man sich auf die Ausweitung des AEntG geeinigt, um so einen Kompromiss zu schließen.

Nach monatelangen Diskussionen scheiterte jedoch die Aufnahme der Leiharbeitsbranche in das AEntG endgültig am 12.01.2009. Der Koalitionsausschuss hat dennoch für die Leiharbeitsbranche einen Beschluss gefasst. Zwar wird für die Leiharbeitsbranche kein Mindestlohn gelten, allerdings soll eine Lohnuntergrenze in das AÜG eingeführt werden. Durch diese Lösung soll die Tarifautonomie gewahrt werden.[169] Bis Ende Januar soll in einem Gesetzgebungsverfahren eine entsprechende Lohnuntergrenze im AÜG festgelegt werden. Angedacht ist hier, dass im AÜG eine Festlegung erfolgen soll, wonach die Tarifverträge der Leiharbeit nur noch eine gewisse Spanne von den Tariflöhnen der Stammbelegschaft im Entleiherbetrieb abweichen dürfen.[170]

Es bleibt zu dem jetzigen Zeitpunkt jedoch abzuwarten, wie die Einführung einer Lohnuntergrenze in das AÜG ausgestaltet wird.

6.2.2.2.2.3 Arbeitsvertragliche Bezugnahme

Ein besonderes Augenmerk ist deshalb auf § 9 Nr. 2 Hs. 5 AÜG zu legen, wonach auch nicht tarifgebundene Arbeitgeber und Arbeitnehmer im Geltungsbereich eines solchen Tarifvertrages die Anwendung der tariflichen Regelungen vereinbaren können. Dies geschieht durch Bezugnahme auf einen Tarifvertrag der Zeitarbeitsbranche im Arbeitsvertrag.

Auch der tarifgebundene Arbeitgeber kann den für ihn geltenden Tarifvertrag in Bezug nehmen, um ihn im Arbeitsverhältnis mit dem nicht tarifgebundenen Leiharbeitnehmer zur Anwendung zu bringen. Dies gilt ebenfalls, wenn auch der Leiharbeitnehmer tarifgebunden ist. Denn aufgrund des fehlenden Fragerechts des Arbeitgebers bezüglich der Gewerkschaftszugehörigkeit weiß der Arbeitgeber nicht, ob der Arbeitnehmer tarifgebunden ist. Fehlt eine Bezugnahme auf einen Tarifvertrag, so geht der Verleiher das Risiko ein, dass

---

[167] Vgl. beispielsweise FAZ vom 25.04.2008, „Deutschland hält die Grenzen dicht“, Die Welt vom 03.05.2008, „Streit um Mindestlohn lodert auf“, Die Welt vom 11.03.2008, „Union: SPD-Minister Scholz soll Mindestlohn-Pläne überarbeiten“.

[168] Die Welt vom 16.05.2007, „SPD wirft der Union Blockade beim Mindestlohn vor“.

[169] Mitteilung des Bundesministeriums für Arbeit und Soziales vom 12.01.2009, „Einsatz für Arbeit“.

[170] Handelsblatt vom 12.01.2009, „Fünf Branchen bekommen Mindestlohn“.

der „equal pay/equal treatment“ – Grundsatz greift, weil nicht wirksam von diesem abgewichen wurde.[171]

Die Bezugnahme auf einen Tarifvertrag ist seitens des Gesetzgebers beschränkt worden. Eine solche Bezugnahme ist nur wirksam, wenn sich die Parteien im Geltungsbereich eines Tarifvertrags befinden. Deshalb ist es wichtig, dass sich die Arbeitsvertragsparteien sowohl im räumlichen als auch im fachlichen Geltungsbereich eines Tarifvertrags befinden, d.h. es muss sich um einen einschlägigen Tarifvertrag handeln. Auf einen branchenfremden Tarifvertrag kann deshalb ebenso wenig Bezug genommen werden wie auf einen Haustarifvertrag eines anderen Verleihunternehmens.

Einschlägig ist ein Tarifvertrag der Zeitarbeitsbranche dann, wenn ein Unternehmen zumindest die überwiegende Anzahl seiner Arbeitnehmer an Dritte überlässt. Bei Mischunternehmen, die nicht ausschließlich Arbeitnehmerüberlassung betreiben, kann deshalb unter Umständen eine Bezugnahme auf diese Tarifverträge ausfallen.[172]

Auf den einschlägigen Tarifvertrag muss aber nicht in Gänze Bezug genommen werden. Ausreichend ist, wenn einzelne Normen in Bezug genommen werden. Dies ergibt sich aus dem Gesetzeswortlaut, wonach die Anwendung der *tariflichen Regelungen*, nicht die *Anwendung eines Tarifvertrags* vereinbart werden kann. Allerdings dürfen sachlich und inhaltlich zusammenhängende Normen nicht getrennt werden. Ein Verweis ist demnach nur auf zusammenhängende Regelungen möglich, z.B. auf tarifliche Entgeltregelungen. Denn ansonsten wären die nicht tarifgebundenen Vertragsparteien im Vorteil gegenüber tarifgebundenen, da sie in der Lage wären, nur auf ganz bestimmte, einzelne Regelungen Bezug zu nehmen. Somit stünde ihnen ein größerer Gestaltungsspielraum zur Verfügung. Ein „Rosinenpicken“ nach den jeweils günstigsten Normen würde hierdurch ermöglicht.[173] Dies kann jedoch nicht gewollt sein. Für die nicht in Bezug genommenen Regelungen gilt im Übrigen der „equal pay/equal treatment“ - Grundsatz.

6.2.2.2.2.4 Geltung der Tarifverträge der Zeitarbeit für die konzerninterne Arbeitnehmerüberlassung

Für die konzerninterne Arbeitnehmerüberlassung bedeutet die soeben genannte Abweichungsmöglichkeit durch Tarifvertrag, dass eine solche nicht auf eine Tarifgebundenheit beschränkt ist. Selbst wenn sowohl der Verleiher als auch der Leiharbeitnehmer nicht tarif-

---

[171] *Melms/Lipinski,* Absenkung des Tarifniveaus durch die Gründung von AÜG-Gesellschaften als alternative oder flankierende Maßnahme zum Personalabbau, BB 2004, 2409 (2411).

[172] *Boemke/Lembke*, AÜG, § 9 Rn. 142 ff.; ErfK/*Wank*, § 3 AÜG Rn. 29; Thüsing/*Mengel*, AÜG, § 9 Rn. 42.

[173] *Thüsing,* Equal pay bei Leiharbeit, DB 2003, 446 (449); *Boemke/Lembke*, AÜG, § 9 Rn. 146 f.; a.A. *Melms/Lipinski,* a.a.O. (Fn. 171), (2412), nach deren Ansicht die Bezugnahme umfassend sein muss.

gebunden sind, kommt die Abweichungsmöglichkeit in Betracht. Der konzernangehörige Verleiher muss aber überwiegend Arbeitnehmerüberlassung betreiben, damit er in den Geltungsbereich eines Tarifvertrags fällt. Da aber der Hauptzweck solcher konzerninternen Verleihunternehmen hauptsächlich in der Arbeitnehmerüberlassung liegt, ist eine Bezugnahme auf einen Tarifvertrag der Zeitarbeit sowohl für tarifgebundene als auch für nicht tarifgebundene Verleiher möglich.

Aufgrund dieser Abweichungsmöglichkeit und dem gleichzeitigen Wegfall der Höchstüberlassungsdauer wurde das Konstrukt der konzerninternen Arbeitnehmerüberlassung durch Gründung einer eigenen Verleihgesellschaft ökonomisch attraktiv. Leiharbeitnehmer können nun dauerhaft zu den Bedingungen eines Tarifvertrags der Zeitarbeit in dem Entleiherbetrieb eingesetzt werden. Zu diesen beiden maßgeblichen Änderungen kam noch der Wegfall von weiteren Verboten hinzu, die eine Erhöhung der Flexibilisierung mit sich brachten.

6.3 Aufhebung von weiteren Verboten

Ebenfalls durch „Hartz I“ ist das Synchronisations-, das Wiedereinstellungs- und das besondere Befristungsverbot (§ 3 Abs. 1 Nr. 3 – 5 AÜG a.F.) aufgehoben worden.

Das Synchronisationsverbot hat dem Verlangen des Verleihers entgegengewirkt, sich von den Leiharbeitnehmern zum Ende einer Überlassung zu trennen, um nicht das Beschäftigungs- und Wirtschaftsrisiko tragen zu müssen. Denn Leiharbeitnehmer sind auch in beschäftigungslosen Zeiten zu vergüten.

Nach dem Synchronisationsverbot war es untersagt, die Dauer des Leiharbeitsverhältnisses auf die Zeit der ersten Überlassung an den Entleiher zu beschränken. Deshalb musste das Beschäftigungsverhältnis über die erstmalige Einsatzdauer hinaus in einem angemessenen Verhältnis fortbestehen bleiben. Bei wiederholter Synchronisation der erstmaligen Überlassung mit der Dauer des Beschäftigungsverhältnisses wurde die Erlaubnis versagt. Der Versagungsgrund griff jedoch nicht, wenn spätere Einsätze deckungsgleich mit der Dauer des Arbeitsverhältnisses waren.[174]

Das Wiedereinstellungsverbot sah vor, dass ein durch den Verleiher gekündigter Leiharbeitnehmer nicht wiederholt innerhalb von drei Monaten nach Beendigung wieder eingestellt werden durfte. Da hier nur auf die wiederholte Einstellung abgestellt wurde, war der Verleiher berechtigt, den Leiharbeitnehmer einmalig nach einer Kündigung innerhalb von drei Monaten wieder einzustellen. Auch hier war die Folge eines Verstoßes die Versagung der Erlaubnis. Zudem führte eine Wiedereinstellung rückwirkend zur Unwirksamkeit einer Kündigung. Grund für dieses Verbot war die ansonsten vorhandene Möglichkeit der Abwälzung des Beschäftigungsrisikos auf den Leiharbeitnehmer.[175]

---

[174] *Urban-Crell/Schulz,* Arbeitnehmerüberlassung und Arbeitsvermittlung, München 2003, Rn. 672 ff.

[175] *Urban-Crell/Schulz,* a.a.O., Rn. 665 ff., Rn. 468.

Das besondere Befristungsverbot sah vor, dass eine wiederholte Befristung eines Arbeitsverhältnisses unwirksam war. Auch hier wurde auf die Wiederholung abgestellt, sodass eine einmalige sachgrundlose Befristung möglich war. Ausnahmen waren nur vorgesehen, wenn sich aus der Person des Leiharbeitnehmers ein sachlicher Grund ergab oder die Befristung für einen Arbeitsvertrag vorgesehen war, der unmittelbar an einen Arbeitsvertrag mit demselben Verleiher anschloss. Bei Verstoß war zum einen die Erlaubnis zu versagen, zum anderen war die Befristungsabrede unwirksam. Deshalb wurde das Arbeitsverhältnis als unbefristetes Arbeitsverhältnis fortgesetzt. Mit diesem Verbot sollte verhindert werden, dass der Verleiher zwar äußerlich das Beschäftigungsrisiko übernahm, dies aber durch die Befristungen auf den Arbeitnehmer abwälzte.[176]

Die Aufhebung dieser Verbote wurde ebenfalls mit der Einführung des soeben beschriebenen „equal pay/equal treatment“ - Grundsatz und dem damit verbundenen erhöhten Schutz begründet. Auch wenn diese Gesetzesänderungen nicht in gleichem Umfang wie die zuvor genannten die konzerninterne Arbeitnehmerüberlassung beeinflusst haben, so kann diesbezüglich dennoch eine positive Auswirkung auf die konzerninterne Arbeitnehmerüberlassung vernommen werden.[177] Denn auch diese Veränderungen haben die Arbeitnehmerüberlassung dereguliert, was letztlich die Arbeitnehmerüberlassung flexibler gemacht hat.

---

[176] *Urban-Crell/Schulz,* a.a.O., Rn. 654 ff., Rn. 421.

[177] Vgl. *Lembke,* Die „Hartz-Reform“ des Arbeitnehmerüberlassungsgesetzes, BB 2003, 98 (104).

7 Zulässigkeit der konzerninternen Arbeitnehmerüberlassung

Aufgrund der soeben beschriebenen Änderungen im AÜG scheint eine dauerhafte Senkung der Personalkosten durch den Einsatz von Leiharbeitnehmern möglich zu sein. Anstatt eigene Arbeitnehmer einzustellen und diese auf hohem Tarifniveau zu vergüten, werden Leiharbeitnehmer einer konzerneigenen Personal-Service-Gesellschaft eingesetzt. Die Gesellschaft wird allein mit dem Zweck gegründet, dass diese kostengünstiges Personal an das Unternehmen selbst und möglicherweise allenfalls auch an dessen Tochterunternehmen verleiht. Die Leiharbeitnehmer werden nach einem Tarifvertrag der Zeitarbeit vergütet, da die Personal-Service-Gesellschaft sich in dem Geltungsbereich eines Tarifvertrags befindet und deshalb wirksam von dem „equal pay/equal treatment" – Grundsatz abweichen kann. Dabei kann sie selber Mitglied eines tarifvertragsschließenden Arbeitgeberverbandes werden oder/und die Tarifverträge einzelvertraglich in Bezug nehmen. Das Tarifniveau der Tarifverträge der Zeitarbeit liegt faktisch unter dem Tarifniveau des Entleiherbetriebs, hier des Krankenhauses. Aufgrund des Wegfalls der Höchstüberlassungsdauer kann der Leiharbeitnehmer dauerhaft im Entleiherbetrieb eingesetzt werden.

Bezüglich der konzerninternen Arbeitnehmerüberlassung, bei der die Gründung einer konzerneigenen Personal-Service-Gesellschaft vorangestellt ist, gibt es, wie bereits festgestellt, keine gesonderten Vorschriften. Vielmehr sind aufgrund der Gewerbsmäßigkeit die allgemeinen Vorschriften des AÜG einschlägig. Weder im AÜG noch in anderen Gesetzen lässt sich ausdrücklich ein konkretes Verbot einer solchen Konstruktion finden. Zudem kann aus § 1 Abs. 3 Nr. 2 AÜG abgeleitet werden, dass sich Arbeitnehmerüberlassung grundsätzlich auch innerhalb eines Konzerns abspielen kann.

Die mit der Personal-Service-Gesellschaft angestrebte Zielsetzung, die Senkung der Personalkosten im Entleiherbetrieb, hat in der Literatur jedoch einen Meinungsstreit über deren Zulässigkeit hervorgerufen. Ausgelöst wurde dieser Streit durch einen Beitrag von *Melms/Lipinski* [178] im Jahr 2004. In diesem wurde seitens der Autoren vorgeschlagen, zur Senkung von Personalkosten eine eigene Personal-Service-Gesellschaft zu gründen und sich anschließend dauerhaft Personal von dieser auszuleihen. Sie erläuterten die gesetzlichen Änderungen, die zu dieser Möglichkeit geführt haben. Dies erwiderten *Brors/Schüren*[179] dahingehend, dass sie die Gründung einer konzerneigenen Verleihgesellschaft zum Zweck der Kostensenkung für nicht zulässig und riskant halten. Diese Konstruktion, bei der es ausschließlich darum geht, Personalkosten zu sparen und nicht darum, die Mitarbeiterzahl an einen schwankenden Personalbedarf anzupassen, wird von ihnen als

[178] *Melms/Lipinski,* Absenkung des Tarifniveaus durch die Gründung von AÜG-Gesellschaften als alternative oder flankierende Maßnahme zum Personalabbau, BB 2004, 2409.

[179] *Brors/Schüren,* Konzerninterne Arbeitnehmerüberlassung zur Kostensenkung, BB 2004, 2745; ebenso *Schüren,* JbArbR, Bd. 41, S. 62 ff.

Strohmannkonstruktion bezeichnet. Dies wiederum wurde von *Willemsen/Annuß* [180] in einem Beitrag kritisiert, die eine solche Konstruktion auch zur Senkung von Personalkosten als zulässig erachten. Auf diesen Beitrag antworteten erneut *Brors/Schüren*[181], die ihre Argumente abermals klarstellten.

In der übrigen Literatur gehen zu dieser Thematik die Meinungen auseinander. Während teilweise die Ansicht der Kritiker, dass es sich bei der Personal-Service-Gesellschaft nur um einen Strohmann handelt, Zustimmung erfährt[182], wird teilweise diese Ansicht aber auch abgelehnt und der Gegenmeinung zugestimmt, dass es sich hierbei um eine zulässige Konstruktion handelt.[183]

Dieser Meinungsstreit hat auch bereits Eingang in die Rechtsprechung gefunden. So bezieht sich das Landesarbeitsgericht Niedersachsen in seinen bislang ergangenen Entscheidungen zu der konzerninternen Arbeitnehmerüberlassung durch eine eigene Personal-Service-Gesellschaft auf die in diesem Meinungsstreit vorgebrachten Argumente.[184]

Ebenso wird auf politischer Ebene über die konzerninterne Arbeitnehmerüberlassung diskutiert. DIE LINKE hat im vergangenen Jahr die Frage der Zulässigkeit der konzerneigenen Personal-Service-Gesellschaft zum Thema einer Kleinen Anfrage an die Bundesregierung gemacht. Die Gewerkschaften kritisieren die Gründung von konzerneigenen Verleihunternehmen heftig.

---

[180] *Willemsen/Annuß,* Kostensenkung durch konzerninterne Arbeitnehmerüberlassung, BB 2005, 437.

[181] *Brors/Schüren,* Kostensenkung durch konzerninterne Arbeitnehmerüberlassung, BB 2005, 494.

[182] HWK/*Pods,Kalb,* § 1 AÜG Rn. 64; *Mastmann/Offer,* Ausgewählte Probleme der Leiharbeit, AuA 2005, 330 (333 f.); *Dahl,* Zeitarbeit – zwei Jahre nach Hartz, FA 2006, 290 (292); *Thüsing/Waas,* AÜG, § 1 Rn. 146; *Ulber,* AÜG, § 3 Rn. 250a ff.; *Zumbeck,* „Ein Strohmann, kein Verleiher", Mitbestimmung 2005, 68.

[183] *König/Hauptvogel./Zeidler,* Outsourcing: arbeitsrechtliche und umsatzsteuerliche Aspekte bei privaten Krankenhäusern, BB Special 2005, 9 (12); *Thüsing/Pelzner,* AÜG, § 3 Rn. 116; *Herms/Meinel,* Neue Wege im Arbeitsrecht, Krankenhaus Umschau 2006, 705; *Boemke,* jurisPR-ArbR 48/2006, Anm. 3 zu LAG Niedersachsen, 28.02.2006; *Ubber,* Zeitarbeit aus dem eigenen Haus, Personalwirtschaft 11/2006, 50; *Leuchten,* Zur Zustimmung des Betriebsrats bei der Einstellung von Leiharbeitnehmern – insbesondere bei Konzernverhältnissen, in: Festschrift zum 25-jährigen Bestehen der ARGE Arbeitsrecht im Deutschen Anwaltverein, Bonn 2006, S. 927; *Bertram,* Konzerninterne Personal-Service-Gesellschaften, HR Services 3/2007, 39; *Willemsen,* Arbeitsrechtliche Strategien für eine Änderung der Tarifstruktur am Beispiel der Arbeitszeitverlängerung ohne Lohnausgleich, in: Festschrift zum 25-jährigen Bestehen der ARGE Arbeitsrecht im Deutschen Anwaltverein, Bonn 2006, S. 1013.

[184] Vgl. spätere Ausführungen Seite 74.

„Die Attraktivität des 'AÜG-Modells' hängt aber davon ab, dass die dauerhafte Überlassung von Mitarbeitern des konzernangehörigen Verleihunternehmens an ein ebenfalls konzernangehöriges Entleihunternehmen möglich ist“. [185]

Deshalb werden zunächst die Argumente der Kritiker dargestellt, die ihrer Ansicht nach gegen die Zulässigkeit der konzerninternen Arbeitnehmerüberlassung durch eine Personal-Service-Gesellschaft sprechen. Danach erfolgt eine Darstellung der Gegenmeinung, bevor die Argumente einer kritischen Würdigung unterzogen werden.

7.1 Darstellung der Argumente der Kritiker der konzerninternen Arbeitnehmerüberlassung

7.1.1 Die Personal-Service-Gesellschaft als Strohmannkonstruktion

Ausgangspunkt der Ansicht, welche die Personal-Service-Gesellschaft als unzulässig einordnet, bildet die Annahme, dass eine Strohmannkonstruktion vorliege. Die Personal-Service-Gesellschaft als Verleiher werde daher als Strohmann vom Entleiher, dem eigentlichen Geschäftsmann, nur vorgeschoben. Sie trete nach außen hin im eigenen Namen auf, im Innenverhältnis unterliege sie jedoch den Weisungen des Entleihers. *„Das sind Beziehungen, in denen ein Schein-Verleiher zuerst das Personal beschafft und dann als Strohmann des Schein-Entleihers den Arbeitnehmern die Vergütung auszahlt“.* [186]

Mit dieser Konstruktion versuche ein Arbeitgeber den kostenträchtigen Schutz der Arbeitnehmer zu umgehen. Allerdings sei die Arbeitnehmerüberlassung nicht deshalb illegal, weil mit dieser sowohl Kosten als auch Risiken reduziert werden. Denn dies seien beides vernünftige wirtschaftliche Ziele, die ein Arbeitgeber anzustreben versucht. Das alleine sei noch nicht zu verurteilen. Vielmehr gehe es hier um solche Fälle, *„in denen keine Arbeitnehmerüberlassung vorliegt, sondern die legale Überlassung nur vorgetäuscht [werde], um zum Nachteil der betroffenen Arbeitnehmer die Vergütung zu verkürzen“* [187].

Zwar verfüge der Verleiher auch über eine Erlaubnis der Bundesagentur für Arbeit für die gewerbsmäßige Arbeitnehmerüberlassung, aber tatsächlich fungiere dieser nur als Zahlstelle der Arbeitsvergütung. Der Verleiher nehme nur eine Hilfsfunktion für den Entleiher wahr und stehe in keiner echten arbeitsvertraglichen Beziehung zum Leiharbeitnehmer. Vielmehr werde versucht, eine Verdeckung der tatsächlichen Arbeitgeberstellung des Schein-Entleihers zu erreichen. [188]

---

[185] *Leuchten,* a.a.O. (Fn. 183), S. 932.

[186] *Brors/Schüren,* Konzerninterne Arbeitnehmerüberlassung zur Kostensenkung, BB 2004, 2745.

[187] *Brors/Schüren,* a.a.O., (2746).

[188] *Brors/Schüren,* a.a.O.; *Ulber,* AÜG, Einl. D, Rn. 12.

7.1.1.1 Aufdeckung der tatsächlichen Arbeitgeberstellung

Die tatsächliche Arbeitgeberstellung des Schein-Entleihers gilt es bei der Annahme, die Personal-Service-Gesellschaft sei nur Strohmann, aufzudecken. Um beurteilen zu können, ob mit der Personal-Service-Gesellschaft eine (erlaubte) Arbeitnehmerüberlassung im Konzern oder eine Strohmannkonstruktion vorliegt, müsse eine Abgrenzung vorgenommen werden. Die Arbeitnehmerüberlassung soll hierbei von der Arbeitsvermittlung abgegrenzt werden.[189] Das AÜG äußert in § 1 Abs. 2 AÜG eine Vermutung, wonach dann Arbeitsvermittlung vorliegt, wenn der Arbeitgeber Dritten einen Arbeitnehmer zur Arbeitsleistung überlässt, dabei aber nicht die üblichen Arbeitgeberpflichten oder das Arbeitgeberrisiko übernimmt. Aus der gesetzlichen Regelung des § 1 Abs. 2 AÜG folge zwar nicht, dass bei der Vermittlungsvermutung ein Rechtsverhältnis des Leiharbeitnehmers zum Entleiher fingiert werde. Seit der Aufhebung des § 13 AÜG a.F.[190] könne eine solche Fiktion, die früher sowohl von der Rechtsprechung als auch von der Literatur angenommen wurde, nicht mehr nachvollziehbar vertreten werden.

Die Vermutungsregelung des § 1 Abs. 2 AÜG diene aber als Beweisregel um herauszufinden, was die Beteiligten tatsächlich praktizieren, d.h. welches Rechtsverhältnis durch die Personal-Service-Gesellschaft als Strohmann verdeckt werde. Wer als Verleiher auftrete, aber die dem Verleiher auferlegten Arbeitgeberrisiken nicht übernehme, der müsse beweisen, dass er tatsächlich ein Verleiher sei. Denn ansonsten werde er als Vermittler behandelt. *„Das [bedeute], dass dann, wenn der Entlastungsbeweis nicht gelingt, weil nur Vermittlung vorlag, das Beschäftigungsunternehmen – die entleihende Konzernschwester – mit allen Konsequenzen Arbeitgeber [sei]“.*[191] Die Vermutungsregel identifiziere demnach ein vertragliches Arbeitsverhältnis. Entweder liege tatsächlich Arbeitnehmerüberlassung vor, sodass die Personal-Service-Gesellschaft tatsächlich Verleiher und somit Arbeitgeber im Sinne des AÜG ist, oder es liege Arbeitsvermittlung vor, bei der der Schein-Entleiher Arbeitgeber ist.

Begründet werde ein solcher Durchgriff auf den Entleiher damit, dass bei der konzerneigenen Personal-Service-Gesellschaft ein Rechtsmissbrauch vorliege. Es gehe demnach nicht um eine Fiktion eines Arbeitsverhältnisses, wie es beispielsweise in §§ 9 Nr. 1, 10 Abs. 1 AÜG vorgesehen ist. Eine solche greife nur dort ein, wo eine arbeitsvertragliche Beziehung zwischen den Beteiligten nicht bestehe. *„Der Einsatz eines 'Strohmanns' hingegen [diene] immer dazu, eine bestehende Beziehung zu verdecken – fingiert [werde] dabei nichts. Die Rechtsordnung [ließe] dann die von den Parteien nach außen hin behauptete Rechtsform*

---

[189] *Brors/Schüren,* a.a.O., (2747).

[190] § 13 AÜG a.F. wurde mit Wirkung zum 01.04.1997 aufgehoben; der Wortlaut in der bis dahin geltenden Fassung ist: Beruht ein Arbeitsverhältnis auf einer entgegen § 4 des Arbeitsförderungsgesetzes ausgeübten Arbeitsvermittlung, so können die arbeitsrechtlichen Ansprüche des Arbeitnehmers gegen den Arbeitgeber dieses Arbeitsverhältnisses nicht durch Vereinbarung ausgeschlossen werden.

[191] *Brors/Schüren,* a.a.O. (Fn. 186), (2749).

als Gesetzesumgehung unbeachtet und [greife] auf die rechtliche Beziehung zwischen dem Empfänger der Arbeitsleistung und dem Arbeitnehmer zurück". [192] Der Durchgriff sei von Anfang der Überlassung an möglich, da es schon zu diesem Zeitpunkt an der Arbeitgeberstellung des Verleihers fehle und deshalb auch an der notwendigen Voraussetzung für die Abweichung vom „equal pay/equal treatment" – Grundsatz durch Tarifvertrag. [193]

7.1.1.2 Identifikationsmerkmale zur Abgrenzung

Bei der Annahme, dass mit der Personal-Service-Gesellschaft eine Strohmannkonstruktion vorliegt, muss diese anhand von Merkmalen identifiziert werden. Für die Abgrenzung zwischen (erlaubter) Arbeitnehmerüberlassung und Strohmannkonstruktion seien Identifikationsmerkmale heranzuziehen, die vor allem von außen erkennbar und deshalb auch bewertbar sind. Die Kritiker der konzerneigenen Personal-Service-Gesellschaft gehen jedoch davon aus, dass die Beteiligten versuchen, die tatsächlichen Rechtsbeziehungen sowohl nach außen als auch gegenüber den betroffenen Arbeitnehmern verdeckt zu halten, sodass eine Identifizierung der Personal-Service-Gesellschaft als eine Strohmannkonstruktion nur bei Aufdeckung der tatsächlichen Beziehungen möglich sei. [194]

Für diese Aufdeckung seien zunächst die Beziehungen der Beteiligten abzugleichen, um im nächsten Schritt die Unterschiede zu bestimmen, die sich aus den unterschiedlichen Rechten und Pflichten ergeben. Hier sei zunächst festzustellen, dass die Tätigkeit des Arbeitnehmers für den Dritten keinen Unterschied zwischen „echter" Arbeitnehmerüberlassung und Strohmannkonstruktion, d.h. verdeckter Arbeitsvermittlung aufweist. Dasselbe gelte bezüglich der Vergütungszahlung, denn diese werde in beiden Fällen vom Verleiher bzw. Strohmann getätigt. Auch sei das Arbeitsverhältnis zum Verleiher während der Überlassungsdauer kaum sichtbar. [195] Denn der Leiharbeitnehmer ist vollständig in den Betrieb des Entleihers eingegliedert und erhält von diesem die Weisungen.

Zuordnungsunerheblich sei, wer die Urlaubsplanung durchführe oder wer eine Abmahnung vornehme, denn auch ein Strohmann könne diese Personalführungsaufgaben übernehmen. *„Am Ende [stehe] man vor der eigenartigen Konsequenz, dass sich Arbeitnehmerüberlassung und als Überlassung getarnte Arbeitsvermittlung während des Fremdfirmeneinsatzes nicht signifikant voneinander unterscheiden".* [196]

---

[192] *Schüren,* Kostensenkung durch konzerneigene Verleihunternehmen, BB 2007, 2346 (2348).

[193] *Schüren,* a.a.O., (2350).

[194] *Brors/Schüren,* a.a.O. (Fn. 186), (2748).

[195] *Brors/Schüren,* a.a.O.

[196] *Brors/Schüren,* a.a.O.

7.1.1.2.1 Keine aktive Teilnahme am Markt

Die Annahme eines Strohmanngeschäfts wird zunächst damit begründet, dass das als Verleiher fungierende Tochterunternehmen, die Personal-Service-Gesellschaft, nicht oder zumindest nicht ernsthaft auf dem Markt aktiv werde, weil es nur an einen einzigen oder zumindest nur an eine sehr begrenzte Anzahl von Kunden die Leiharbeitnehmer überlassen könne. Ein Verleiher sei nur dann ernsthaft aktiv am Markt, wenn nach Ende der Überlassungsdauer für den Leiharbeitnehmer eine realistische Chance auf einen Einsatz bei einem anderen Entleiher besteht. Hierzu müsste der Verleiher über einen entsprechend großen Kundenstamm verfügen.[197]

Im Fall der konzerneigenen Personal-Service-Gesellschaft bedeute eine nicht aktive Teilnahme am Markt, dass das Scheinarbeitsverhältnis eines eingesetzten Arbeitnehmers zum Schein-Verleiher enden müsse, wenn dessen Einsatz beim Schein-Entleiher endet.[198] Denn der Personalbedarf des Verleihers für den Zweck des Verleihs richte sich ausschließlich *„nach Zahl, Qualifikation oder Arbeitsbedingungen (Arbeitsort, Arbeitszeit, etc.) mit Ausnahme des Arbeitsentgeltes“* [199] des konzernzugehörigen Entleihers und dessen Tochterunternehmen. Demnach werde der Personalbedarf der Personal-Service-Gesellschaft von der Personalplanung des Entleihers gesteuert.

Deshalb liege faktisch bei den Arbeitsverhältnissen der konzerneigenen Personal-Service-Gesellschaft mit den Leiharbeitnehmern eine Synchronisation zwischen der Überlassung und dem Beschäftigungsverhältnis vor. Arbeitnehmerüberlassung im Sinne des AÜG liege aber nur vor, wenn auch eine spezielle Dienstleistung am Markt angeboten werde. *„Wer überhaupt nicht ernsthaft am Markt [auftrete], sondern nur in symbiotischen Beziehungen zu anderen Unternehmen [existiere], [sei] kein gewerbsmäßiger Verleiher sondern ′gewerbsmäßiger′ Strohmann“.*[200]

7.1.1.2.2 Keine Risikotragung des Verleihers

Darüber hinaus wird für die Einstufung der Personal-Service-Gesellschaft als Strohmannkonstrukt angeführt, dass diese als Verleiher aufgrund fehlender aktiver Marktteilnahme nicht das erforderliche Risiko trage.

Bei der Leiharbeit, der ein idealtypisches Bild zugrunde liege, wonach ein Leiharbeitnehmer im Laufe seines Beschäftigungsverhältnisses an mehrere (unterschiedliche) Entleiher überlassen wird, liege ein besonderes Risiko beim Verleiher. Denn dieser trage das Risiko des Nichteinsatzes eines Leiharbeitnehmers. Dass der Verleiher dieses Risiko übernehmen

[197] *Brors/Schüren,* a.a.O., (2746).

[198] *Brors/Schüren,* a.a.O.

[199] *Ulber,* AÜG, § 1 Rn. 250c.

[200] *Brors/Schüren,* a.a.O., (2749).

müsse, ergebe sich zum einen aus § 11 Abs. 4 AÜG, der eine Aufhebung oder Beschränkung von § 615 BGB verbietet, zum anderen aus § 11 Abs. 1 Nr. 2 AÜG, der von Vergütungen in den Zeiten spricht, in denen der Leiharbeitnehmer nicht verliehen ist.[201]

Auch ein typischer Arbeitgeber habe aufgrund schwankender Auftragslage das Risiko einer Nichtbeschäftigung seiner Arbeitnehmer zu tragen. Bei der konzerneigenen Personal-Service-Gesellschaft werde dieses Risiko aber komplett auf die Leiharbeitnehmer abgewälzt. Denn hier könne der Verleiher keine Anschlussaufträge für seine Leiharbeitnehmer akquirieren, da er über keinen hinreichenden Kundenstamm verfüge.[202] Die Möglichkeit des Entleihers, den Einsatz eines Leiharbeitnehmers aus beliebigen Gründen zu beenden, mache es aber notwendig, den Bestandsschutz, d.h. die Fortdauer des Arbeitsverhältnisses, eines Leiharbeitnehmers bei seinem Verleiher anzusiedeln. Durch die Konstruktion des konzerneigenen Verleihers werde aber diesem Bestandsschutz die Grundlage entzogen, weil es keinen Arbeitsplatz beim Verleiher gibt und nach Ende des Einsatzes auch das Beschäftigungsverhältnis beendet wird.[203]

Gestützt wird die Aussage bezüglich der Erforderlichkeit der besonderen Risikoübernahme auf eine Entscheidung des Bundesarbeitsgerichts, die nach der Neufassung des AÜG ergangen ist und deshalb auch Aussagekraft für die derzeitige Rechtslage habe. In dieser Entscheidung heißt es: *„Auf Arbeitgeberseite ist das Risiko fehlender Einsatzmöglichkeiten bei Fortzahlung des vertraglich vereinbarten Arbeitsentgelts zu berücksichtigen, das in dieser Form bei anderen Arbeitsverhältnissen nicht besteht“.*[204]

Für das Erfordernis der Risikotragung wird weiter angeführt, dass allein die Arbeitgeberstellung des Verleihers und das hiermit verbundene Risiko der Nichtbeschäftigung es rechtfertigen, von der Möglichkeit der Abweichung des „equal pay/equal treatment“ – Grundsatzes Gebrauch zu machen. *„Nur mit dieser Risikoübernahme [sei] es akzeptabel, dass Leiharbeitnehmer während einer Überlassung eine geringere Vergütung erhalten als das Stammpersonal des Entleihers“.* [205]

Abzustellen sei deshalb bei der Beurteilung, ob die Personal-Service-Gesellschaft eine Strohmannkonstruktion darstelle, auf das Identifikationsmerkmal der tatsächlichen Übernahme des Verleiherrisikos. Denn ein Verleiher sei nur, wer zum einen seinen Arbeitnehmern die Tätigkeit beim Entleiher zuweist und zum anderen auch das wirtschaftliche Risiko von fehlenden Einsatzmöglichkeiten übernimmt. Dabei soll es aber nicht darauf ankom-

---

[201] *Brors/Schüren,* a.a.O. (2747); *Brors/Schüren,* Kostensenkung durch konzerninterne Arbeitnehmerüberlassung, BB 2005, 494.

[202] *Brors/Schüren,* a.a.O., (2747).

[203] *Schüren,* a.a.O. (Fn. 192).

[204] *Schüren,* a.a.O., (2349); BAG, 5 AZR 303/03, Urteil, 24.03.2004, NZA 2004, 971 (973).

[205] *Brors/Schüren,* a.a.O. (Fn. 186), (2747).

men, dass im Einzelfall dieses Risiko auch wirklich übernommen werde. Bloß weil ein Risiko nicht eintrete heißt dies nicht, dass dieses nicht übernommen würde. Der Verleiher müsse aber bezogen auf vergleichbare Überlassungen von anderen Arbeitnehmern das Risiko zumindest hin und wieder tatsächlich getragen haben.[206]

Ein solches Risiko könne aber nur übernommen werden, wenn der Verleiher auch aktiv am Markt tätig sei und seine Arbeitnehmer nicht nur an einen oder an eine sehr begrenzte Anzahl von Entleihern überlassen könne. Der Verleiher müsse demnach Aufträge für alle seine Arbeitnehmer akquirieren können. Dies stelle das Äquivalent für einen dauerhaften Arbeitsplatz bei einem „typischen" Arbeitsverhältnis dar.

Kann ein Verleiher keine Anschlussaufträge für seine Arbeitnehmer bei anderen Entleihern besorgen, müsse der Verleiher das Arbeitsverhältnis zu seinen Arbeitnehmern aufgrund dessen beenden. Die Dauer des Arbeitsverhältnisses sei deshalb alleine von dem Bedarf des einen Entleihers innerhalb des Konzerns abhängig. In einem solchen Fall müsse von einer Strohmannrolle des Verleihers ausgegangen werden. Das Auftreten eines Verleihers am Markt sei zudem sichtbar und könne deshalb überprüft werden.[207]

„Das Beschäftigungsunternehmen [habe] diese Gestaltung willkürlich gewählt, um durch Reduktion des arbeitsrechtlichen Schutzes und des Vergütungsniveaus auf Kosten des betroffenen Arbeitnehmers Vorteile zu erlangen. Die formale Beschäftigung als Leiharbeitnehmer durch den 'Verleiher' [werde] durch keinen darüber hinausgehenden sachlichen Grund gerechtfertigt. Denn es [bestehe] gar keine Absicht und mangels aktiver Marktteilnahme auch keine Möglichkeit, durch Überlassung dieses Arbeitnehmers an verschiedene Entleiher Gewinn zu erzielen – und dem Arbeitnehmer einen Dauerarbeitsplatz zu sichern".[208]

Der arbeitsrechtliche Schutz könne nicht durch eine willkürliche Zuordnung verkürzt werden. Bezug genommen wird hierbei auf die Rechtsprechung zum mittelbaren Arbeitsverhältnis. Ein mittelbares Arbeitsverhältnis liegt dann vor, wenn ein Arbeitnehmer zwar unmittelbar für einen anderen tätig wird, es sich aber dabei um einen Mittelsmann für einen Dritten handelt, dem der Erfolg der Arbeit zugute kommt. Der Mittelsmann ist dabei ein Arbeitnehmer des Dritten. Ebenso wie bei der Arbeitnehmerüberlassung liegt auch hier ein Dreiecksverhältnis vor. Ein Missbrauch eines solchen Konstruktes werde angenommen, wenn dieses ohne sachlichen Grund anstelle eines direkten Arbeitsverhältnisses gewählt wird, d.h. wenn der Weg zu einem Ziel auch ohne weiteres ohne Beseitigung des Arbeitnehmerschutzes verknüpft wird. Auf die Arbeitnehmerüberlassung übertragen wird daraus gefolgert, dass ein Unternehmen nicht gehindert sei, auf die Einstellung von neuen Arbeit-

---

[206] *Brors/Schüren,* a.a.O., (2748).

[207] *Brors/Schüren,* a.a.O.; ebenso *Dahl,* Zeitarbeit - zwei Jahre nach Hartz, FA 2006, 290 (292); *Ulber,* AÜG, § 1 Rn. 250d; *Zumbeck,* „Ein Strohmann, kein Verleiher", Mitbestimmung 2005, 68.

[208] *Brors/Schüren,* a.a.O.

nehmern zu verzichten und stattdessen auf Leiharbeitnehmer zu einem günstigeren Preis zurückzugreifen. In dieser Entscheidung läge noch keine Einschränkung des gesetzlichen Arbeitnehmerschutzes. Es fehle aber an einem sachlichen Grund, wenn der Verleiher nur von einem Unternehmen kreiert wird, um diesen zwischen die Arbeitnehmer und sich selber zu schieben. Denn der Arbeitnehmer erhalte für die gleiche erbrachte Leistung bei dem Entleiher nur die Vergütung eines Leiharbeitnehmers.[209]

7.1.1.2.3 Weitere Identifikationsmerkmale

Weitere Indizien würden dann für die Personal-Service-Gesellschaft als eine Strohmannkonstruktion sprechen, wenn der Verleiher über keine eigene Betriebsorganisation verfüge. Insbesondere sei dann davon auszugehen, wenn der Verleiher *„nicht selbständig und eigenverantwortlich Einsatz, Betreuung und Verwaltung des entliehenen Personals organisiert, sondern andere Konzernunternehmen in ihrer Eigenschaft als Entleiher maßgeblichen Einfluss auf die Organisation der Verwaltung nehmen“* [210]. Auch wenn der Verleiher über keine eigenen Betriebsmittel verfüge, sondern auf die des Entleihers angewiesen sei, spreche dies für das Vorliegen einer Strohmannkonstruktion.[211]

Des Weiteren sei die Möglichkeit der Übernahme durch den Entleiher faktisch ausgeschlossen. Diese Möglichkeit sei jedoch die Intention des Gesetzgebers bei der Flexibilisierung der Leiharbeit gewesen, sodass die konzerninterne Arbeitnehmerüberlassung durch die Personal-Service-Gesellschaft dieser Intention widerspräche. Zudem stelle dieser „Klebeeffekt“ neben der Übernahme des Verleiherrisikos einen Rechtfertigungsgrund für das abgesenkte Tarifniveau aufgrund des Abweichens von dem „equal pay/equal treatment“ – Grundsatzes dar. Ist diese Möglichkeit aber nicht gegeben, liege deshalb keine Angemessenheit des Lohnniveaus der Leiharbeitnehmer vor.[212]

7.1.1.3 Zusammenfassende Argumente der Kritiker

Die Argumentation der Kritiker kann dementsprechend zusammengefasst werden, dass die konzerneigene Personal-Service-Gesellschaft dann unter dem Deckmantel der gewerbsmäßigen Arbeitnehmerüberlassung tatsächlich nur als Vermittler und Strohmann fungiere, wenn diese in symbiotischer Beziehung nur zu *einem* Entleiher bzw. eine sehr begrenzte Anzahl von Entleihern steht. Aufgrund der fehlenden Marktteilnahme übernehme sie kein Risiko für Nichteinsatzzeiten der Leiharbeitnehmer, weil sie ihnen keine Anschlussaufträge bei anderen Entleihern akquirieren kann. Es wird kein von dem Arbeitnehmerüberlassungs-

---

[209] *Brors/Schüren,* a.a.O.; *Schüren,* a.a.O. (Fn. 192), (2349).

[210] *Ulber,* AÜG, § 1 Rn. 250b, ebenso *Mastmann/Offer,* a.a.O. (Fn. 182), (334).

[211] *Brors/Schüren,* a.a.O. (Fn. 186), (2749).

[212] *Brors/Schüren,* a.a.O.; ebenso zum Ausschluss der Chance auf eine Übernahme: *Ulber,* AÜG, § 1 Rn. 250 a.

vertrag unabhängiges Arbeitsverhältnis eingegangen. Ziel dieser Strohmannkonstruktion sei die Verdeckung der tatsächlichen Arbeitgeberstellung des Entleihers. Aufgrund der Nichtübernahme der Arbeitgeberpflichten und des Arbeitgeberrisikos liege Arbeitsvermittlung vor, die Vermutung des § 1 Abs. 2 AÜG werde ausgelöst.[213] Der Schein-Entleiher sei deshalb tatsächlich Arbeitgeber des Leiharbeitnehmers.

Wer hingegen *„ein echtes, marktfähiges und marktaktives Verleihunternehmen im Konzern hat“* [214], könne dieses ohne Probleme und in zulässiger Weise in Anspruch nehmen.

7.1.2 Rechtsprechung

Von den Kritikern gegen die Zulässigkeit der konzerninternen Arbeitnehmerüberlassung durch Gründung einer Personal-Service-Gesellschaft werden zwei Urteile angeführt, die nach ihrer Ansicht ihre Argumentation unterstützen.[215] Dies ist ein Urteil des Landesarbeitsgerichts Berlin sowie ein Beschluss des Arbeitsgerichts Düsseldorf.

7.1.2.1 Urteil des LAG Berlin

Das Landesarbeitsgericht Berlin[216] ist in einer besonderen Gestaltung von einer Strohmannkonstruktion ausgegangen. Hierbei ging es allerdings nicht um die Gründung einer Personal-Service-Gesellschaft zwecks Personalkostensenkung mit anschließender Überlassung an einen konzernangehörigen Entleiher. Diesem Fall lag ein anderer Sachverhalt zugrunde. Der betroffene Arbeitnehmer war zunächst befristet bei dem Entleiher beschäftigt gewesen. Im Anschluss daran hat er von einem anderen konzernzugehörigen Unternehmen ebenfalls einen befristeten Arbeitsvertrag erhalten. Er wurde jedoch nicht bei seinem Arbeitgeber eingesetzt, sondern an seinen ehemaligen Arbeitgeber überlassen.

Nach Ansicht des Landesarbeitsgerichts Berlin hatte der Entleiher sich durch die Einschaltung einer Konzernschwester als Verleiher seiner Arbeitgeberstellung entzogen, weil er für eine erneute Befristung eines sachlichen Grundes bedurft hätte (vgl. § 14 Abs. 2 S. 2 TzBfG). Der Verleiher fungiere deshalb als Strohmann. Für einen Missbrauch der Gestaltungsform spreche viel, wenn eine Konzernschwester als Leiharbeitgeber eingeschaltet wird und die Überlassung *„auf Selbstkostenbasis zur bloßen Verlagerung von Personalkosten in den Bereich von Sachkosten“* [217] erfolgt. Dies sei zumindest dann der Fall, wenn ein schon vorher befristet eingestellter Arbeitnehmer nach Ablauf dieser Befristung im Wege der Arbeitnehmerüberlassung wieder auf demselben (Dauer-)Arbeitsplatz beschäftigt wird.

---

[213] *Brors/Schüren,* a.a.O.

[214] *Brors/Schüren*, a.a.O. (Fn. 201), (494).

[215] Vgl. *Schüren,* a.a.O. (Fn. 192), (2347); Schüren/*Schüren*, AÜG, § 1 Rn. 411.

[216] LAG Berlin, 6 Sa 2008/04, Urteil, 07.01.2005, NZA-RR 2005, 353.

[217] LAG Berlin, 07.01.2005, a.a.O.

7.1.2.2 Beschluss des ArbG Düsseldorf

Das Arbeitsgericht Düsseldorf hat in einem Beschluss[218] ausgeführt, dass gegen den „equal pay/equal treatment" – Grundsatz nach § 3 Abs. 1 Nr. 3 AÜG verstoßen werde, wenn Arbeitnehmer innerhalb eines Konzerns zu schlechteren Arbeitsbedingungen eingestellt werden, um sie dann an andere Konzernbetriebe für eine unbeschränkte Zeit zwecks Kostensenkung zu verleihen.

Auf den ersten Blick mag diese Aussage auf die Konstruktion der Personal-Service-Gesellschaft passen. Aber auch hier lag eine andere Gestaltung zugrunde. Es handelte sich bei dem Verleiher nicht um eine konzerneigene Personal-Service-Gesellschaft, die hauptsächlich Arbeitnehmer zum Zweck des Verleihs einstellt. Der Verleiher war ein schon bestehendes, konzernzugehöriges Unternehmen, das im Gegensatz zu den anderen Konzernbetrieben nicht tarifgebunden war. Bei ihm sollten aus Kostengründen Arbeitnehmer eingestellt werden, um sie anschließend an ein anderes, tarifgebundenes Konzernunternehmen zu überlassen. In dem Arbeitsvertrag mit dem Leiharbeitnehmer war vereinbart, dass die Vergütung anlehnend an den Manteltarifvertrag Hessen erfolgen sollte, indes wurde ein Tarifvertrag der Zeitarbeit nicht in Bezug genommen. Die weiteren wesentlichen Arbeitsbedingungen waren nicht tariflich geregelt, da hier keine Bezugnahme auf einen Tarifvertrag erfolgte. Die vom Arbeitsgericht Düsseldorf festgestellte Verletzung des „equal pay/equal treatment" – Grundsatzes beruht demnach auf einer nicht wirksam vereinbarten Abweichung, nicht aber auf der Feststellung, dass eine Strohmannkonstruktion vorliegt.

7.1.3 Haftung und Strafbarkeit von Schein-Verleiher und Schein-Entleiher

Die Ansicht, dass die konzerneigene Personal-Service-Gesellschaft eine Strohmannkonstruktion darstelle, führt auch zu haftungsrechtlichen Konsequenzen.

7.1.3.1 Haftung auf Vergütungsdifferenz

Da der Schein-Entleiher der tatsächliche Arbeitgeber des Arbeitnehmers ist, obliege ihm auch die Pflicht nach § 611 BGB, dem Arbeitnehmer die Vergütung zu gewähren. Diese richte sich nach den tariflichen Bestimmungen, die im Betrieb des Schein-Entleihers gelten. Deshalb habe der Arbeitnehmer Anspruch auf diese tarifliche Vergütung einschließlich der nicht bzw. nicht vollständig gewährten Lohnnebenleistungen. Der Arbeitnehmer wurde jedoch für den bereits vergangenen Zeitraum der Überlassung von dem Schein-Verleiher vergütet, sodass die bereits erbrachten Leistungen hiervon abzuziehen seien. Somit gleiche dieser Anspruch faktisch dem Anspruch aus einem fingierten Arbeitsverhältnis nach § 10 Abs. 1 S. 4 AÜG.

---

[218] ArbG Düsseldorf, 4 BV 90/04, Beschluss, 11.08.2004, EzAÜG § 14 AÜG Betriebsverfassung Nr. 59.

Daneben hafte der Schein-Entleiher für alle Sozialversicherungsbeiträge, soweit sich diese aus der Differenz der Vergütung ergeben, d.h. soweit der Schein-Verleiher diese noch nicht abgeführt hat. Zudem sei die Differenz zu versteuern.[219]

Treten diese haftungsrechtlichen Konsequenzen ein, so kann der der Konstruktion zugrunde liegende Wille zunichte gemacht werden. Denn der entscheidende Punkt in der Konstruktion einer konzerneigenen Personal-Service-Gesellschaft liegt in dem Willen, eine dauerhafte Senkung der Personalkosten zu erreichen.

7.1.3.2 Strafbarkeit des Schein-Entleihers und Schein-Verleihers

Sowohl der Schein-Entleiher als auch der Schein-Verleiher könnten sich wegen Lohnwuchers strafbar machen. Lohnwucher liegt nach § 291 Abs. 1 StGB vor, wenn durch die Ausnutzung einer Zwangslage ein auffälliges Missverhältnis zwischen Leistung und Gegenleistung entsteht.

Grundsätzlich wird bei der Beurteilung des Missverhältnisses auf *einen* Wirtschaftszweig abgestellt, d.h. es wird nicht auf die Differenz zwischen der Vergütung von Leih- und Stammarbeitnehmern abgestellt, da es sich hier um verschiedene Wirtschaftszweige handelt. Da aber der Ansicht, dass es sich bei der Personal-Service-Gesellschaft um eine Strohmannkonstruktion handelt, zugrunde liegt, dass der Arbeitgeber des Leiharbeitnehmers der Schein-Entleiher sei, sei auf die Differenz zwischen der gezahlten Vergütung des Schein-Verleihers und der Vergütung des Schein-Entleihers abzustellen. In einen Vergleich seien sowohl die Tariflöhne als auch andere geldwerte Lohnnebenleistungen einzubeziehen. Stelle diese Differenz ein auffälliges Missverhältnis dar, liege Lohnwucher gem. § 291 Abs. 1 Nr. 4 StGB vor. Ein solches Missverhältnis ist dann gegeben, wenn eine Differenz von über 33 % besteht. Eine Realisierung eines solchen Missverhältnisses könne je nach Branchenzugehörigkeit des Schein-Entleihers sehr schnell entstehen.[220]

Der Tatbestand der Zwangslage sei bei der Beurteilung jedoch problematisch. Denn es könne mit Sicherheit davon ausgegangen werden, dass den Arbeitnehmern nicht die Alternative eines besser bezahlten Arbeitsverhältnisses zur Verfügung gestanden habe. Eher werde die einzige Alternative der Bezug von Arbeitslosengeld II sein. Zudem müsse eine Verdichtung der Umstände konkret in der Person der beim Schein-Verleiher beschäftigten Arbeitnehmer zu einer Zwangslage vorliegen, weil anderweitig keine wirtschaftlich relevanten Alternativen vorlagen. Des Weiteren müsse beim Schein-Entleiher Vorsatz vorliegen, die Umstände müssen diesem deshalb bekannt sein.[221]

---

[219] *Brors/Schüren,* a.a.O. (Fn. 186), (2749).

[220] *Brors/Schüren,* a.a.O., (2750).

[221] *Brors/Schüren,* a.a.O., (2750).

Von besonderer Schwierigkeit sei jedoch die Frage danach, ob sich die Beteiligten darauf berufen können, dass sie von der Zulässigkeit dieser Konstruktion ausgegangen sind. Dies sei aber aufgrund der mittlerweile ergangenen Entscheidungen sowie der Thematisierung in der Fachliteratur nicht möglich.[222]

Im Übrigen – so sehen es die Kritiker - ließe sich in dem Verhalten des Schein-Verleihers Beihilfe erkennen, da dieser mit dem Schein-Entleiher als dem tatsächlichen Arbeitgeber zusammenwirkt.

Der Schein-Entleiher und der Schein-Verleiher können sich zudem noch wegen Vorenthaltung und Veruntreuung von Arbeitsentgelt nach § 266 a Abs. 1 StGB strafbar machen. Denn der Schein-Entleiher zahle aufgrund der Strohmannkonstruktion keine Sozialversicherungsbeiträge an die Einzugsstelle. Für das materielle Sozialversicherungsverhältnis genüge aber schon die Aufnahme der Beschäftigung beim Schein-Entleiher. Die Strafbarkeit werde nicht dadurch ausgeschlossen, dass der Schein-Entleiher von Anfang an keinen Lohn zahle. Die Beitragspflicht müsse jedoch auch hier dem Schein-Entleiher bekannt sein. Aufgrund der rechtlichen Umstrittenheit der konzerninternen Arbeitnehmerüberlassung liege jedoch nahe, dass ein solches Konstrukt einer genauen rechtlichen Prüfung bedarf. Die Unkenntnis einer möglichen Beitragspflicht sei daher vermeidbar.[223]

7.2 Darstellung der Argumente für die Zulässigkeit der konzerninternen Arbeitnehmerüberlassung

7.2.1 Argumente für die Zulässigkeit der konzerninternen Arbeitnehmerüberlassung in der Literatur

Mit den vorgebrachten Argumenten der Kritiker gegen die Zulässigkeit der konzerneigenen Personal-Service-Gesellschaft wurde sich, wie eingangs erwähnt, in der Literatur auseinandergesetzt. Die wesentlichen Gegenargumente sollen hier vorgestellt werden.

Nach der in der Literatur vertretenen Ansicht bereiten die vorgebrachten Überlegungen der Kritiker gegen die Zulässigkeit der konzerneigenen Personal-Service-Gesellschaft gewisse Schwierigkeiten. Diese würden ihren Ausgang nicht bei den Bestimmungen des AÜG nehmen, *„sondern auf einem Ordnungsmodell der Arbeitnehmerüberlassung beruhen, das unmittelbar in rechtspolitischen Richtigkeitsvorstellungen [wurzele] und ohne weitere Begründung als übergeordnete Leitlinie für die Rechtsanwendung herangezogen [werde]“*.[224] Die von den Kritikern angestellten Überlegungen seien im Ergebnis nicht mit dem geltenden AÜG vereinbar.

---

[222] *Brors/Schüren,* a.a.O.

[223] *Brors/Schüren,* a.a.O.

[224] *Willemsen/Annuß,* a.a.O. (Fn. 180), (437 f.).

Seit der Änderung des AÜG sei es auch mit diesem vereinbar, nach einer dauerhaften Überlassung an einen Entleiher keinen erneuten Verleih an ein anderes Unternehmen vorzusehen. Das Synchronisationsverbot sei bewusst abgeschafft worden. Aufgrund dieses Wegfalls werde deutlich gemacht, dass der Verleiher prinzipiell nicht das Entgeltrisiko während Nichteinsatzzeiten tragen müsse. Ebenso sehe das AÜG auch keine Höchstüberlassungsdauer mehr vor, sodass eine dauerhafte Überlassung mit dem AÜG im Einklang stehe.[225]

Neben dem weiterhin bestehenden grundsätzlichen Typus von Arbeitnehmerüberlassung, der wiederholte und kurzfristige Einsätze des Leiharbeitnehmers vorsehe, lasse das AÜG seit der Hartz-Reform und dem damit zusammenhängenden Ziel der größtmöglichen Flexibilisierung grundsätzlich eine unbeschränkte Vielfalt an Formen zu.[226]

Zuletzt könnten sich aus der vermuteten Arbeitsvermittlung nach § 1 Abs. 2 AÜG keine arbeitsrechtlichen Konsequenzen ableiten lassen. Denn bei dieser Bestimmung gehe es um eine gewerberechtliche Einordnung der Unternehmenstätigkeit, das zeige ihr Standort im AÜG. Denn die vermutete Arbeitsvermittlung ist in der Vorschrift zur Erlaubnispflicht angeordnet, sodass es um die Beantwortung der Frage gehe, ob (gewerbsmäßige) Arbeitnehmerüberlassung vorliege und es deshalb einer Erlaubnis bedarf.[227]

Im Ergebnis sei die konzerninterne Arbeitnehmerüberlassung eine zulässige Form der Arbeitnehmerüberlassung und deshalb mit dem AÜG vereinbar.

7.2.2 Rechtsprechung

7.2.2.1 Rechtsprechung des BAG

Bislang hat sich das Bundesarbeitsgericht[228] noch nicht ausdrücklich mit der Frage befasst, ob es sich bei der konzerneigenen Personal-Service-Gesellschaft mit der anschließenden Überlassung an konzernangehörige Entleiher um eine Strohmannkonstruktion handelt. Allerdings hatte es in der jüngsten Vergangenheit, d.h. nach Änderung der gesetzlichen Rahmenbedingungen bereits mehrfach die Gelegenheit, sich zwar in anderen Fragestellungen, aber in entsprechenden Ausgangskonstruktionen zu äußern. Eine rechtlich unzulässige Konstruktion hat das Bundesarbeitsgericht jedoch in keinem der Fälle angenommen.[229]

---

[225] *Willemsen/Annuß,* a.a.O., (438).

[226] *Willemsen/Annuß,* a.a.O.

[227] *Willemsen/Annuß,* a.a.O., (439).

[228] In zwei Verfahren, die vor dem LAG Niedersachsen verhandelt wurden, wurden jedoch Rechtsbeschwerden beim BAG eingelegt; Terminierung voraussichtlich im ersten Halbjahr 2009.

[229] Siehe BAG, 7 AZR 145/06, Urteil, 18.10.2006, NZA 2007, 443; BAG, 1 ABR 61/03, Beschluss, 25.01.2005, NZA 2005, 1199; BAG, 7 ABR 20/04, Beschluss, 20.04.2005, NZA 2005, 1006; *Boemke* sieht die Rechtsprechung des LAG Niedersachsen vom 28.02.2006 im Einklang mit den beiden zuletzt genannten Entscheidungen des BAG, vgl. *Boemke,* jurisPR-ArbR 48/2006 Anm. 3.

7.2.2.2 Rechtsprechung des LAG Niedersachsen

Durch das Landesarbeitsgericht Niedersachsen ist bezüglich der Zulässigkeit von konzerneigenen Personal-Service-Gesellschaften mit dem anschließenden konzerninternen Verleih umfangreiche Rechtsprechung ergangen. In insgesamt sechs Fällen hat es über eine solche Konstruktion entschieden.[230] Dabei hat sich das Landesarbeitsgericht ausdrücklich mit der von den Kritikern vorgetragenen Ansicht befasst, dass es sich bei der Gründung einer Personal-Service-Gesellschaft zwecks Senkung der Personalkosten um eine Strohmannkonstruktion handelt. Das Vorliegen einer Strohmannkonstruktion wurde seitens des Landesarbeitsgerichts Niedersachsen jedoch abgelehnt.

Die Ausgangssituation war dabei in allen Sachverhalten sehr ähnlich. Es handelte sich immer um einen Zeitungsverlag, zu dessen Unternehmensgruppe eine Personal-Service-Gesellschaft gehört. Diese verfügt über eine Erlaubnis zur gewerbsmäßigen Arbeitnehmerüberlassung. Die Leiharbeitnehmer werden dort auf der Grundlage eines Zeitarbeitstarifvertrags beschäftigt. Zudem erhalten sie über das tarifliche Entgelt hinaus eine Zulage. In insgesamt drei der Entscheidungen war zudem die Besonderheit, dass die Gesellschafter des Entleihers zugleich die Gesellschafter des Verleihers sind. Ebenfalls besteht eine Personalunion des Geschäftsführers des Verleihers mit dem Personalleiter des Entleihers.

Ausgangspunkt war jeweils die Verweigerung des Entleiherbetriebsrats, dem Einsatz von Leiharbeitnehmern des konzerneigenen Verleihunternehmens zuzustimmen.[231] Er stütze sich auf die Argumente der Kritiker und führte u.a. an, dass der Verleiher nicht das typische Beschäftigungsrisiko trage, da die Personaldienstleistungsgesellschaft ausschließlich an konzernangehörige Unternehmen verleihe und nicht ernsthaft am Markt tätig werde. Im Kern liege keine Arbeitnehmerüberlassung, sondern Vermittlung vor. Der Verleiher sei deshalb als Strohmann des Entleihers anzusehen. Ziel wäre, *„die einschlägigen Branchentarifverträge zu umgehen, zu verdrängen und durch billigere Zeitarbeitstarife zu ersetzen"*[232].

Das Landesarbeitsgericht Niedersachsen hat hierzu ausgeführt, dass die Arbeitnehmerüberlassung durch zum Konzern gehörende Personaldienstleistungsgesellschaften nicht gegen das AÜG verstoße. *„Der konzernintern tätige Verleiher [trage] ein Arbeitgeberrisiko, das in vielen Fällen vergleichbar ist mit dem Risiko, das ein Drittverleiher trägt. Auch der*

---

[230] LAG Niedersachsen, 13 TaBV 56/05, Beschluss, 28.02.2006, AuA 2006, 753 = BeckRs 2006, 43575; LAG Niedersachsen, 12 TaBV 1/06, Beschluss, 31.10.2006, BeckRs 2007, 40409; LAG Niedersachsen, 9 TaBV 107/05, Beschluss, 20.02.2007, BeckRs 2007, 45984; LAG Niedersachsen, 6 TaBV 32/07, Beschluss, 26.11.2007, Haufe Personal Office Professional Online - HaufeIndex 1979191; LAG Niedersachsen, 6 TaBV 33/07, Beschluss, 26.11.2007, Haufe Personal Office Professional Online - HaufeIndex 1979192; LAG Niedersachsen, 6 TaBV 34/07, Beschluss, 26.11.2007, Haufe Personal Office Professional Online - HaufeIndex 1979193.

[231] Zu den Mitbestimmungsrechten der Arbeitnehmervertretung im Entleiherbetrieb siehe Seite 102.

[232] LAG Niedersachsen, 20.02.2007, a.a.O.

Konzernverleiher muss bei Beendigung der Überlassung für Anschlussbeschäftigung im Konzern sorgen bzw. kündigen“.[233] Nach Einsatzende sei der konzerninterne Verleiher in derselben Situation wie ein am Markt aktiver Verleiher, mit dem einzigen Unterschied, dass er nur auf einen begrenzten Kundenstamm zurückgreifen könne. Dem marktaktiven Verleiher stehe hier möglicherweise ein breiterer Kundenstamm zur Verfügung. Allerdings könne auch bei diesem der Verleih schwerpunktmäßig an einen oder wenige Großkunden erfolgen. Folglich könne dann auch ein marktaktiver Verleiher nicht für eine Anschlussbeschäftigung sorgen, sodass es zur Synchronisation komme.

Zudem seien langfristige Überlassungen seit Wegfall der Höchstüberlassungsdauer rechtmäßig. Dabei spiele es keine Rolle, ob bei einer langfristigen Überlassung an wenige Kunden der Verleiher ein konzernangehöriges oder konzernfremdes Unternehmen ist.

Zusätzlich führt das Gericht aus, dass die konzerninterne Arbeitnehmerüberlassung keine Umgehung des für den Entleiherbetrieb einschlägigen Branchentarifvertrags darstelle. Denn das AÜG erlaube es dem Entleiher, auf einem Dauerarbeitsplatz einen Leiharbeitnehmer einzusetzen, ohne dass für diesen die im Entleiherbetrieb einschlägigen Tarifverträge angewendet werden.[234] Die Senkung von Personalkosten stelle ein legitimes Ziel dar.

Auch die personelle Identität der Gesellschafter sowie die des Geschäftsführers des Verleihers mit dem Personalleiter des Entleihers spreche nicht dagegen, selbst wenn so jedweder Personalbedarf zwischen Entleiher und Verleiher abgestimmt und abgewickelt werden könne. Die Synchronisation zwischen Beschäftigungs- und Einsatzdauer, das fehlende Arbeitgeberrisiko des Verleihers sowie der dauerhafte Einsatz von Leiharbeitnehmern könne nicht vom Betriebsrat eingewandt werden.[235]

Zu § 1 Abs. 2 AÜG hat das Gericht ausgeführt, dass es sich hierbei seit Wegfall des § 13 AÜG a.F. nur um eine gewerberechtliche Vorschrift handelt, die, solange der Verleiher im Besitz einer Erlaubnis ist, keine Auswirkungen auf die arbeitsvertraglichen Beziehungen hat. Erst bei Versagung der Erlaubnis könne ein Arbeitsverhältnis nach §§ 9 Nr. 1, 10 Abs. 1 AÜG fingiert werden.

Die konzerninterne Arbeitnehmerüberlassung ist, so das Landesarbeitsgericht Niedersachsen, *„eine rechtlich zulässige Form der Leiharbeit“* [236]. Mit der konzerninternen Arbeitnehmerüberlassung werde ein rechtlicher Gestaltungsspielraum genutzt, der zwar dem eigentlichen Gesetzeszweck nicht entspricht, aber durch das AÜG nicht untersagt ist.

[233] LAG Niedersachsen, 20.02.2007, a.a.O.

[234] LAG Niedersachsen, 20.02.2007, a.a.O.

[235] LAG Niedersachsen, 26.11.2007, a.a.O.

[236] LAG Niedersachsen, 28.02.2006, a.a.O.

7.2.3 Stellungnahme der Bundesregierung zur konzerninternen Arbeitnehmerüberlassung

Auch die Politik hat sich bereits mit der konzerninternen Arbeitnehmerüberlassung durch Gründung einer Personal-Service-Gesellschaft beschäftigt. In einer Kleinen Anfrage der Partei DIE LINKE vom 23.07.2007[237] betreffend „Konzerninterne Arbeitnehmerüberlassung" wurden Fragen an die Bundesregierung formuliert. Hintergrund war die damalige Diskussion in der Presse über die Personal-Service-Gesellschaft des Universitätsklinikums Essen.[238]

Die Anfrage bezweckte, von der Bundesregierung zu erfahren, ob u.a. die ausschließliche Überlassung innerhalb eines Konzerns zulässig i.S.d. AÜG ist, ob Konstruktionen, die dazu dienen, eine dauerhafte Personalkostensenkung zu erreichen, zulässig sind und ob hierdurch existierende Tarifstrukturen unterlaufen und gefährdet werden.

Die Bundesregierung führt in ihrer Antwort[239] aus, dass nur eine Einzelfallentscheidung möglich sei. Eine solche, einzelfallbezogene bindende Entscheidung, ob eine unwirksame Konstruktion zur Verdeckung von eigentlichen Rechtsverhältnissen vorliegt, könne nur seitens der zuständigen Gerichte getroffen werden.[240] Eine generelle Wertung, dass es sich bei der konzerneigenen Personal-Service-Gesellschaft um eine Strohmannkonstruktion handelt, lehnt die Bundesregierung demnach ab.

Es seien zwar Tendenzen erkennbar, dass Stammarbeitnehmer durch Leiharbeitnehmer ersetzt werden, die zu ungünstigeren Tarifbedingungen beschäftigt werden. Dies sei aber nur ein geringer Anteil der überlassenen Leiharbeitnehmer, da eine kurze Beschäftigungsdauer in der überwiegenden Anzahl der Überlassungen üblich ist. Die Bundesregierung werde jedoch die Entwicklung beobachten, um gegen mögliche Fehlentwicklungen vorgehen zu können.[241]

In einer früheren Antwort[242] der Bundesregierung zur Kleinen Anfrage[243] des BÜNDNIS 90/DIE GRÜNEN vom 07.06.2006 betreffend „Arbeitnehmerüberlassungsgesetz – Wirkungen der unbegrenzten Entleihdauer" wurde ausgeführt, dass es nach dem geltenden Recht nicht verboten sei, dieselben Personen, die zunächst als Stammarbeitnehmer beschäftigt sind, zu einem späteren Zeitpunkt auf demselben Arbeitsplatz als Leiharbeitnehmer

---

[237] BT-Drs. 16/6127.

[238] Siehe Ausgangsbeispiel zum Universitätsklinikum Essen, Seite 20.

[239] BT-Drs. 16/6221.

[240] BT-Drs. 16/6221, S. 2.

[241] BT-Drs. 16/6221, S. 2 f.

[242] BT-Drs. 16/1926.

[243] BT-Drs. 16/1777.

einzusetzen. Genauso spiele seit Aufhebung der Höchstüberlassungsdauer die zeitliche Begrenzung eines Einsatzes keine Rolle mehr. Es wurde betont, dass dafür die Leiharbeitnehmer die gleichen Arbeitsbedingungen wie vergleichbare Stammarbeitnehmer erhalten oder diese in einem tariflichen Rahmen geregelt werden müssen.[244]

Hintergrund für diese Anfrage war der „Zehnte Bericht über Erfahrungen bei der Anwendung des Arbeitnehmerüberlassungsgesetzes" vom 30.09.2005[245], in welchem über Tendenzen von Großbetrieben zur Substitution von Stammarbeitnehmern durch Leiharbeitnehmer berichtet wurde.

7.3 Kritische Auseinandersetzung mit den Argumenten gegen die Zulässigkeit der konzerninternen Arbeitnehmerüberlassung

Im Mittelpunkt der Argumente gegen die Zulässigkeit der konzerneigenen Personal-Service-Gesellschaft steht, dass diese tatsächlich keine Arbeitgeberpflichten und das Arbeitgeberrisiko übernehme. Aufgrund der symbiotischen Beziehung zu nur einem bzw. einer begrenzten Anzahl an Entleihern werde zwischen der Einsatzdauer und der Beschäftigungsdauer synchronisiert und somit vor allem nicht das Risiko für Nichteinsatzzeiten übernommen. Die Personal-Service-Gesellschaft sei Vermittler, es liege in diesem Fall vermutete Arbeitsvermittlung nach § 1 Abs. 2 AÜG vor. Diese Vorschrift sei eine Beweislastregel und somit eine Zuordnungshilfe, um die tatsächlichen Verhältnisse aufzudecken. Im Folgenden erfolgt daher eine Auseinandersetzung mit den Argumenten im Einzelnen.

Für die Beurteilung, ob in der konzerneigenen Personal-Service-Gesellschaft zum Zweck der Kostensenkung letztlich eine unzulässige Strohmannkonstruktion liegt, ist zunächst zu untersuchen, ob tatsächlich die Vermutung einer Arbeitsvermittlung greift. Dabei sind die (allgemeinen) Voraussetzungen des § 1 Abs. 2 AÜG zu klären sowie die Pflichten und Risiken herauszufiltern, die ein Verleiher zu erfüllen hat, damit keine vermutete Arbeitsvermittlung vorliegt. Da die Erfüllung der Voraussetzungen für eine vermutete Arbeitsvermittlung einer der Hauptargumentationspunkte der Kritiker ist, kommt dieser Unterordnung entscheidende Bedeutung zu.

7.3.1 Die vermutete Arbeitsvermittlung nach § 1 Abs. 2 AÜG

Nach § 1 Abs. 2 AÜG wird vermutet, dass der Überlassende Arbeitsvermittlung betreibt, wenn Arbeitnehmer einem Dritten zur Arbeitsleistung überlassen werden, der Überlassende jedoch nicht die üblichen Arbeitgeberpflichten und das Arbeitgeberrisiko übernimmt. Bezüglich der Arbeitgeberpflichten und des Arbeitgeberrisikos verweist die Norm auf § 3 Abs. 1 Nr. 1–3 AÜG.

---

[244] BT-Drs. 16/1926, S. 3.

[245] BT-Drs. 15/6008.

Eine Legaldefinition von Arbeitsvermittlung ist im AÜG nicht enthalten. Hier kann jedoch auf die Legaldefinition des § 35 Abs. 1 S. 2 SGB III zurückgegriffen werden, nach welcher die Vermittlung alle Tätigkeiten umfasst, die darauf gerichtet sind, Ausbildungssuchende mit Arbeitgebern zur Begründung eines Ausbildungsverhältnisses und Arbeitssuchende mit Arbeitgebern zur Begründung eines Beschäftigungsverhältnisses zusammenzuführen. Demnach ist bei der Arbeitsvermittlung beabsichtigt, dass ein Rechtsverhältnis zu dem Dritten begründet wird, indes besteht bei der Arbeitnehmerüberlassung keine rechtliche Beziehung zwischen Entleiher und Leiharbeitnehmer.

7.3.1.1 Voraussetzungen für die Vermutung von Arbeitsvermittlung nach § 1 Abs. 2 AÜG

Die Vermutungswirkung des § 1 Abs. 2 AÜG knüpft an zwei Tatbestandsvoraussetzungen an. Zum einen muss ein Arbeitnehmer einem Dritten zur Arbeitsleistung überlassen werden, d.h. es muss Arbeitnehmerüberlassung vorliegen. Zum anderen darf der Überlassende nicht die üblichen Arbeitgeberpflichten und das Arbeitgeberrisiko übernehmen.

7.3.1.1.1 Überlassung zur Arbeitsleistung

Da die Vermutung voraussetzt, dass Arbeitnehmer zur Arbeitsleistung überlassen werden, findet § 1 Abs. 2 AÜG nur Anwendung bei Vorliegen von Arbeitnehmerüberlassung, nicht aber bei anderen Formen des drittbezogenen Personaleinsatzes z.B. im Rahmen von Werk- und Dienstverträgen.[246]

Bei der konzerninternen Arbeitnehmerüberlassung durch eine Personal-Service-Gesellschaft handelt es sich um einen Fall der gewerbsmäßigen Arbeitnehmerüberlassung, sodass das AÜG und somit auch die Vermutungsregel des § 1 Abs. 2 AÜG Anwendung finden.[247]

7.3.1.1.2 Nichtübernahme von Arbeitgeberpflichten und Arbeitgeberrisiko

Die Vermutung nach § 1 Abs. 2 AÜG wird nur ausgelöst, wenn der Überlassende die Arbeitgeberpflichten und/oder das Arbeitgeberrisiko nicht übernimmt. Der Verweis auf § 3 Abs. 1 Nr. 1-3 AÜG ist abschließend, *„d.h. andere Fälle, in denen die Arbeitgeberpflichten oder das Arbeitgeberrisiko nicht übernommen werden, lösen die Vermutung nicht aus“* [248].

[246] *Boemke/Lembke,* AÜG, § 1 Rn. 145.

[247] Vgl. zur nichtgewerbsmäßigen Arbeitnehmerüberlassung *Boemke/Lembke,* AÜG, § 1 Rn. 147; Thüsing/*Waas,* AÜG, § 1 Rn. 135.

[248] *Boemke/Lembke,* AÜG, § 1 Rn. 148; vgl. auch HWK/*Pods,Kalb*, § 1 AÜG Rz. 46; Thüsing/*Waas,* AÜG, § 1 Rn. 136.

Dabei muss nur einer der Tatbestände des § 3 Abs. 1 Nr. 1–3 AÜG erfüllt sein, sodass die Tatbestände nicht kumulativ vorliegen müssen. Allerdings müssen der Tatbestand bzw. die Tatbestände tatsächlich erfüllt sein, eine bloße Annahme ist nicht ausreichend.[249]

7.3.1.1.2.1 Nichtübernahme von Arbeitgeberpflichten

Konkretisiert werden die üblichen Arbeitgeberpflichten eines Verleihers durch die Versagungstatbestände des § 3 Abs. 1 Nr. 1 und 2 AÜG.

Nach § 1 Abs. 2 i.V.m. § 3 Abs. 1 Nr. 1 AÜG liegt dann vermutete Arbeitsvermittlung vor, wenn der Verleiher nicht die erforderliche Zuverlässigkeit besitzt. Dieser Begriff wird hier nicht näher definiert, Nr. 1 enthält jedoch einige Regelbeispiele, die den Begriff konkretisieren. So fehlt insbesondere die Zuverlässigkeit des Verleihers, wenn er gesetzliche Vorschriften nicht einhält. Die Einhaltung der in der Norm genannten Vorschriften gehört zu den üblichen Arbeitgeberpflichten, die bei der Arbeitnehmerüberlassung vor allem dem Schutz der Leiharbeitnehmer dienen.

Demnach übernimmt ein Verleiher nicht die üblichen Arbeitgeberpflichten, wenn er die Vorschriften des Sozialversicherungsrechts (z.B. Abführen von Beiträgen, Melde-, Anzeige- und Auskunftspflichten), des Steuerrechts (z.B. Abführen von Lohnsteuer), des Arbeitsschutzrechts (z.B. Gewährung von Urlaub, Mutterschutz, Entgeltfortzahlung, Einhaltung des Arbeitszeitgesetzes) und die arbeitsrechtlichen Pflichten nicht einhält.

Zu letzteren gehören sämtliche Pflichten, die dem Verleiher als Arbeitgeber des Leiharbeitnehmers auferlegt werden. Dabei kommt es nicht darauf an, auf welcher Grundlage dies geschicht, d.h. ob der Verleiher aufgrund eines Gesetzes, eines Tarifvertrags, einer Betriebsvereinbarung oder individualrechtlicher Grundlage verpflichtet ist. Erfasst werden sowohl die Hauptleistungspflichten wie die Zahlung des Arbeitsentgelts als auch die Nebenleistungspflichten wie Schutzpflichten und die Fürsorgepflicht.[250]

Neben diesen Regelbeispielen kann sich die Unzuverlässigkeit eines Verleihers auch aus anderen Verhaltensweisen ergeben, insbesondere dann, wenn er die Arbeitnehmerüberlassung entgegen gesetzlichen Vorschriften ausübt. Entscheidend ist, ob der soziale Schutz eines Leiharbeitnehmers gefährdet ist. So muss ein Verleiher beispielsweise aufgrund der Vergütungspflicht über ein Mindestmaß an liquiden Mitteln und auch über die wesentlichen arbeits- und sozialversicherungsrechtlichen Kenntnisse verfügen.[251]

Des Weiteren muss ein Verleiher nicht nur die persönliche Zuverlässigkeit nach § 3 Abs. 1 Nr. 1 AÜG innehaben, sondern auch mit seinem Betrieb organisatorische Anforderungen erfüllen. Dies ist in § 3 Abs. 1 Nr. 2 AÜG normiert. Danach muss der Betrieb organisato-

---

[249] *Boemke/Lembke,* AÜG, § 1 Rn. 149.

[250] *Boemke/Lembke,* AÜG, § 3 Rn. 35; Thüsing/*Pelzner,* AÜG, § 3 Rn. 25.

[251] *Boemke/Lembke,* AÜG, § 3 Rn. 39 ff.; Thüsing/*Pelzner,* AÜG, § 3 Rn. 33 f.

risch so aufgestellt sein, dass die üblichen Arbeitgeberpflichten ordnungsgemäß erfüllt werden können. Weil Leiharbeitnehmer bei Verleihern, die über keine feste Betriebsstätte und materielle Ausstattung verfügen, erheblichen Risiken ausgesetzt sind, wollte der Gesetzgeber die Verleiher ausschließen, die als Arbeitgeber nur formell auftreten, jedoch tatsächlich ihre Arbeitgeberfunktion nicht ausüben können.[252]

Die Betriebsorganisation des Verleihers muss gewährleisten, dass der Verleiher als Arbeitgeber die Arbeitgeberpflichten nach § 3 Abs. 1 Nr. 1 AÜG erfüllen kann. Die Anforderungen an die Betriebsorganisation hängen vor allem von der Größe des Verleiherbetriebs ab, sodass pauschal keine Aussage hierüber gemacht werden kann. Mindestvoraussetzung ist jedoch, dass der Verleiher über eine feste Betriebsstätte verfügt, sodass ein Hotelzimmer, Campingwagen oder ein Postfach in keinem Fall den Anforderungen genügen. Zudem muss der Verleiher ordnungsgemäß seine Bücher führen.[253]

Diese üblichen Arbeitgeberpflichten werden nicht übernommen, wenn der Verleiher sie vertraglich ausschließt oder rein tatsächlich nicht erfüllt.[254] Für die konzerninterne Arbeitnehmerüberlassung bedeutet dies, dass eine konzerneigene Personal-Service-Gesellschaft diese Arbeitgeberpflichten tatsächlich erfüllen muss, da andernfalls der Tatbestand des § 1 Abs. 2 AÜG erfüllt ist.

7.3.1.1.2.2 Nichtübernahme des Arbeitgeberrisikos

In der alten Fassung des § 1 Abs. 2 AÜG enthielt dieser einen Verweis auf § 3 Abs. 1 Nr. 3-5 AÜG a.F.. Nach der früheren Rechtslage konkretisierten diese Versagungstatbestände das vom Verleiher zu tragende Risiko. Danach übernahm der Verleiher dann nicht das Arbeitgeberrisiko, wenn er gegen das Synchronisations-, das Wiedereinstellungs- und das besondere Befristungsverbot verstieß.

Nach der heutigen Rechtslage ist das Arbeitgeberrisiko durch den Hinweis auf § 3 Abs. 1 Nr. 3 AÜG abschließend definiert.[255] Demnach wird Arbeitsvermittlung vermutet, wenn der Verleiher den „equal pay/equal treatment“ - Grundsatz verletzt, d.h. wenn er für den Leiharbeitnehmer während der Zeit der Überlassung an einen Entleiher schlechtere als die beim Entleiher für einen vergleichbaren Stammarbeitnehmer geltenden wesentlichen Arbeitsbedingungen einschließlich des Arbeitsentgelts vorsieht. Sofern jedoch wirksam aufgrund eines Tarifvertrags von diesem Grundsatz abgewichen wird, liegt kein Verstoß gegen § 3 Abs. 1 Nr. 3 AÜG vor. Allerdings würde eine Nichteinhaltung der daraus resultierenden

[252] *Boemke/Lembke,* AÜG, § 3 Rn. 46.

[253] *Boemke/Lembke,* AÜG, § 3 Rn. 49; Thüsing/*Pelzner,* AÜG, § 3 Rn. 36 ff.

[254] *Boemke/Lembke,* AÜG, § 1 Rn. 151; HWK/*Pods,Kalb*, § 1 AÜG, Rz. 47; Thüsing/*Waas,* AÜG, § 1 Rn. 136.

[255] HWK/*Pods,Kalb*, § 1 AÜG, Rz. 48.

tarifvertraglichen Pflichten einen Verstoß gegen die arbeitsrechtlichen Pflichten nach § 3 Abs. 1 Nr. 1 AÜG implizieren.[256]

Zudem sind nach dem Wegfall des Synchronisationsverbots die Regelungen des Teilzeit- und Befristungsgesetzes sowie des Kündigungsschutzgesetzes zu beachten. Ein Verstoß gegen diese Bestimmungen würde eine Nichtübernahme des Arbeitgeberrisikos bedeuten.[257]

7.3.1.2 Widerlegbarkeit der Vermutung

Sofern die Voraussetzungen des § 1 Abs. 2 AÜG erfüllt sind, wird vermutet, dass Arbeitsvermittlung vorliegt. Demnach ist die Überlassung des Arbeitnehmers als eine Zusammenführung des Arbeitnehmers mit dem Dritten zwecks Begründung eines Arbeitsverhältnisses anzusehen. Diese Vermutung kann jedoch vom Verleiher widerlegt werden, indem er Tatsachen nachweist, die eine solche Vermutung widerlegen können.[258]

Aus diesen vorgetragenen Tatsachen muss sich ergeben, dass trotz der Erfüllung des Vermutungstatbestands nach § 1 Abs. 2 AÜG kein Wechsel der Arbeitgeberstellung vom Überlassenden auf den Dritten stattfinden sollte und auch nicht stattgefunden hat, d.h. dass die Rechtsbeziehungen so ausgestaltet und auch tatsächlich durchgeführt werden, dass der Überlassende weiterhin die Arbeitgeberstellung inne hat. Dabei kommt es auf die Gesamtbetrachtung aller Umstände eines Einzelfalls an. Von einer Verlagerung der Arbeitgeberstellung kann grundsätzlich nur ausgegangen werden, wenn die Verletzung der Arbeitgeberpflichten oder des Arbeitgeberrisikos von einer gewissen Gewichtung sind, sodass einmalige Verstöße, die geringfügig oder entschuldbar sind, eine Vermutung widerlegen können.[259]

7.3.1.3 Rechtsfolgen der vermuteten Arbeitsvermittlung

Gelingt die Widerlegung, scheidet eine Vermutung von Arbeitsvermittlung aus und es liegt Arbeitnehmerüberlassung vor. Bei Nichtwiderlegung der Vermutung muss davon ausgegangen werden, dass von dem Überlassenden Arbeitsvermittlung betrieben wird. Aus § 1 Abs. 2 AÜG können jedoch keine konkreten Rechtsfolgen entnommen werden, die im Falle der Vermutung von Arbeitsvermittlung eingreifen.

---

[256] *Ulber,* AÜG, § 1 Rn. 200.

[257] Thüsing/*Waas,* AÜG, § 1 Rn. 145; a.A. *Boemke/Lembke,* AÜG, § 1 Rn. 152.

[258] *Boemke/Lembke,* AÜG, § 1 Rn. 158; Thüsing/*Waas,* AÜG, § 1 Rn. 141; a.A. BAG, 7 AZR 764/96, Urteil, 03.12.1997, NZA 1998, 876.

[259] *Boemke/Lembke,* AÜG, § 1 Rn. 159 ff.

Unstreitig ist, dass aus gewerberechtlicher Sicht gegenüber dem Überlassenden gemäß § 5 AÜG die Erlaubnis zur gewerbsmäßigen Arbeitnehmerüberlassung widerrufen werden kann, da gleichzeitig einer der Versagungstatbestände nach § 3 Abs. 1 AÜG vorliegt.[260]

Streitig ist jedoch, ob die Vermutung nach § 1 Abs. 2 AÜG arbeitsrechtliche Konsequenzen auslöst.[261] Im Hinblick auf die Annahme der Kritiker, die Personal-Service-Gesellschaft sei nur Strohmann und deshalb der Schein-Entleiher der tatsächliche Arbeitgeber, sind die arbeitsrechtlichen Konsequenzen bei der Arbeitsvermittlung von Bedeutung. Denn wenn die Personal-Service-Gesellschaft nur Arbeitsvermittlung unter dem Deckmantel der Arbeitnehmerüberlassung betreibt, dann müsste, um der Annahme der Kritiker folgen zu können, auch eine arbeitsrechtliche Konsequenz aus der Erfüllung des Tatbestands des § 1 Abs. 2 AÜG abzuleiten sein.

7.3.1.3.1 Entstehung eines Arbeitsverhältnisses kraft Gesetzes

Nach früherer Gesetzeslage leitete das Bundesarbeitsgericht die arbeitsrechtlichen Folgen der vermuteten Arbeitsvermittlung, das Entstehen eines Arbeitsverhältnisses zwischen Arbeitnehmer und Entleiher kraft Gesetzes, aus § 13 AÜG a.F.[262] her, obwohl diesem dem Wortlaut nach nur eine entgeltsichernde Funktion zukam. § 13 AÜG a.F. setzte dabei voraus, *„dass aufgrund der (...) Arbeitsvermittlung zwischen dem vermittelten Arbeitnehmer und dem Arbeitgeber, dem er vermittelt worden ist, ein Arbeitsvertrag zustande gekommen ist, aus dem dann unmittelbar arbeitsrechtl[iche] Ansprüche des Arbeitnehmers gegen diesen Arbeitgeber erwachsen“* [263]. Denn ohne ein existierendes Arbeitsverhältnis konnte der Anspruch nicht geltend gemacht werden.

Der Sinn von § 13 AÜG a.F. erschloss sich dabei erst im Zusammenspiel mit § 1 Abs. 2 AÜG, wonach Arbeitsvermittlung bei Nichtübernahme des Arbeitgeberrisikos und der Arbeitgeberpflichten sowie bei Überschreitung der nach früherer Rechtslage geltenden Höchstüberlassungsdauer vermutet wurde. Denn wäre hier kein Arbeitsverhältnis zwischen dem Arbeitnehmer und dem Dritten entstanden, so wäre § 13 AÜG a.F. leer gelaufen, da bei der Arbeitnehmerüberlassung der Arbeitnehmer nicht in ein Arbeitsverhältnis zum Entleiher tritt und deshalb die arbeitsrechtlichen Arbeitnehmeransprüche des § 13 AÜG nicht hätten durchgesetzt werden können. § 13 AÜG a.F. war als ergänzende Regelung zu § 10 Abs. 1 AÜG zu verstehen. Während in § 10 Abs. 1 AÜG die Haftung bei illegaler Ar-

[260] Boemke/Lembke, AÜG, § 1 Rn. 170; ErfK/*Wank*, § 1 AÜG Rn. 58; *Ulber*, AÜG, § 1 Rn. 223b.

[261] Vgl. *Boemke/Lembke*, AÜG, § 1 Rn. 168; Schüren/*Schüren*, AÜG, § 1 Rn. 433; *Ulber*, AÜG, § 1 Rn. 223b; *Urban-Crell/Schulz*, Arbeitnehmerüberlassung und Arbeitsvermittlung, München 2003, Rn. 846.

[262] Wortlaut des §13 AÜG a.F. siehe Fn. 190.

[263] BAG, 7 AZR 34/88, Urteil, 23.11.1988, AP Nr. 14 zu § 1 AÜG.

beitnehmerüberlassung normiert ist, war in § 13 AÜG a.F. die Haftung bei unerlaubter Arbeitsvermittlung normiert.[264]

Nach ersatzloser Streichung des § 13 AÜG a.F. mit Wirkung vom 01.04.1997 werden die arbeitsrechtlichen Auswirkungen der vermuteten Arbeitsvermittlung auf die Rechtsbeziehungen zwischen Leiharbeitnehmer und Entleiher in der Literatur kontrovers diskutiert. In der Gesetzesbegründung heißt es nur, dass die Vorschrift nicht in das AÜG gehöre und aufgrund des Wegfalls des zuvor bestehenden Alleinvermittlungsmonopols der Bundesagentur für Arbeit keine Funktion mehr habe.[265]

Die Rechtsprechung gab aufgrund der Gesetzesänderung ihre bisherige Position auf.[266] Nunmehr sieht das Bundesarbeitsgericht keine gesetzliche Grundlage, ein Arbeitsverhältnis zwischen dem Arbeitnehmer und dem Dritten entstehen zu lassen. Allein aufgrund der Vermutung des § 1 Abs. 2 AÜG entsteht nach dieser Rechtsprechung kein Arbeitsverhältnis. Denn grundsätzlich sind die Parteien frei in ihrer Entscheidung, mit wem sie einen Vertrag eingehen wollen (Privatautonomie). In diese Vertragsfreiheit werde eingegriffen, wenn kraft Gesetzes entgegen dem Willen einer oder beider Parteien ein Arbeitsverhältnis begründet werden soll. Eine solche gesetzgeberische Entscheidung für einen derartigen Eingriff müsste hinreichend im Gesetz ausgedrückt werden. Die Vermutungsregelung des § 1 Abs. 2 AÜG genüge aber einem solchen Erfordernis nicht, denn nach dem Wortlaut der Regelung ist die Rechtsfolge nicht die Begründung eines Arbeitsverhältnisses, sondern die Vermutung der Arbeitsvermittlung. Eine gesetzliche Vorschrift, nach welcher bei vermuteter Arbeitsvermittlung nach § 1 Abs. 2 AÜG kraft Gesetzes, d.h. ohne Vertrag zwischen Entleiher und Leiharbeitnehmer ein Arbeitsverhältnis entstehen soll, gebe es nicht.[267]

7.3.1.3.2 Analoge Anwendung des § 10 Abs. 1 AÜG

In der Literatur wird als arbeitsrechtliche Konsequenz der vermuteten Arbeitsvermittlung eine Analogie zu § 10 Abs. 1 AÜG in Betracht gezogen, wonach bei Unwirksamkeit des Vertrages wegen Fehlens der Erlaubnis zur gewerbsmäßigen Arbeitnehmerüberlassung ein Arbeitsverhältnis zum Entleiher fingiert wird. Eine solche Analogie scheidet jedoch aus. Zum einen ist die Situation der Leiharbeitnehmer in den Fällen des § 1 Abs. 2 AÜG nicht mit den Fällen nach § 10 Abs. 1 AÜG vergleichbar. Denn nach §§ 9 Nr. 1, 10 Abs. 1 AÜG ist der Vertrag des Leiharbeitnehmers mit dem Verleiher unwirksam, d.h. ohne das fingierte Arbeitsverhältnis zum Entleiher stünde der Leiharbeitnehmer in gar keinem Arbeitsverhältnis. Bei der vermuteten Arbeitsvermittlung ist das Arbeitsverhältnis zwischen Leiharbeit-

---

[264] BAG, 23.11.1988, a.a.O.

[265] BT-Drs. 13/4941, S. 250.

[266] BAG, 7 AZR 100/99, Urteil, 28.06.2000, Haufe Personal Office Professional Online - HaufeIndex 537469; BAG, 7 AZR 267/02, Urteil, 19.03.2003, DB 2003, 2793.

[267] BAG, 28.06.2000, a.a.O.

nehmer und Verleiher aber weder unwirksam noch beendet, sodass trotz vermuteter Arbeitsvermittlung der Leiharbeitnehmer in einem Arbeitsverhältnis steht. Zum anderen fehlt es für eine Analogie schon an einer Regelungslücke, da der Gesetzgeber die Fiktionswirkung des § 13 AÜG a.F. bewusst gestrichen hat.[268]

Zwar können bei vermuteter Arbeitsvermittlung gleichzeitig gewerberechtliche Konsequenzen in Form von Widerruf der Erlaubnis nach § 5 AÜG eintreten, weil auch ein Versagungstatbestand nach § 3 Abs. 1 AÜG erfüllt ist. Ein Widerruf der Erlaubnis hätte ex nunc die Unwirksamkeit des Arbeitsvertrages zur Folge, dennoch ist der Leiharbeitnehmer nicht schutzlos. § 5 Abs. 2 S. 2 i.V.m. § 2 Abs. 4 S. 4 AÜG sieht insofern einen Abwicklungszeitraum von maximal zwölf Monaten vor, in welchem die Erlaubnis als fortbestehend gilt. Erst nach Ablauf dieses Zeitraums wird ein Arbeitsverhältnis mit dem Entleiher in direkter Anwendung des § 10 Abs. 1 AÜG fingiert, vorher besteht das Arbeitsverhältnis zwischen Verleiher und Leiharbeitnehmer fort.[269] Deshalb bedarf es keiner analogen Anwendung des § 10 Abs. 1 AÜG.

7.3.1.3.3 Entstehung eines Arbeitsverhältnisses aufgrund tatsächlicher Durchführung

Den Argumenten der Kritiker gegen die Zulässigkeit einer konzerneigenen Personal-Service-Gesellschaft ist zwar zu entnehmen, dass sie weder eine Analogie zu § 10 Abs. 1 AÜG befürworten noch ein Arbeitsverhältnis zum Entleiher kraft Gesetzes annehmen, wie es nach der früheren Rechtslage aufgrund von § 13 AÜG a.F. der Fall war. Vielmehr ist hier das Argument, dass aufgrund der tatsächlichen Durchführung der Entleiher der Arbeitgeber des Leiharbeitnehmers sei und nicht der Verleiher. Die Vermutungsregel decke nur die tatsächlichen Verhältnisse auf.

Dazu stellen sie auf § 1 Abs. 2 AÜG als „Beweislastregel" ab, die in der Literatur entwickelt wurde.[270] Bei der Beweislastregel wird die vermutete Arbeitsvermittlung als Teil der Tatbestandsvoraussetzung angesehen. *„Die vermutete Arbeitsvermittlung ist nicht (...) Vermutungsfolge. Sie bildet als ungewisses Element einen Teil des Vermutungstatbestandes mit der Möglichkeit der Widerlegung".*[271] Zu widerlegen seien dabei nicht die Indizien, die zur Vermutung führen, d.h. dass der Verleiher die Arbeitgeberpflichten sowie das Arbeit-

---

[268] BAG, 28.06.2000, a.a.O.; ebenso *Groeger,* Arbeitsrechtliche Aspekte des neuen Arbeitnehmerüberlassungsgesetzes, DB 1998, 470 (471); *Säcker/Kühnast,* Die vermutete Arbeitsvermittlung (§ 1 Abs. 2 AÜG) als gesetzgebungspolitische Fehlleistung, ZfA 2001, 117 (128ff.).

[269] *Säcker/Kühnast,* a.a.O., (130).

[270] Vgl. *Behrend,* Neues zum Scheinwerkvertrag: Die vermutete Arbeitsvermittlung im AÜG, BB 2001, 2641.

[271] *Behrend,* a.a.O., (2642).

geberrisikos tatsächlich übernommen hat. Es sei zu widerlegen, dass es sich nicht um Arbeitsvermittlung, sondern um Arbeitnehmerüberlassung handelt.[272]

Werde die Arbeitsvermittlung nicht durch Beweis widerlegt, so gelte sie als nachgewiesen. Aus der Zusammenführung der Parteien (Entleiher und Leiharbeitnehmer) folge eine eindeutige vertragliche Zuordnung. Da keine Arbeitnehmerüberlassung vorliege, müsse das Tätigwerden der Leiharbeitnehmer beim Entleiher auf einer anderen rechtlichen Grundlage erfolgen. Diese rechtliche Grundlage sei zu bewerten. *„Weil der 'Entleiher' die Arbeitsleistung des Arbeitnehmers entgegennimmt, ist er Arbeitgeber und ist – sei es auch konkludent – eine arbeitsrechtliche Beziehung zu dem Arbeitnehmer eingegangen".*[273] Das begründete Arbeitsverhältnis zwischen Verleiher und Leiharbeitnehmer ende mit der erfolgten Vermittlung.

Folgt man dieser Argumentation (wie es die Kritiker der Zulässigkeit der konzerneigenen Personal-Service-Gesellschaft tun), so müssen dennoch die Tatbestandsvoraussetzungen des § 1 Abs. 2 AÜG vorliegen. Neben dem bei der Beweislastregel hinzutretenden ungewissen Element, der vermuteten Arbeitsvermittlung, müsste der Verleiher nicht die erläuterten üblichen Arbeitgeberpflichten oder das Arbeitgeberrisiko übernehmen. Deshalb gilt es, die Argumentation der Kritiker daraufhin zu beurteilen, ob aufgrund der besonderen Konstellation die konzerneigene Personal-Service-Gesellschaft als Verleiher die Pflichten oder das Risiko nicht übernimmt. Denn ansonsten würde es bereits am Vermutungstatbestand des § 1 Abs. 2 AÜG fehlen.[274]

7.3.2 Risikotragung und Synchronisation

Aufgrund der Ausführungen zur vermuteten Arbeitsvermittlung ist erkennbar, dass nicht pauschal angenommen werden kann, ob Arbeitnehmerüberlassung oder Arbeitsvermittlung vorliegt. Es kommt vielmehr auf eine Einzelfallbetrachtung an. Grundsätzlich muss auch der konzerninterne Verleiher die Arbeitgeberpflichten und das Arbeitgeberrisiko übernehmen. Denn bei der Leiharbeit werden diese seitens des Entleihers auf den Verleiher verlagert. Bei der konzerninternen Arbeitnehmerüberlassung kann nichts anderes gelten. Ob eine konzerneigene Personal-Service-Gesellschaft die oben dargelegten Arbeitgeberpflichten und das Arbeitgeberrisiko übernimmt, beispielsweise die Vorschriften des Sozialversicherungsrechts oder des Steuerrechts beachtet, kann aber nur für einen konkreten Verleiher festgestellt werden.

Die grundsätzliche Frage ist jedoch, ob ein Verleiher das Arbeitgeberrisiko nicht übernimmt, wenn er nur an *ein* bzw. an eine begrenzte Anzahl von Konzernunternehmen verleiht. Denn die Kritiker führen in ihrer Argumentation vor allem an, dass der Verleiher bei

---

[272] *Behrend,* a.a.O., (2646).

[273] *Behrend,* a.a.O., (2643).

[274] Vgl. *Behrend,* a.a.O., (2646).

der konzerninternen Arbeitnehmerüberlassung aufgrund der symbiotischen Beziehung zwischen Personal-Service-Gesellschaft und Entleiher nicht das Risiko für verleihfreie Zeiten übernehme, weil die Dauer des Arbeitsverhältnisses zum Leiharbeitnehmer mit der Einsatzdauer beim Entleiher synchronisiert wird. Für eine solche Übernahme des Risikos müsse der Verleiher aktiv am Markt auftreten.

Aus den zur vermuteten Arbeitsvermittlung gemachten Ausführungen ist bereits ersichtlich, dass die Vermutung nach § 1 Abs. 2 AÜG nicht auf die von den Kritikern angeführten §§ 11 Abs. 1 Nr. 2, Abs. 4 AÜG verweist, aus denen hervorgehe, dass der Verleiher dieses Risiko auch nach der Änderung des AÜG durch „Hartz I" übernehmen müsse. § 1 Abs. 2 AÜG verweist abschließend nur auf § 3 Abs. 1 Nr. 1-3 AÜG. Deshalb müsste, um der Annahme zu folgen, dass bei der konzerneigenen Personal-Service-Gesellschaft eine Strohmannkonstruktion vorliege, die Nichtübernahme des Risikos für Nichteinsatzzeiten auch einem Verstoß gegen § 3 Abs. 1 AÜG zuzuordnen sein. Des Weiteren wirft diese Annahme die Frage auf, ob eine Synchronisation überhaupt möglich ist. Denn nur dann greift überhaupt der Vorwurf, dass der Verleiher nicht das Risiko von Nichteinsatzzeiten übernimmt.

7.3.2.1 Aufhebung des Synchronisationsverbots

Der Gesetzgeber hat das Synchronisationsverbot bewusst aufgehoben, um die Arbeitnehmerüberlassung flexibler zu gestalten. Nach der früheren Rechtslage wäre ein Verstoß gegen dieses gleichzeitig auch die Nichtübernahme des Arbeitgeberrisikos i.S.v. § 1 Abs. 2 AÜG gewesen. Demnach wäre in einem solchen Fall Arbeitsvermittlung vermutet worden. Die Argumentation der Kritiker wäre bezüglich dieses Punktes schlüssig gewesen.

Seit Aufhebung des Synchronisationsverbots, des besonderen Befristungsverbots sowie des Wiedereinstellungsverbots muss der Verleiher das Teilzeit- und Befristungsgesetz und das Kündigungsschutzgesetz beachten. Dies gehört zu seinen Arbeitgeberpflichten. Ein Verstoß hiergegen wäre, wie bereits dargestellt[275], ein Verstoß gegen § 3 Abs. 1 AÜG. Möglicherweise erfüllt deshalb eine Synchronisation die Tatbestandsvoraussetzungen des § 1 Abs. 2 AÜG auch ohne direkten Verweis auf §§ 11 Abs. 1 Nr. 2, Abs. 4 AÜG. Deshalb gilt es die Argumentation der Kritiker bezüglich der Synchronisation zu überprüfen und zu beurteilen, ob die Bestimmungen des TzBfG und KSchG eine solche erlauben und in welchen Grenzen dies möglich ist.

Vorab kann aber bereits gesagt werden, dass der Umstand der Überlassung eines Leiharbeitnehmers auf eine unbestimmte Dauer der Zulässigkeit von Arbeitnehmerüberlassung nicht mehr entgegensteht.[276] Seit Aufhebung der Höchstüberlassungsdauer kann ein Leiharbeitnehmer für eine unbeschränkte Zeit an einen Entleiher überlassen werden. Zwar hat sich hierdurch das idealtypische Bild der Leiharbeit, nach welchem ein Leiharbeitnehmer

---

[275] Siehe Ausführungen Seite 81.

[276] BAG, 1 ABR 61/03, Beschluss, 25.01.2005, NZA 2005, 1199 (1201).

für kurzfristige Einsätze an eine lange Kette von wechselnden Entleihern überlassen wird, nicht gänzlich verändert, da nach wie vor auch kurzfristige Einsätze möglich sind und in der Vielzahl der Überlassungen auch üblich ist.[277] Dennoch ist festzuhalten, dass aufgrund der gesetzlichen Änderungen und der damit verbundenen Möglichkeit einer langfristigen Überlassung das Risiko des Verleihers geringer geworden ist.

7.3.2.2 Synchronisation durch Befristung nach dem TzBfG

Die Befristung von Leiharbeitsverträgen ist nach Aufhebung des besonderen Befristungsverbots im AÜG nicht in das Belieben der Vertragsparteien gestellt. Vielmehr gelten jetzt die allgemeinen Regelungen zur Befristung nach dem TzBfG.[278]

7.3.2.2.1 Befristungen mit sachlichem Grund nach § 14 Abs. 1 TzBfG

Die Befristung mit Sachgrund stellt grundsätzlich eine Möglichkeit dar, um eine Synchronisation zu erreichen. Denn diese ist zweckbefristet und ergibt sich daher aus der Art, dem Zweck oder der Beschaffenheit der Arbeitsleistung (vgl. § 3 Abs. 1 S. 2 TzBfG), sodass die Befristungsdauer bei Abschluss des Vertrages nicht kalendermäßig bestimmt werden muss.

Von besonderer Bedeutung ist die Frage, ob eine Befristungsmöglichkeit für die Dauer einer Einsatzmöglichkeit bei einem bestimmten Entleiher besteht. Dann könnte der Arbeitsvertrag an den Überlassungsvertrag gekoppelt werden, wodurch dann tatsächlich eine Synchronisation entstünde.

7.3.2.2.1.1 Befristung aufgrund eines vorübergehenden Bedarfs

Im Mittelpunkt dabei steht der Befristungsgrund nach § 14 Abs. 1 S. 2 Nr. 1 TzBfG, der eine Befristungsmöglichkeit wegen vorübergehenden betrieblichen Bedarfs vorsieht. Hier stellt sich zunächst die Frage, ob der Sachgrund in dem Betrieb des Verleihers oder des Entleihers vorliegen muss. Denn eine Synchronisation wäre nur möglich, wenn auf den vorübergehenden betrieblichen Bedarf beim Entleiher abzustellen wäre.

Bei einer Beurteilung der Zulässigkeit der Befristung mit Sachgrund ist aber auf das Verhältnis zwischen Verleiher als dem tatsächlichen Arbeitgeber und Leiharbeitnehmer abzustellen.[279] Denn in § 14 Abs. 1 S. 1 TzBfG heißt es, dass die Befristung eines *Arbeitsver-*

---

[277] Vgl. Statistik der Bundesagentur für Arbeit, Arbeitsmarkt in Zahlen, Arbeitnehmerüberlassung, 1. Halbjahr 2008, Nürnberg 2008, Tabelle 30.

[278] BT-Drs. 15/25, S. 39.

[279] *Werthebach,* Die Befristung von Leiharbeitsverträgen nach dem Teilzeit- und Befristungsgesetz, NZA 2005, 1044; *Lembke,* Befristung von Arbeitsverträgen mit Leiharbeitnehmern nach „Hartz I" DB 2003, 2702 (2704); *Urban-Crell/Schulz,* a.a.O. (Fn. 261), Rn. 1238; *Hiekel,* Besonderheiten bei Befristung und betriebsbedingter Kündigung von Leiharbeitsverhältnissen, in: Festschrift zum 25-jährigen Bestehen der ARGE Arbeitsrecht im Deutschen Anwaltverein, Bonn 2006, S. 336 f.

trags zulässig ist. Demnach müssen sich die Befristungsgründe aus dem Arbeitsverhältnis selbst ergeben.

Der Sachgrund des vorübergehenden Bedarfs erfordert eine vom Verleiher zu treffende Prognoseentscheidung. Diese Entscheidung ist im Zeitpunkt des Arbeitsvertragsschlusses zu treffen und muss auf Tatsachen beruhen, die greifbar darlegen, dass mit hinreichender Wahrscheinlichkeit kein Bedarf an einer über den Einsatz hinausgehenden Beschäftigung des Leiharbeitnehmers besteht. Eine bloße Ungewissheit über den Arbeitskräftebedarf nach Ende des Einsatzes rechtfertigt eine Befristung nach Nr. 1 nicht, denn dies ist Teil des wirtschaftlichen Risikos eines Arbeitgebers, das dieser zu tragen hat. Die Prognose muss sich vielmehr darauf beziehen, dass für die Überlassung der Bedarf von Leiharbeitnehmern „dieser Art" generell am gesamten Markt künftig entfällt. Es reicht nicht aus, dass der Verleiher *diesen* Leiharbeitnehmer nach Beendigung des Einsatzes nicht wieder verleihen kann. Eine Befristung wegen vorübergehenden Bedarfs kommt deshalb beispielsweise bei Saisonkräften in Betracht, da diese generell am gesamten Markt nur für eine bestimmte Zeit überlassen werden können.[280] Demnach kann die Personal-Service-Gesellschaft nicht die Dauer des Arbeitsverhältnisses auf die Dauer des Einsatzes mit der Begründung des vorübergehenden Bedarfs beschränken. Eine Synchronisation ist daher nicht möglich.

Eine andere Meinung argumentiert jedoch dahingehend, dass zwar grundsätzlich auf das Verhältnis zwischen Verleiher und Leiharbeitnehmer abzustellen sei, dass diese Betrachtungsweise jedoch im Fall des vorübergehenden Bedarfs im Widerspruch zu der Aufhebung des Synchronisationsverbots stehe. Denn der Gesetzgeber habe dieses bewusst aufgehoben. Deshalb müsse hier auf eine zeitlich befristete Beschäftigungsmöglichkeit in einem Entleiherbetrieb abgestellt werden können, wenn der Verleiher den Leiharbeitnehmer für einen konkreten Einsatz im Entleiherbetrieb einstellt und zum Zeitpunkt des Abschlusses des Vertrags noch keine Anschlussbeschäftigung feststeht.[281] Bei dieser Betrachtungsweise würde jedoch der Anwendungsbereich des § 14 Abs. 1 S. 2 Nr. 1 TzBfG erweitert. Ein typischer Arbeitgeber kann das Arbeitsverhältnis auch nicht aus dem Grund der Unbestimmtheit über Anschlussaufträge befristen, dies stellt das übliche Arbeitgeberrisiko dar. Der Gesetzgeber hat nur das Synchronisationsverbot im AÜG aufgehoben und die Befristung den allgemeinen Regelungen des TzBfG unterstellt[282], ohne den Anwendungsbereich des § 14 Abs. 1 S. 2 Nr. 1 TzBfG zu erweitern. Aufgrund der Liberalisierung des AÜG

---

[280] *Hiekel,* a.a.O., S. 337 f.; *Reineke,* Arbeitnehmerüberlassungsgesetz – Reformbedarf nach den Hartz-Reformen?, in: Festschrift Manfred Löwisch zum 70. Geburtstag, München 2007, S. 220; *Lambrich* in *Annuß/Thüsing (Hrsg.),* TzBfG, Rn. 149.

[281] *Lembke,* a.a.O. (Fn. 279), (2704); *Ulber,* Personal-Service-Agenturen und Neuregelung der Arbeitnehmerüberlassung, AuR 2003, 7 (9).

[282] *Düwell/Dahl,* Arbeitnehmerüberlassung und Befristung, NZA 2007, 889 (890 f.); *Hiekel,* a.a.O. (Fn. 279), S. 338; *Reineke,* a.a.O. (Fn. 280), S. 219 f..

wurde das Arbeitgeberrisiko bei der Arbeitnehmerüberlassung zwar verringert, jedoch nicht gänzlich aufgehoben. Dies ist auch bei den Befristungsregelungen zu berücksichtigen.

7.3.2.2.1.2 Übrige Befristungsgründe

Auch die übrigen Befristungsgründe des § 14 Abs. 1 S. 2 TzBfG stellen auf das Verhältnis zwischen Verleiher als dem Arbeitgeber und Leiharbeitnehmer ab. So ist beispielsweise die Befristung zur Vertretung eines anderen Arbeitnehmers nach § 14 Abs. 1 S. 2 Nr. 3 TzBfG nur dann möglich, wenn der Vertretungsbedarf beim Verleiher auftritt. Erfasst werden hierdurch Sachverhalte, nach denen ein Leiharbeitnehmer aufgrund von Krankheit, Urlaub o.ä. verhindert ist und der Verleiher für diesen einen Ersatz in den Entleiherbetrieb entsenden muss.[283]

Auch eine Befristung zur Erprobung nach § 14 Abs. 1 S. 2 Nr. 5 TzBfG ist für die Herstellung einer Synchronisation wenig geeignet. Denn stellt man hier auf die Beziehung zwischen Verleiher und Leiharbeitnehmer ab, so kann dies im Grunde nur bedeuten, dass der Verleiher die Eignung des Leiharbeitnehmers *als Leiharbeitnehmer* erproben kann.[284]

Zwar ist die Aufzählung des § 14 Abs. 1 S. 2 TzBfG nicht abschließend, sodass auch ein Sachgrund „Leiharbeit" grundsätzlich in Frage käme. Für diesen Befristungsgrund müsste jedoch ein rechtlich anerkennenswertes Interesse bestehen, statt eines unbefristeten Arbeitsverhältnisses ein befristetes abzuschließen. Trotz der Harmonisierung der Arbeitnehmerüberlassung durch „Hartz I" ist es grundsätzlich dabei geblieben, dass der Verleiher die Unsicherheiten bezüglich des künftigen Arbeitskräftebedarfs trägt. Dieses unternehmerische Risiko ist nicht durch eine Befristung auf die Arbeitnehmer abwälzbar. Deshalb gibt es kein rechtlich anerkennenswertes Interesse, einen weiteren Sachgrund „Leiharbeit" vorzusehen und eine Privilegierung der Leiharbeit gegenüber typischen Beschäftigungsformen vorzunehmen.[285]

Zusammenfassend lässt sich feststellen, dass eine Synchronisation zwischen Beschäftigungsverhältnis und Dauer des Einsatzes beim Entleiher aufgrund der Abstellung auf das Arbeitsverhältnis zwischen Verleiher und Leiharbeitnehmer (fast) ausgeschlossen ist.

7.3.2.2.2 Sachgrundlose Befristung nach § 14 Abs. 2 TzBfG

Neben der Befristung mit Sachgrund ist nach § 14 Abs. 2 TzBfG eine Befristung ohne Sachgrund möglich. Innerhalb der in § 14 Abs. 2 TzBfG enthaltenen Grenzen kann der Verleiher mit dem Leiharbeitnehmer einen befristeten Arbeitsvertrag abschließen. Die

---

[283] *Frik,* Die Befristung von Leiharbeitsverträgen nach dem Teilzeit- und Befristungsgesetz, NZA 2005, 386 (387).

[284] *Frik,* a.a.O.

[285] *Hiekel,* a.a.O. (Fn. 279), S. 339; die Bundesregierung lehnt einen solchen Befristungsgrund ebenfalls ab, siehe BT-Drs. 15/6008, S. 9; a.A. *Lambrich* in *Annuß/Thüsing,* TzBfG, Rn. 150.

Befristungsdauer kann deshalb grundsätzlich auf die Einsatzdauer des Leiharbeitnehmers bei dem Entleiher abgestimmt werden, solange die Höchstbefristungsdauer von zwei Jahre nicht überschritten wird. Innerhalb dieser Dauer ist eine dreimalige Verlängerung des befristeten Arbeitsverhältnisses möglich.

Bezüglich dieser gesetzlichen Grenzen wird den Tarifvertragsparteien allerdings nach § 14 Abs. 2 S. 3 TzBfG die Möglichkeit eingeräumt, abweichend die Höchstbefristungsdauer zu verlängern oder die Anzahl der Befristungsverlängerungen zu erhöhen. Die Tarifvertragsparteien der Zeitarbeitsbranche haben jedoch nicht durchweg von dieser Möglichkeit Gebrauch gemacht. Im Tarifvertrag zwischen BZA und DGB lässt sich beispielsweise eine solche Regelung finden. Nach § 9 des Manteltarifvertrags ist eine viermalige Verlängerung innerhalb von zwei Jahren möglich. Der Manteltarifvertrag zwischen CGZP und AMP sieht unter Punkt 2.3 sogar vor, dass die Höchstbefristungsdauer auf drei Jahre ausgedehnt wird und innerhalb dieser Zeit eine viermalige Verlängerung des befristeten Arbeitsverhältnisses möglich ist.

Neben der Höchstbefristungsdauer und der maximalen Anzahl an Verlängerungen setzt § 14 Abs. 2 S. 2 TzBfG für die Möglichkeit einer sachgrundlosen Befristung zudem voraus, dass bislang noch kein Arbeitsverhältnis zwischen (Leih)Arbeitnehmer und dem Arbeitgeber, d.h. der Personal-Service-Gesellschaft bestanden haben darf. Dies ist für die konzerninterne Arbeitnehmerüberlassung jedoch von geringer Bedeutung, da es sich i.d.R. um Neugründungen handelt, sodass vorher kein Arbeitsverhältnis zwischen Leiharbeitnehmer und Personal-Service-Gesellschaft bestand.

Vielmehr dürfte aber hier die Frage interessieren, ob bereits ein Arbeitsverhältnis zum Entleiher bestanden haben darf oder ob aufgrund der Konzernstrukturen dieser als „derselbe Arbeitgeber" i.S.v. § 14 Abs. 2 S. 2 TzBfG anzusehen ist. Denn wie sich aus den aufgeführten Ausgangsbeispielen ergibt, werden auch vormals beim Entleiher befristet Beschäftigte beim Verleiher eingestellt. Das Bundesarbeitsgericht hat jedoch diesbezüglich entschieden, dass auch für konzernverbundene Arbeitgeber nur dann bereits ein Arbeitsvertrag bestanden hat, wenn es sich bei dem Vertragspartner des Arbeitnehmers um dieselbe natürliche oder juristische Person handelt. Deshalb ist eine erneute sachgrundlose Befristung nach § 14 Abs. 2 TzBfG möglich. Unerheblich ist dabei auch, dass der Arbeitnehmer an den Konzernbetrieb verliehen wird, mit welchem er vorher in arbeitsvertraglichen Beziehungen stand und dort auch auf demselben Arbeitsplatz eingesetzt wird.[286]

Grundsätzlich kann innerhalb des Zwei-Jahres Zeitraums die Befristung verlängert werden, wenn sich beispielsweise eine weitere Einsatzmöglichkeit beim Entleiher ergibt. In diesem Fall ist der Aspekt, dass es sich nicht um denselben Arbeitgeber handeln darf, zu beachten. Denn dann müsste sich eine erneute Befristung direkt an den ersten Einsatz beim Entleiher

[286] BAG, 7 AZR 145/06, Urteil, 18.10.2006, NZA 2007, 443, anders LAG Berlin, 07.01.2005, a.a.O. (Fn. 216).

anschließen, es dürfte keine Unterbrechung entstehen. Eine erneute sachgrundlose Befristung würde sonst an § 14 Abs. 2 S. 2 TzBfG scheitern.[287] Demnach müsste sich schon während des Einsatzes eine erneute Einsatzmöglichkeit ergeben, die sich unmittelbar an die erste Befristung anschließt.

Deshalb ist eine wirkliche Synchronisation, wie sie von den Kritikern dargestellt wird, mit der sachgrundlosen Befristung zwar grundsätzlich möglich, aber nur in den engen Grenzen des § 14 Abs. 2 TzBfG bzw. der abweichenden Regelungen eines Tarifvertrags zulässig. Eine echte Synchronisation kann bei der sachgrundlosen Befristung nur stattfinden, wenn die Dauer des Einsatzes beim Entleiher im Arbeitnehmerüberlassungsvertrag kalendermäßig bestimmt werden kann. Denn bei der sachgrundlosen Befristung handelt es sich um eine kalendermäßige Befristung, d.h. dass die Dauer eines Arbeitsvertrags nach dem Kalender bestimmt ist (vgl. § 3 Abs. 1 S. 2 TzBfG).[288] Die Dauer des Einsatzes beim Entleiher muss demnach schon vor Abschluss des Arbeitsvertrags mit dem Leiharbeitnehmer feststehen. Dies dürfte in dieser Genauigkeit auch innerhalb von Konzernstrukturen eher selten der Fall sein.

7.3.2.2.3 Alters- und Existenzgründungsbefristungen

Ebenfalls kann der konzerneigene Verleiher mit älteren Arbeitnehmern, die zuvor mindestens vier Monate beschäftigungslos waren, eine Befristung nach § 14 Abs. 3 TzBfG eingehen. Hier ergeben sich keine Unterschiede zu einem traditionellen Arbeitgeber. Bis zu einer Gesamtdauer von fünf Jahren ist mehrfach eine Verlängerung des befristeten Arbeitsvertrags zulässig. Auch ist eine mehrfache Befristung mit demselben Arbeitgeber zulässig, ein Ausschluss der Befristungsmöglichkeit wie § 14 Abs. 2 S. 2 TzBfG es vorsieht, besteht bei der Altersbefristung nicht.[289] Die Altersbefristung ist, wie der Wortlaut der Norm schon sagt, eine kalendermäßige Befristung. Eine Synchronisation zwischen Einsatzdauer und Beschäftigungsdauer kommt wie bei der sachgrundlosen Befristung nur dann in Betracht, wenn die Einsatzdauer kalendermäßig bestimmt werden kann. Zwar ist hier die Höchstbefristungsdauer länger als bei der sachgrundlosen Befristung und zudem besteht keine Beschränkung in der Anzahl der möglichen Verlängerungen, allerdings sind die in § 14 Abs. 3 S. 1 TzBfG genannten Voraussetzungen zu erfüllen. Für die konzerninterne Arbeitnehmerüberlassung wird deshalb die Altersbefristung zur Herstellung einer Synchronisation keine bedeutende Rolle spielen.

Flexiblere Möglichkeiten können sich aber aus der Existenzgründerbefristung nach § 14 Abs. 2 a TzBfG ergeben. Denn hiernach ist eine sachgrundlose Befristung innerhalb von

---

[287] *Lambrich* in *Annuß/Thüsing* (Hrsg.), TzBfG, Rn. 148.

[288] *Lembke,* a.a.O. (Fn. 279), 2702.

[289] *Schiefer/Köster/Korte,* Befristung von Arbeitsverträgen – Die neue Altersbefristung nach § 14 Abs. 3 TzBfG, DB 2007, 1081 (1083).

vier Jahren mit mehrmaliger Verlängerungsmöglichkeit gegeben, wenn ein Unternehmen neu gegründet und dies nicht im Zuge einer rechtlichen Umstrukturierung erfolgt ist.

Da es sich bei den Personal-Service-Gesellschaften überwiegend um Neugründungen handeln wird, kommt die Existenzgründerbefristung in Betracht. Das Beschäftigungsverhältnis kann durch die (erste) Befristung bis zu einer Dauer von vier Jahren mit der Einsatzdauer beim Entleiher synchronisiert werden, vorausgesetzt, der Einsatz beim Entleiher kann auch kalendermäßig bestimmt werden. Durch den Verweis auf § 14 Abs. 2 S. 2 TzBfG müssen sich folgende Befristungen jedoch unmittelbar an die erste bzw. die vorangehende Befristung anschließen. Insofern kann auf die Ausführungen zur sachgrundlosen Befristung verwiesen werden.[290]

7.3.2.2.4 Ergebnis

Die Möglichkeit einer Synchronisation ergibt sich aufgrund der gemachten Ausführungen hauptsächlich nur aus der Möglichkeit der sachgrundlosen Befristung nach § 14 Abs. 2 bzw. Abs. 2 a TzBfG. Diese ist in ihren engen Grenzen zulässig. Eine flexible Befristung auf den Bedarf im Entleiherbetrieb ist hingegen kaum möglich, da bei der Befristung mit Sachgrund der Tatsache Rechnung getragen wird, dass der Verleiher nicht das gesamte unternehmerische Risiko auf die Arbeitnehmer abwälzen kann, sodass nur auf das Verhältnis zwischen Verleiher und Leiharbeitnehmer abzustellen ist. Deshalb ist eine Synchronisation zwischen Beschäftigungsverhältnis und Einsatzdauer trotz Aufhebung des Synchronisationsverbots durch die Befristung von Arbeitsverhältnissen nicht ohne weiteres möglich.

Zudem trägt die Personal-Service-Gesellschaft als Verleiher das Arbeitgeberrisiko, wenn der Einsatz des Leiharbeitnehmers vor der vereinbarten Beendigung im Arbeitsvertrag endet. Denn in einem solchen Fall steht dem Verleiher gemäß § 15 Abs. 3 TzBfG nicht die Möglichkeit der ordentlichen Kündigung zu, es sei denn, der Arbeitsvertrag oder der für die Parteien geltende Tarifvertrag sieht Entsprechendes vor. Der Verleiher trägt auch die Risiken einer unwirksamen Befristung, z.B. durch Nichtbeachtung des Schriftformerfordernisses nach § 14 Abs. 4 TzBfG. Rechtsfolge wäre nach § 16 TzBfG ein unbefristeter Arbeitsvertrag.

Sofern demnach eine Synchronisation durch die Befristung des Arbeitsverhältnisses hergestellt werden kann und die Personal-Service-Gesellschaft als Verleiher die Regelungen des TzBfG beachtet hat, übernimmt diese die Arbeitgeberpflichten und das Arbeitgeberrisiko nach § 3 Abs. 1 AÜG. Den konzerninternen Verleihern stehen dieselben rechtlichen Möglichkeiten in Bezug auf eine flexible Personalanpassung zu wie den typischen Arbeitgebern. Die Vermutung des § 1 Abs. 2 AÜG wird deshalb nicht ausgelöst. Dabei spielt es keine Rolle, ob die vermutete Arbeitsvermittlung als Rechtsfolge oder wie bei der Beweislastregel als weiteres Tatbestandsmerkmal angesehen wird. Denn bei beiden Ansätzen ist die

[290] Vgl. Seite 89.

Nichtübernahme des Arbeitgeberrisikos bzw. der Arbeitgeberpflichten Tatbestandsmerkmal.

Eine Verletzung des § 3 Abs. 1 AÜG kann allenfalls in Einzelfällen vorkommen, bei denen eine Synchronisation durch eine Befristung hergestellt wird, die nicht im Einklang mit den gesetzlichen Vorschriften steht. Grundsätzlich liegt aber kein Verstoß vor.

7.3.2.3 Synchronisation durch betriebsbedingte Kündigung

Sofern die Dauer des Beschäftigungsverhältnisses nicht mit dem Einsatz nach dem TzBfG synchronisiert werden kann, könnte dennoch eine Synchronisation durch den Umstand entstehen, dass die Personal-Service-Gesellschaft nach Beendigung des Einsatzes den Leiharbeitnehmer wegen fehlender Anschlussaufträge aus betriebsbedingten Gründen kündigen könnte. Ist dies die Handhabung des Verleihers, so liegt eine Synchronisation vor. Eine betriebsbedingte Kündigung ist jedoch an Voraussetzungen geknüpft und nicht ohne weiteres möglich. Zudem fragt sich, ob die Personal-Service-Gesellschaft hierdurch nicht ihre Arbeitgeberpflichten bzw. das Arbeitgeberrisiko übernimmt, sodass die Vermutung des § 1 Abs. 2 AÜG ausgelöst würde.

7.3.2.3.1 Anwendbarkeit des Kündigungsschutzgesetzes

Das AÜG enthält in der aktuellen Fassung keine Sondervorschriften bezüglich der betriebsbedingten Kündigung von Leiharbeitnehmern. Deshalb gelten uneingeschränkt die allgemeinen Regeln des Kündigungsschutzgesetzes (KSchG), sofern die dortigen Voraussetzungen für die Anwendbarkeit gegeben sind. Daher muss zum einen der in § 23 Abs. 1 KSchG enthaltene Schwellenwert von mehr als 10 Arbeitnehmern erreicht sein, zum anderen muss es sich gemäß § 1 Abs. 1 KSchG um ein Arbeitsverhältnis handeln, dass bereits länger als sechs Monate ohne Unterbrechung besteht.

Diese Voraussetzungen dürften jedoch zumindest bei der überwiegenden Anzahl der Personal-Service-Gesellschaften gegeben sein. Denn es handelt sich hauptsächlich um längerfristige Einsätze beim Entleiher, sodass zumindest die mehrheitliche Anzahl der Arbeitsverhältnisse der Leiharbeitnehmer die sechs Monate überdauern wird. Der Schwellenwert des KSchG wird – wie die aufgeführten Ausgangsbeispiele zeigen[291] – wohl auch überwiegend erreicht.

7.3.2.3.2 Voraussetzungen einer betriebsbedingten Kündigung wegen Auftragsmangel

Aufgrund der Anwendbarkeit des KSchG kommt eine Kündigung nur aus personen-, verhaltens- oder betriebsbedingten Gründen in Betracht. Der sich hier ergebende Fall mangelnder Überlassungsaufträge nach der Beendigung des Einsatzes bei einem konzernange-

[291] Siehe Seite 19.

hörigen Entleiher ist den betriebsbedingten Kündigungsgründen zuzuordnen. Deshalb müssen dringende betriebliche Erfordernisse vorliegen, die einer Weiterbeschäftigung des Leiharbeitnehmers im Betrieb des Verleihers entgegenstehen (vgl. § 1 Abs. 2 KSchG).

Das betriebliche Erfordernis setzt einen Überhang an Leiharbeitnehmern voraus, dessen Ursache inner- oder außerbetrieblicher Natur sein kann. *„Unter außerbetrieblichen Ursachen sind Umstände zu verstehen, die nicht direkt mit der Betriebsführung des Arbeitgebers im Zusammenhang stehen, sich allerdings auf den Betrieb und die Arbeitsverhältnisse auswirken“.*[292] Der hier von den Kritikern aufgeführte Wegfall der Beschäftigungsmöglichkeit aufgrund mangelnder Einsatzmöglichkeit des Leiharbeitnehmers in anderen Entleihbetrieben ist einer solchen außerbetrieblichen Ursache zuzuordnen.

Der Verleiher hat zur Darlegung des Wegfalls eine Negativprognose anzustellen. Dass zu einem bestimmten Zeitpunkt kein Auftrag vorliegt und der Leiharbeitnehmer sich in einem Nichteinsatz befindet, wäre für den Verleiher relativ einfach zu beweisen. Die für die Rechtfertigung einer Kündigung anzustellende Negativprognose muss jedoch darlegen, dass der Leiharbeitnehmer auf Dauer nicht mehr beschäftigt werden kann.[293] Kurzfristige Auftragslücken werden dem unternehmerischen Risiko eines Verleihers zugerechnet, welches dieser zu tragen hat.[294]

Die Anpassung der Anzahl der Leiharbeitnehmer an einen gesunkenen Auftragsbestand ist keine Unternehmensentscheidung, bei der sich das Gericht darauf beschränkt zu überprüfen, ob diese nicht offensichtlich willkürlich und unsachlich ist. Der Verleiher muss darlegen, dass ein Auftragsrückgang vorliegt und dieser sich unmittelbar und zwingend auf die Möglichkeit der Beschäftigung des gekündigten Leiharbeitnehmers auswirkt.[295] Ein bloßer Hinweis darauf, dass ein Auftrag ausläuft und ein Anschlussauftrag fehlt, reicht nicht aus.[296]

Inwieweit hier die Entscheidung eines Verleihers zu berücksichtigen ist, nur an eine begrenzte Anzahl von Entleihern zu überlassen, ist bislang noch nicht vom Bundesarbeitsgericht entschieden worden. Allerdings ist ein Verleiher nicht angehalten, sich an einer Neuausschreibung für einen bislang ausgeführten Auftrag zu beteiligen, wenn es sich dabei um eine auf einer betriebswirtschaftlichen Überlegung gestützte unternehmerische Entscheidung handelt, die nicht als willkürlich anzusehen ist.[297]

---

[292] *Dahl,* Betriebsbedingte Kündigung eines Leiharbeitsverhältnisses wegen Auftragsrückgangs, DB 2003, 1626 (1626 f.).

[293] *Dahl,* a.a.O., (1627).

[294] *Hiekel,* a.a.O. (Fn. 279), S. 340; *Reineke,* a.a.O. (Fn. 280), S. 221.

[295] *Dahl,* a.a.O., (1628).

[296] BAG, 2 AZR 412/05, Urteil, 18.05.2006, RdA 2007, 176.

[297] BAG, 2 AZR 376/03, Urteil, 15.07.2004, NZA 2005, 523.

Die Beendigungskündigung muss zudem ultima ratio sein, d.h. dem Verleiher ist es auch nicht möglich, eine Kündigung durch Ergreifen anderer Maßnahmen, wie z.B. Umschulungs- und Fortbildungsmaßnahmen zu verhindern.[298]

7.3.2.3.3 Ergebnis

Eine Synchronisation ist zwar grundsätzlich möglich. Allerdings kann die Personal-Service-Gesellschaft nicht nach Belieben kündigen, sondern sie hat die Voraussetzungen einer betriebsbedingten Kündigung einzuhalten. Diese sind die gleichen wie bei einem typischen Arbeitsverhältnis. Vor allem hat auch die Personal-Service-Gesellschaft eine soziale Auswahl (§ 1 Abs. 3 KSchG) zu treffen und ist dem Risiko ausgesetzt, dass die Erfüllung der Voraussetzungen einer betriebsbedingten Kündigung und die Sozialauswahl innerhalb einer Kündigungsschutzklage gerichtlich überprüft werden.

Zudem ist zu beachten, dass der Betriebsrat des Verleihers nach § 102 BetrVG vor jeder Kündigung zu hören ist, da diese ansonsten unwirksam ist. Die Kündigung kann er mit seinem Widerspruch jedoch nicht verhindern.

Auch wenn durch eine betriebsbedingte Kündigung eine Synchronisation hergestellt wird, übernimmt der Verleiher dennoch das Arbeitgeberrisiko. Das Tatbestandsmerkmal des § 1 Abs. 2 AÜG wird nicht erfüllt.

7.3.3 Gründe für die Abweichungsmöglichkeiten vom „equal pay/equal treatment“ - Grundsatz - Ausgangsbasis für eine teleologische Reduktion?

Ausgangspunkt der Kritiker gegen die Zulässigkeit einer konzerneigenen Personal-Service-Gesellschaft ist letztlich auch das Bestreben, dass mit dieser Konstruktion eine Kostensenkung herbeigeführt werden soll. Wie bereits dargestellt, ist eine Kostensenkung durch die Abweichungsmöglichkeit von dem „equal pay/equal treatment“ – Grundsatz durch Tarifvertrag möglich.[299] Als Argument wird hier von den Kritikern vorgetragen, dass von dieser Abweichungsmöglichkeit nur Gebrauch gemacht werden darf, wenn die Personal-Service-Gesellschaft auch das Risiko von Nichteinsatzzeiten übernimmt. Nur dann sei es gerechtfertigt, dass der Leiharbeitnehmer während der Einsatzzeiten beim Entleiher geringer vergütet werde. Dieses Risiko müsse ein Verleiher zwar nicht bei jedem Leiharbeitnehmer tatsächlich übernehmen, doch müsse es vergleichbare Situationen geben, in denen der Verleiher dieses Risiko zu tragen habe. Zudem sei ein weiterer Rechtfertigungsgrund für ein geringeres Entgelt in der Sprungbrettfunktion der Arbeitnehmerüberlassung zu sehen.[300]

---

[298] *Dahl,* a.a.O. (Fn. 295).

[299] Siehe Ausführungen Seite 52 ff.

[300] Vgl. Seite 68.

Letztlich wird also auch mit diesem Argument auf die Synchronisation zwischen dem Beschäftigungsverhältnis und der Einsatzdauer abgestellt.

Deshalb gilt es zu beurteilen, ob vor diesem Hintergrund die Regelungen der §§ 9 Nr. 2, 3 Abs. 1 Nr. 3 AÜG auf der Grundlage einer teleologischen Auslegung einschränkend zu interpretieren sind.[301] Bei der teleologischen Auslegung werden Sinn und Zweck einer Norm in die Auslegung miteinbezogen. Voraussetzung für die Nichtanwendung der Tariföffnungsklausel auf die konzerninterne Arbeitnehmerüberlassung wäre nach dieser Auslegung, wenn der hier zugrunde liegende Sachverhalt nicht von der Grundwertung oder dem Zweck der Norm erfasst wird und er sich so weit vom angestrebten Leitbild des Gesetzes unterscheidet, dass dies nicht mehr zu rechtfertigen ist.[302]

Nach der Gesetzesbegründung wurde der „equal pay/equal treatment“ – Grundsatz als Sicherstellung des Schutzniveaus der Leiharbeitnehmer in das AÜG eingefügt. Dieser Schutz wurde aufgrund des Wegfalls von den bereits angesprochenen Schutzvorschriften als notwendig erachtet. Die Abweichungsmöglichkeit von dem „equal pay/equal treatment“ - Grundsatz durch Tarifvertrag soll es den Tarifvertragsparteien ermöglichen, die Arbeitsbedingungen flexibel zu gestalten und das Arbeitsentgelt zu pauschalieren, um dieses für Zeiten des Verleihs und des Nichteinsatzes in einem Gesamtkonzept regeln zu können.[303] Zielsetzung der Flexibilisierung der Arbeitnehmerüberlassung war, die Beschäftigung zu fördern und die Arbeitslosigkeit abzubauen.[304]

Dem Ansatz der Kritiker und den damit geäußerten Einwänden könnte man insoweit folgen, *„als man die Möglichkeit zum Abschluss von Tarifverträgen, die hinsichtlich des Vergütungsniveaus von demjenigen des Entleiherbetriebs abweichen, nur solchen Leiharbeitsunternehmen zuerkennen würde, die eigenes Personal am Arbeitsmarkt akquirieren und nicht solchen, die vorhandenes Personal übernehmen, um es zu günstigen Konditionen an den bisherigen Vertragsarbeitgeber zurückzuverleihen“* [305]. Denn wenn nur vorhandenes Personal übernommen würde, so diene dies nicht der Zielsetzung des Gesetzgebers, der Beschäftigungsförderung.

Die Personal-Service-Gesellschaft wird jedoch nicht vorhandenes Personal übernehmen, sondern ihre Arbeitnehmer hauptsächlich am Markt akquirieren. Nur die bereits beim Ent-

---

[301] *Willemsen/Annuß,* Kostensenkung durch konzerninterne Arbeitnehmerüberlassung, BB 2005, 437 (439); *Willemsen,* Arbeitsrechtliche Strategien für eine Änderung der Tarifstruktur am Beispiel der Arbeitszeitverlängerung ohne Lohnausgleich, in: Festschrift zum 25-jährigen Bestehen der ARGE Arbeitsrecht im Deutschen Anwaltverein, Bonn 2006, S. 1033.

[302] *Willemsen/Annuß,* a.a.O.

[303] BT-Drs. 15/25, S. 38.

[304] BT-Drs. 15/25, S. 23.

[305] *Willemsen,* a.a.O. (Fn. 301).

leiher befristet beschäftigten Arbeitnehmer standen zuvor in einem Arbeitsverhältnis zum Entleiher. Aber auch in diesem Fall findet ein Wechsel erst zum Zeitpunkt des Auslaufens der Befristung statt, d.h. zum Ende des Beschäftigungsverhältnisses zum Entleiher. Ansonsten wird es in der Regel nicht möglich sein, dass die Belegschaft eines Betriebs oder eines Betriebsteils *freiwillig* in ein Arbeitsverhältnis zur Personal-Service-Gesellschaft unter gleichzeitiger Absenkung des bisherigen Einkommensniveaus übertritt.[306]

Denn unzulässig ist es, den Arbeitnehmern beim Entleiher betriebsbedingt wegen Wegfall des bisherigen Arbeitsplatzes zu kündigen, um diesen Arbeitsplatz mit Leiharbeitnehmern zu besetzen. Hier liegt eine unzulässige Austauschkündigung vor, da die ausgeführten Tätigkeiten weiterhin dem Direktionsrecht des Entleihers unterstehen und nicht zur selbständigen Erledigung auf einen Dritten übertragen werden.[307] Gleiches muss gelten, wenn ein Arbeitsverhältnis betriebsbedingt gekündigt werden würde, gleichzeitig dem Arbeitnehmer aber das Angebot eines Arbeitsverhältnisses bei einem Verleiher mit Rückentleih auf den alten Arbeitsplatz gemacht würde.

„Lassen sich somit keine generell gültigen Muster missbräuchlichen Verhaltens identifizieren, ist kein Raum für eine teleologische Reduktion der Tariföffnungsklausel“.[308]

Um nochmals auf das Argument der Kritiker einzugehen, die Personal-Service-Gesellschaft trage nicht das Risiko für Nichteinsatzzeiten und dürfe deshalb nicht durch Tarifvertrag vom „equal pay/equal treatment“ – Grundsatz abweichen, so kann dem widersprochen werden. Wie den Ausführungen zur Synchronisationsmöglichkeit zu entnehmen ist, trägt auch die Personal-Service-Gesellschaft dieses Risiko. Denn eine Synchronisation ist nicht nach Belieben möglich, sondern nur innerhalb von gesetzlichen Möglichkeiten, die dem Schutzbedarf von Leiharbeitnehmern Rechnung tragen und verhindern, dass das gesamte Risiko auf den Leiharbeitnehmer abgewälzt werden kann.

Die Sprungbrettfunktion ist ebenfalls nicht gänzlich durch die Konstellation der konzerninternen Arbeitnehmerüberlassung ausgeschlossen. Es kann z.B. daran gedacht werden, dass nach einer bestimmten Zeit auch ein Wechsel in den Betrieb des Entleihers möglich ist, um leistungsstarke Arbeitnehmer an sich zu binden.[309]

Zusammenfassend kann festgestellt werden, dass auch die Personal-Service-Gesellschaft vom „equal pay/equal treatment“ – Grundsatz durch Tarifvertrag abweichen darf. Zum einen übernimmt sie nicht das bereits beim Entleiher bestehende Personal, zum anderen

---

[306] *Willemsen,* a.a.O.

[307] BAG, 2 AZR 200/96, Urteil, 26.09.1996, NZA 1997, 202 (203); BAG, 2 AZR 66/04, Urteil, 16.12.2004, NZA 2005, 761 (763).

[308] *Willemsen/Annuß,* a.a.O. (Fn. 301), (440).

[309] *Willemsen,* a.a.O. (Fn. 301), S. 1034.

übernimmt sie, genauso wie ein am Markt aktiver Verleiher, das Arbeitgeberrisiko nach § 3 Abs. 1 Nr. 3 AÜG.

7.3.4 Rechtsmissbräuchliche Ausgestaltung der konzerninternen Arbeitnehmerüberlassung

Zu beurteilen bleibt, ob bei der Gründung einer Personal-Service-Gesellschaft zwecks Kostensenkung mit anschließender Überlassung an Konzernunternehmen ein Rechtsmissbrauch vorliegt. *„Eine rechtsmissbräuchliche Gestaltung würde voraussetzen, dass eine Partei nicht nur die ihr bekannten Interessen der anderen Partei unberücksichtigt lässt, sondern dass darüber hinaus eine Rechtsausübung lediglich der Verfolgung eines rücksichtslosen Eigennutzes zum Nachteil der anderen Partei dient“.*[310] Dies ist beispielsweise dann der Fall, wenn eine rechtlich mögliche Gestaltung dazu verwendet wird, sich nachteilig für die andere Vertragspartei selber einen Vorteil zu verschaffen, der nach dem Zweck einer Norm nicht vorgesehen ist.[311]

Deshalb ist erneut ein Blick auf die Intention des Gesetzgebers zu werfen. Mit dem „Ersten Gesetz für moderne Dienstleistungen am Arbeitsmarkt“ sollte u.a. die Arbeitnehmerüberlassung flexibilisiert werden, um so Beschäftigungsmöglichkeiten aufzubauen. Die Änderungen innerhalb dieser Gesetzgebung und damit verbunden auch die Deregulierung der Arbeitnehmerüberlassung zielen insbesondere darauf ab, eine Neuausrichtung und Erweiterung der Handlungsansätze der Arbeitsmarktpolitik zu erreichen. Hierdurch sollen neue Beschäftigungsmöglichkeiten geschaffen werden, die zum Abbau der Arbeitslosigkeit beitragen.[312] Um dies zu erreichen hat sich der Gesetzgeber bewusst für den Wegfall der Höchstüberlassungsdauer und eine Aufhebung des Synchronisations-, Befristungs- und Wiedereinstellungsverbots entschieden. Im Gegenzug wurde der „equal pay/equal treatment“ - Grundsatz eingeführt, um dem Leiharbeitnehmer einen ausreichenden Schutz zu gewähren.

Die Möglichkeit, einen Stammarbeitnehmer dauerhaft durch einen Leiharbeitnehmer zu substituieren, hat der Gesetzgeber mit der Aufhebung der Höchstüberlassungsdauer geschaffen. Wie aus der Gesetzesentwicklung dieser Vorschrift zu entnehmen ist, hat der Gesetzgeber hier auch immer wieder dem Druck der Wirtschaft nachgegeben, Leiharbeitnehmer langfristig einsetzen zu können.[313] Ein dauerhafter Einsatz von Leiharbeitnehmern

---

[310] *Leuchten,* Zur Zustimmung des Betriebsrats bei der Einstellung von Leiharbeitnehmern – insbesondere bei Konzernverhältnissen, in: Festschrift zum 25-jährigen Bestehen der ARGE Arbeitsrecht im Deutschen Anwaltverein, Bonn 2006, S. 936; vgl. auch *Creifelds,* Rechtswörterbuch, Stichwort: Rechtsmissbrauch, 19. Aufl. München 2007.

[311] BAG, 7 AZR 145/06, Urteil, 18.10.2006, NZA 2007, 443 (444).

[312] BT-Drs. 15/25, S. 22.

[313] Vgl. Ausführungen zur Höchstüberlassungsdauer, Seite 48.

sollte also bewusst mit dem Wegfall der Höchstüberlassungsdauer ermöglicht werden. Die Bundesregierung bestätigt, dass es sogar nicht gegen geltendes Recht verstößt, wenn *dieselbe* Person zunächst als Stammarbeitnehmer und danach als Leiharbeitnehmer auf demselben Arbeitsplatz eingesetzt wird.[314] Ein dauerhafter Einsatz eines Leiharbeitnehmers und somit die Substitution eines Stammarbeitnehmers ist demnach mit dem Gesetzeszweck vereinbar. Dabei kann es nicht relevant sein, ob es sich um Leiharbeitnehmer eines konzernangehörigen Verleihunternehmens handelt oder ob die Leiharbeitnehmer von einem externen Verleiher überlassen werden.

Nach der Rechtsprechung zum mittelbaren Arbeitsverhältnis, die auch von den Kritikern der Zulässigkeit der konzerninternen Arbeitnehmerüberlassung angeführt wird, darf der Arbeitgeber nicht willkürlich die für ihn günstigere Gestaltungsform wählen, wenn diese Gestaltungsformen zu einem unterschiedlichen Schutz der Arbeitnehmer führen. Auf diese Rechtsprechung weist auch das Bundesarbeitsgericht in einem aktuellen Urteil zur Missbrauchkontrolle hin.[315] Die Wahl dieser Gestaltungsform muss durch einen sachlichen Grund gerechtfertigt sein. Ansonsten könnte arbeitsrechtlicher Schutz umgangen werden. Dabei kommt es aber nicht auf die Absicht oder die Kenntnis an. Maßgeblich ist allein, ob aus objektiver Sicht eine Umgehung vorliegt.[316]

An einem sachlichen Grund fehlt es beispielsweise, wenn der Mittelsmann keine unternehmerischen Entscheidungen treffen kann und keine Gewinnerzielungsmöglichkeit besitzt.[317] Eine zu missbilligende Vertragsgestaltung kann aber nicht schon deswegen angenommen werden, weil der Arbeitnehmer von dem Genuss von tarifvertraglichen Vergünstigungen ausgeschlossen wird.[318]

Vielmehr setzt der Rechtsmissbrauch für die andere Partei über die finanziellen Auswirkungen der günstigeren Tarifwerke noch weitere Umstände voraus, die zu einer unredlichen Rechtsausübung führen. Dies bestimmt sich nach dem Grundsatz von Treu und Glauben (§ 242 BGB). *„Allein die Wahrnehmung der Ausnahmeregel in § 3 Abs. 1 Nr. 3 (durch Gründung eines konzernangehörigen Verleihunternehmen) kann nicht als rechtsmissbräuchlich angesehen werden"*.[319] Hier müssten noch andere Umstände hinzukommen, z.B. Gründung von mehreren kleinen Verleihunternehmen, in denen jeweils der Schwel-

[314] BT-Drs. 16/1926, S. 3; siehe auch Seite 76.

[315] BAG, 18.10.2006, a.a.O. (Fn. 311).

[316] AR-Blattei (SD)/*Röhsler*, Mittelbares Arbeitsverhältnis, Rn. 38.

[317] BAG, 3 AZR 446/80, Urteil, 20.07.1982, AP Nr. 5 zu § 611 BGB Mittelbares Arbeitsverhältnis mit Anm. *Koller*.

[318] AR-Blattei (SD)/*Röhsler*, Mittelbares Arbeitsverhältnis, Rn. 40.

[319] *Leuchten*, a.a.O. (Fn. 310), S. 936.

lenwert des § 23 KSchG nicht erreicht wird und somit den Arbeitnehmern der Kündigungsschutz entzogen wird.

Deshalb kommt es auf die konkrete Ausgestaltung der Personal-Service-Gesellschaft an. Im Einzelfall kann es sich um eine missbräuchliche und somit unzulässige Konstruktion handeln. Dafür spricht auch, dass das Bundesarbeitsgericht bislang, wie bereits erwähnt, in entsprechenden Ausgangskonstruktionen keine unzulässige Konstruktion angenommen hat. Zudem ist auch die Bundesregierung der Ansicht, dass es sich um eine Einzelfallentscheidung handelt.[320] Zusammenfassend ist der Aufbau einer Personal-Service-Gesellschaft mit der anschließenden konzerninternen Überlassung nicht per se rechtswidrig, es liegt nicht per se vermutete Arbeitsvermittlung vor oder es handelt sich per se um eine Strohmannkonstruktion.[321]

7.4 Fazit zur Zulässigkeit der konzerninternen Arbeitnehmerüberlassung

Die konzerninterne Arbeitnehmerüberlassung durch Gründung einer Personal-Service-Gesellschaft ist nach der vertretenen Ansicht grundsätzlich mit den Bestimmungen des AÜG vereinbar. Es handelt sich entgegen der Auffassung der Kritiker nicht um eine Strohmannkonstruktion.

Eine Synchronisation kann nur innerhalb von gesetzlichen Regelungen hergestellt werden, die auch eine konzerneigene Personal-Service-Gesellschaft zu beachten hat. Damit übernimmt auch der konzerninterne Verleiher ebenso wie ein am Markt tätiger Verleiher die Arbeitgeberpflichten und das Arbeitgeberrisiko nach § 3 Abs. 1 AÜG. Es liegt keine vermutete Arbeitsvermittlung nach § 1 Abs. 2 AÜG vor. Deshalb ist der Verleiher als Arbeitgeber des Leiharbeitnehmers zu betrachten. Die von den Kritikern aufgezeigten haftungsrechtlichen Konsequenzen greifen damit nicht ein. Der sukzessive Austausch von Stammarbeitnehmern durch Leiharbeitnehmer über die natürliche Fluktuation und die Nicht-Verlängerung von befristeten Arbeitsverhältnissen stellt eine zulässige Möglichkeit dar, die Belegschaft in der Personal-Service-Gesellschaft aufzubauen.

Wie das Landesarbeitsgericht Niedersachsen festgestellt hat, handelt es sich bei der konzerninternen Arbeitnehmerüberlassung um eine zulässige Form, die mit dem AÜG vereinbar ist. Vielmehr ist hier der Gesetzgeber gefragt, entsprechende Änderungen der gesetzlichen Bestimmungen vorzunehmen, die der Möglichkeit einer solchen Konstruktion entgegenstehen.

Zudem ist den Ausführungen des Landesarbeitsgerichts Niedersachsen zuzustimmen, wenn es einen Vergleich mit den am Markt aktiven Verleihern zieht, die überwiegend Leiharbeit-

---

[320] Siehe Seite 73, 76.

[321] So auch *Leuchten,* a.a.O. (Fn. 310), S. 934.

nehmer an einen Großkunden überlassen. Als Beispiel kann das BMW-Werk in Leipzig genannt werden. Im Werk sind 1.000 Leiharbeitnehmer eingesetzt, dies entspricht einem Anteil von 30 % an der Belegschaft. Die Leiharbeitnehmer werden überwiegend von *einem* Zeitarbeitsunternehmen, namentlich I.K. Hofmann, überlassen.[322] Sofern BMW sämtliche Überlassungsaufträge beendet, wird das Zeitarbeitsunternehmen nicht in der Lage sein, für alle Leiharbeitnehmer neue Aufträge zu akquirieren.

Dasselbe gilt für das aktuelle Beispiel im Bochumer Werk von Nokia. Die 1.000 dort beschäftigten Leiharbeitnehmer wurden überwiegend von den Zeitarbeitsunternehmen Randstad und Adecco gestellt. Bereits wenige Tage nach Bekanntgabe der Werksschließung erhielten die Leiharbeitnehmer die Kündigung wegen fehlender Anschlussaufträge.[323] Anhand dieser Beispiele ist ersichtlich, dass auch ein am Markt aktives Verleihunternehmen den Leiharbeitnehmern keine Anschlussaufträge bieten kann, wenn der Einsatz bei einem (Groß)Kunden endet. Dies ist ebenfalls grundsätzlich nach dem geltenden Recht zulässig.

---

[322] Wirtschaftswoche vom 26.03.2007, „Moderne Nomaden“.

[323] Tagesspiegel vom 10.06.2008, „Verwischte Versprechen“.

8 Beteiligungsrechte bei der Übernahme von Leiharbeitnehmern

Neben der Frage der Zulässigkeit der konzerneigenen Personal-Service-Gesellschaft gilt es auch die Frage zu beantworten, ob der Arbeitnehmervertretung im Entleiherbetrieb ein Beteiligungsrecht bezüglich des Einsatzes eines Leiharbeitnehmers zusteht. Denn wenn ihr ein solches zustehen würde, könnte sie unter Umständen den Einsatz von Leiharbeitnehmern verhindern. Dies hängt von dem Umfang des Beteiligungsrechts ab. Die mit der Gründung einer konzerneigenen Personal-Service-Gesellschaft verfolgte Zielsetzung, die Senkung von Personalkosten, könnte somit zunichte gemacht werden.

Ein Beteiligungsrecht im Entleiherbetrieb muss aber nicht zwingend vorliegen, denn grundsätzlich wird der (Leih)Arbeitnehmer durch die Arbeitnehmervertretung in dem Betrieb seines Arbeitgebers vertreten. Sofern ein Beteiligungsrecht grundsätzlich vorliegt, ist zu beurteilen, ob speziell die konzerninterne Arbeitnehmerüberlassung durch die Personal-Service-Gesellschaft der Arbeitnehmervertretung einen Anlass bietet, die Zustimmung zu einem Einsatz eines Leiharbeitnehmers zu verweigern.

Aufgrund der verschiedenen Trägerschaften im Krankenhaussektor sind sowohl die Beteiligungsrechte eines Betriebsrats, eines Personalrats und einer Mitarbeitervertretung (MAV) bei der Einstellung von Leiharbeitnehmern zu beleuchten. Die Beteiligungsrechte der MAV sind zudem nach katholischer und evangelischer Kirche differenziert zu betrachten.[324]

8.1 Beteiligung des Entleiherbetriebsrats

Gemäß § 14 Abs. 3 S. 1 AÜG i.V.m. § 99 BetrVG ist der Betriebsrat des Entleiherbetriebs vor der Übernahme eines Leiharbeitnehmers zur Arbeitsleistung zu beteiligen. Demnach steht dem Betriebsrat des Entleihers nicht nur ein Mitbestimmungsrecht bei Einstellung eines Stammarbeitnehmers, sondern auch bei der Übernahme eines Leiharbeitnehmers zu.

§ 14 Abs. 3 S. 1 AÜG verwendet den Begriff der „Übernahme“. Hierunter ist die Eingliederung in den Entleiherbetrieb zu verstehen, d.h. die tatsächliche Beschäftigung durch Zuweisung eines Arbeitsbereichs. Der Abschluss des Arbeitnehmerüberlassungsvertrags zwischen dem Entleiher und dem Verleiher ist hingegen noch nicht ausreichend, um die Beteiligungsrechte auszulösen. Erst ein konkreter Einsatz ist mitbestimmungspflichtig.[325] Der Über-

[324] Siehe Ausführungen zu den Arten der Trägerschaften Seite 12.

[325] BAG, 1 ABR 74/06, Beschluss, 23.01.2008, DB 2008, 822 (823); Thüsing/*Thüsing*, AÜG, § 14 Rn. 159; Schüren/*Hamann,* AÜG, § 14 Rn. 146 f.; *Urban-Crell/Schulz,* Arbeitnehmerüberlassung und Arbeitsvermittlung, München 2003, Rn. 1098; *Wensing/Freise*, Beteiligungsrechte des Betriebsrats bei der Übernahme von Leiharbeitnehmern, BB 2004, 2238 (2239).

nahme gleichgestellt ist die Verlängerung eines Einsatzes oder der Austausch eines Leiharbeitnehmers.[326]

Da in einem Krankenhaus regelmäßig mehr als 20 wahlberechtigte Arbeitnehmer beschäftigt sind (vgl. § 99 Abs. 1 S. 1 BetrVG), kommt es hier nicht darauf an, ob sich die Verweisung des § 14 Abs. 3 S. 1 AÜG auch auf die zu erfüllenden Tatbestandsmerkmale bezieht oder ob der Betriebsrat auch dann zu beteiligen ist, wenn dieser Schwellenwert nicht erreicht wird.[327] Sofern ein Betriebsrat im Krankenhaus besteht, ist dieser demnach immer nach § 99 BetrVG zu beteiligen.

Die Dauer der Überlassung ist für die Ausübung des Beteiligungsrechts unerheblich, sodass der Betriebsrat sowohl bei kurzfristigen als auch bei langfristigen Einsätzen zu beteiligen ist.[328]

8.1.1 Umfang und Inhalt der Unterrichtung

Der Entleiher hat gemäß § 14 Abs. 3 S. 1 AÜG i.V.m. § 99 Abs. 1 BetrVG seinen Betriebsrat zu unterrichten, ihm die erforderlichen Bewerbungsunterlagen vorzulegen, Auskunft über die Person der Beteiligten zu geben und ihm unter Vorlage der erforderlichen Unterlagen Auskunft über die Auswirkungen der geplanten Maßnahme zu geben. Der Betriebsrat muss der geplanten Übernahme des Leiharbeitnehmers zustimmen.

Dem Entleiherbetriebsrat sind all diejenigen Informationen mitzuteilen, die für die Ausübung des Zustimmungsverweigerungsrechts nach § 99 Abs. 2 BetrVG relevant sein könnten. Aufgrund der Natur der Arbeitnehmerüberlassung ergeben sich jedoch im Rahmen des § 14 Abs. 3 AÜG gewisse Modifizierungen für die Unterrichtungspflicht, da bei der Übernahme eines Leiharbeitnehmers anders als bei der üblichen Anwendung des § 99 BetrVG kein Arbeitsverhältnis zwischen einem Arbeitgeber und einem Arbeitnehmer begründet werden soll.[329]

Der Entleiher hat seinem Betriebsrat gegenüber Angaben zu machen über:[330]

- die Anzahl der Leiharbeitnehmer sowie deren Einsatzdauer
- den vorgesehenen Arbeitsplatz

---

[326] *Boemke/Lembke*, AÜG, § 14 Rn. 99 f.; Schüren/*Hamann*, AÜG, § 14 Rn. 149 ff.; *Ulber*, AÜG, § 14 Rn. 143; *Wensing/Freise*, a.a.O.

[327] Vgl. *Boemke/Lembke*, AÜG, § 14 Rn. 98; Schüren/*Hamann*, AÜG, § 14 Rn. 141 ff.; *Urban-Crell/Schulz*, a.a.O. (Fn. 325), Rn. 1095 ff.; *Wensing/Freise*, a.a.O, (2238).

[328] *Boemke/Lembke*, AÜG, § 14 Rn. 99; Ulber, AÜG, § 14 Rn. 145.

[329] Schüren/*Hamann*, AÜG, § 14 Rn. 154; *Wensing/Freise*, a.a.O. (Fn. 325).

[330] *Boemke/Lembke*, AÜG, § 14 Rn. 102; Schüren/*Hamann*, AÜG, § 14 Rn. 155 ff.; Thüsing/*Thüsing*, AÜG, § 14 Rn. 164 f.; *Wensing/Freise*, a.a.O., (2240).

- die Art der Tätigkeit und die Arbeitszeit
- die fachliche Qualifikation des Leiharbeitnehmers
- den Einstellungstermin
- die Person des Leiharbeitnehmers wie beispielsweise Name, Anschrift, Alter, Geschlecht, Beruf etc., sofern ein konkreter Leiharbeitnehmer überlassen wird

Aufgrund dieser Angaben kann der Betriebsrat die Auswirkungen auf die Stammbelegschaft im Entleiherbetrieb abschätzen. Denn der Betriebsrat vertritt die kollektiven Interessen im Entleiherbetrieb. Darüber hinaus hat der Entleiher gemäß § 99 Abs. 1 S. 1 BetrVG dem Betriebsrat die Auswirkungen der geplanten Maßnahme mitzuteilen. Dies bezieht sich zum einen auf die Organisation (z.B. Zuteilen von Parkplätzen, Umkleideräumen, Arbeitskleidung), zum anderen auf die Tätigkeit der übrigen Beschäftigten im Entleiherbetrieb (z.B. Beaufsichtigung, Einweisung des Leiharbeitnehmers, Abbau von Überstunden). Nicht darzulegen sind die Auswirkungen auf die Personalplanung oder die Motivation des Entleihers für den Einsatz von Leiharbeitnehmern.[331]

Zu den vorzulegenden Unterlagen nach § 99 Abs. 1 BetrVG gehört der zwischen Entleiher und Verleiher abgeschlossene Arbeitnehmerüberlassungsvertrag.[332] Für die Vorlagepflicht spricht, dass der Entleiher dem Betriebsrat nach § 14 Abs. 3 S. 2 AÜG die schriftliche Erklärung des Verleihers bezüglich des Besitzes der Erlaubnis (§ 12 Abs. 1 S. 2 AÜG) vorzulegen hat, welche nach § 12 Abs. 1 AÜG Bestandteil des Arbeitnehmerüberlassungsvertrags ist. Zudem kann sich der Betriebsrat nur dann ein genaues Bild über die Auswirkungen des Einsatzes des Leiharbeitnehmers machen, wenn ihm alle hierfür erforderlichen Informationen mitgeteilt werden.[333] Die Vereinbarung über die Höhe der Überlassungsvergütung muss indes nicht dargelegt werden.[334]

Ebenso ist der Leiharbeitsvertrag zwischen Leiharbeitnehmer und Verleiher nicht vorzulegen.[335] Die Arbeitsbedingungen betreffen lediglich das Verhältnis zwischen Leiharbeitnehmer und Verleiher, berühren aber nicht die betriebliche Sphäre des Entleiherbetriebs, da der Entleiher den Leiharbeitnehmer eben nicht selber einstellt. Der Entleiher muss deshalb

---

[331] Schüren/*Hamann,* AÜG, § 14 Rn. 163; Thüsing/*Thüsing*, AÜG, § 14 Rn. 166.

[332] Vgl. BAG, 1 ABR 66/75, Beschluss, 06.06.1978, Haufe Personal Office Professional Online - HaufeIndex 437014; *Boemke/Lembke*, AÜG, § 14 Rn. 103; Thüsing/*Thüsing*, AÜG, § 14 Rn. 165; a.A. LAG Niedersachsen, 9 TaBV 107/05, Beschluss, 20.02.2007, BeckRs 2007, 45984.

[333] Schüren/*Hamann,* AÜG, § 14 Rn. 164.

[334] *Boemke/Lembke*, AÜG, § 14 Rn. 103; Schüren/*Hamann,* AÜG, § 14 Rn. 164; *Urban-Crell/Schulz,* a.a.O. (Fn. 325), Rn. 1105.

[335] BAG, 06.06.1978, a.a.O. (Fn. 332); LAG Niedersachsen, 13 TaBV 56/05, Beschluss, 28.02.2006, AuA 2006, 753 = BeckRs 2006, 43575; *Boemke/Lembke*, AÜG, § 14 Rn. 104; Thüsing/*Thüsing*, AÜG, § 14 Rn. 165; *Wensing/Freise*, a.a.O. (Fn. 325), (2241); a.A. *Ulber,* AÜG, § 14 Rn. 155.

dem Betriebsrat keine Informationen über die Höhe der Vergütung oder die Eingruppierung beim Verleiher geben.[336] Dies muss auch für die konzerninterne Arbeitnehmerüberlassung gelten, denn auch hier ist der Leiharbeitsvertrag zwischen Verleiher und Leiharbeitnehmer von dem Überlassungsvertrag zwischen Entleiher und Verleiher zu trennen. Es entsteht hierbei ebenso ein Dreiecksverhältnis wie bei der Arbeitnehmerüberlassung durch einen externen Verleiher.

Den Entleiher trifft auch keine Vorlagepflicht bezüglich der Bewerbungsunterlagen. Dies ergibt sich aus der Natur der Überlassung, denn der Leiharbeitnehmer ist Arbeitnehmer des Verleihers, nicht des Entleihers. Dementsprechend verfügt nur der Verleiher über die Bewerbungsunterlagen.[337] Auch für die konzerninterne Überlassung kann hier nichts anderes gelten, denn auch hier sind die einzelnen Rechtsverhältnisse voneinander zu trennen.

Die Unterrichtungspflichten werden aufgrund von § 14 Abs. 3 S. 2 und 3 AÜG erweitert. Hiernach hat der Entleiher die schriftliche Erklärung des Verleihers über den Besitz der Überlassungserlaubnis vorzulegen. Die Überlassungserlaubnis selbst muss indes nicht vorgelegt werden. Der Betriebsrat soll lediglich in die Lage versetzt werden, bei der zuständigen Arbeitsagentur den Bestand der Erlaubnis zu überprüfen. Des Weiteren hat der Entleiher während der Überlassungsdauer seinem Betriebsrat einen Wegfall der Überlassungserlaubnis anzuzeigen.[338]

8.1.2 Zustimmungsverweigerungsrechte des Betriebsrats nach § 99 Abs. 2 BetrVG

Sobald der Entleiherbetriebsrat ordnungsgemäß unterrichtet wurde, beginnt eine einwöchige Frist, innerhalb derer der Betriebsrat seine Zustimmung schriftlich unter Angabe von Gründen verweigern kann (§ 99 Abs. 3 BetrVG). Teilt er seine Verweigerung innerhalb dieser Frist nicht mit, so gilt die Zustimmung als erteilt. Bei nicht oder nicht vollständiger Unterrichtung wird die einwöchige Stellungnahmefrist nach § 99 Abs. 3 BetrVG nicht ausgelöst. Sofern der Betriebsrat von sich aus keine Stellungnahme abgibt und auch nicht angehalten ist, bestimmte Informationen innerhalb der Frist von einer Woche nachzufordern, greift die in § 99 Abs. 3 S. 2 BetrVG normierte Zustimmungsfiktion nicht ein. Bei nicht erteilter Zustimmung darf der Leiharbeitnehmer nicht im Entleiherbetrieb tätig werden, ohne dass sich der Entleiher betriebsverfassungswidrig verhalten würde.[339]

---

[336] *Boemke/Lembke*, AÜG, § 14 Rn. 104; ErfK/*Wank*, § 14 AÜG, Rn. 22; Schüren/*Hamann*, AÜG, § 14 Rn. 165; *Wensing/Freise*, a.a.O., (2240 f.).

[337] *Boemke/Lembke*, AÜG, § 14 Rn. 104; Schüren/*Hamann*, AÜG, § 14 Rn. 167; Thüsing/*Thüsing*, AÜG, § 14 Rn. 186.

[338] *Wensing/Freise*, a.a.O., (2240).

[339] *Boemke/Lembke*, AÜG, § 14 Rn. 105; Schüren/*Hamann*, AÜG, § 14 Rn. 171 ff.

Bei ordnungsgemäßer Unterrichtung muss der Entleiherbetriebsrat innerhalb der einwöchigen Frist widersprechen, wenn er den Einsatz des Leiharbeitnehmers verhindern will. Die Zustimmungsverweigerung ist jedoch nicht aus beliebigen Gründen möglich. Vielmehr sind die Gründe, die den Betriebsrat zur Verweigerung der Zustimmung bezüglich der Übernahme eines Leiharbeitnehmers berechtigen, abschließend in § 99 Abs. 2 BetrVG aufgeführt. Sofern der Betriebsrat seine Zustimmung verweigert, muss dies aus einem der dort genannten und im Folgenden näher ausgeführten Gründe erfolgen.

Vorab sei erwähnt, dass der Betriebsrat nicht berechtigt ist, der Übernahme von Leiharbeitnehmern wegen allgemeiner sozial- und arbeitsmarktpolitischer Erwägungen oder aufgrund seiner grundsätzlichen Ablehnung gegenüber Leiharbeit zu widersprechen.[340]

Der Betriebsrat kann auch dann nicht erfolgreich widersprechen, wenn der Entleiher die Entscheidung trifft, frei gewordene Dauerarbeitsplätze anstatt mit Stammarbeitnehmern mit Leiharbeitnehmern zu besetzen.[341] Für die konzerninterne Arbeitnehmerüberlassung bedeutet dies, dass der Entleiherbetriebsrat nicht allein deshalb widersprechen darf, weil der Entleiher die über natürliche Fluktuation oder Auslaufens einer Befristung frei gewordenen Arbeitsplätze nicht mehr mit Stammarbeitnehmern besetzen will, sondern auf Leiharbeitnehmer zurückgreift. Auch die Dauer eines Einsatzes kann nach Wegfall der Höchstüberlassungsdauer keinen Widerspruchsgrund mehr darstellen[342], zumal die zeitliche Begrenzung schon nach früherer Rechtslage nicht arbeitsplatz-, sondern arbeitnehmerbezogen war.[343]

Ob der Betriebsrat allein aus dem Grund seine Zustimmung verweigern darf, weil der Leiharbeitnehmer durch einen konzerninternen Verleiher überlassen wird, bestimmt sich nach den in § 99 Abs. 2 BetrVG genannten Gründen. Im Folgenden ist deshalb zu beurteilen, ob einer oder mehrere dieser Gründe in Betracht kommen, die Zustimmung für einen solchen Einsatz zu verweigern.

8.1.2.1 Verstoß gegen Rechtsvorschriften nach § 99 Abs. 2 Nr. 1 BetrVG

Der Betriebsrat kann seine Zustimmung nach § 99 Abs. 2 Nr. 1 BetrVG verweigern, sofern die Übernahme des Leiharbeitnehmers als solche ein Verstoß gegen höherrangiges Recht darstellt. Dabei ist es erforderlich, dass die jeweilige Bestimmung, gegen die ein Verstoß

---

[340] Schüren/*Hamann*, AÜG, § 14 Rn. 180; Thüsing/*Thüsing*, AÜG, § 14 Rn. 167; *Wensing/Freise*, a.a.O. (Fn. 325), (2241).

[341] BAG, 1 ABR 1/02, Beschluss, 12.11.2002, Haufe Personal Office Professional Online - HaufeIndex 906800.

[342] BAG, 1 ABR 61/03, Beschluss, 25.01.2005, NZA 2005, 1199 (1201); *Melms/Lipinski,* Absenkung des Tarifniveaus durch die Gründung von AÜG-Gesellschaften als alternative oder flankierende Maßnahme zum Personalabbau, BB 2004, 2409 (2413).

[343] Vgl. BAG, 12.11.2002, a.a.O. (Fn. 341).

vorliegt, *„dem Schutz des Leiharbeitnehmers dient und sich nach ihrem erkennbaren Sinn und Zweck gerade gegen die Beschäftigung als solche richtet"*.[344]

8.1.2.1.1 Verstöße gegen das AÜG

Insbesondere kommen Verstöße gegen das AÜG in Betracht. Dieses ist ein Gesetz i.S.d. Nr. 1. Für die konzerninterne Arbeitnehmerüberlassung würde beispielsweise dann ein Verstoß vorliegen, wenn der Verleiher, die Personal-Service-Gesellschaft, nicht im Besitz der erforderlichen Erlaubnis ist. Denn hierbei werden die Interessen des Leiharbeitnehmers und die der Belegschaft berührt, da gemäß §§ 9 Nr. 1, 10 Abs. 1 S. 1 AÜG ein Arbeitsverhältnis zum Entleiher fingiert wird.[345] Dieser Verweigerungsgrund beschränkt sich jedoch nicht nur auf die konzerninterne Arbeitnehmerüberlassung. Jeder Verleiher, der gewerbsmäßige Arbeitnehmerüberlassung betreibt, bedarf einer Erlaubnis. Deshalb kann dieser Verweigerungsgrund nur im Einzelfall gegeben sein, sowohl bei der Übernahme eines Leiharbeitnehmers eines externen als auch eines konzerneigenen Verleihers.

Für die konzerninterne Arbeitnehmerüberlassung durch die Personal-Service-Gesellschaft und die damit verbundenen Zweifel an deren Zulässigkeit ist vor allem interessant, ob dem Betriebsrat des Entleihers ein Verweigerungsgrund zustehen würde, wenn der Verleiher gegen § 3 Abs. 1 AÜG verstöße, d.h. wenn er nicht die Arbeitgeberpflichten und das Arbeitgeberrisiko übernehme. Denn die Nichtübernahme des Arbeitgeberrisikos ist das Hauptargument der Kritiker. Eine Zustimmungsverweigerung scheidet jedoch aus. Denn es würde nicht die Übernahme als solche gegen ein Gesetz verstoßen, sondern der Verleiher verhielte sich nicht gesetzeskonform. D.h. selbst wenn man der Auffassung ist, dass der konzernangehörige Verleiher aufgrund dieser Konstruktion nicht seine Arbeitgeberpflichten und das Arbeitgeberrisiko übernimmt, würde dies kein Grund für den Betriebsrat des Entleiherbetriebs darstellen, der Übernahme nicht zuzustimmen. Gleiches gilt auch für einen Verstoß gegen den „equal pay/equal treatment" – Grundsatz nach §§ 9 Nr. 2, 3 Abs. 1 Nr. 3 AÜG.[346]

„Geht es um die Übernahme eines Leiharbeitnehmers und damit iSv. § 99 Abs. 1 Satz 1 BetrVG um eine Einstellung, muss diese als solche untersagt sein. Dagegen genügt es nicht, dass einzelne Bedingungen des mit dem Leiharbeitnehmer geschlossenen Vertrags einer

---

344 *Wensing/Freise*, a.a.O. (Fn. 325), (2242).

345 *Boemke/Lembke*, AÜG, § 14 Rn. 107; Schüren/*Hamann*, AÜG, § 14 Rn. 184; *Wensing/Freise*, a.a.O.

346 BAG, 25.01.2005, a.a.O. (Fn. 342), (1202); *Boemke/Lembke*, AÜG, § 14 Rn. 107; Schüren/*Hamann*, AÜG, § 14 Rn. 190 f.; *Wensing/Freise*, a.a.O., (2242); a.A. *Ulber*, AÜG, § 14 Rn. 163, der dem Betriebsrat wegen eines Verstoßes gegen § 3 Abs. 1 AÜG ein Zustimmungsverweigerungsrecht zugesteht, da aufgrund § 1 Abs. 2 AÜG Arbeitsvermittlung vermutet wird.

Norm zuwiderlaufen. Das Mitbestimmungsrecht des Betriebsrats bei Einstellungen ist kein Instrument einer umfassenden Vertragsinhaltskontrolle".[347]

Der Verstoß gegen § 3 Abs. 1 AÜG wird nicht durch die Übernahme des Leiharbeitnehmers als solche begründet, sondern es geht hier vielmehr um Belange des Leiharbeitnehmers, die auf dem Arbeitsverhältnis zum Verleiher beruhen. Dieses ist von der Beschäftigung im Entleiherbetrieb unabhängig zu betrachten; die Position des Leiharbeitnehmers würde sich durch eine Nichtübernahme nicht verbessern. Für Belange, die sich aus dem Arbeitsverhältnis zum Verleiher ergeben, ist der Verleiherbetriebsrat zuständig. Der Entleiherbetriebsrat soll den Leiharbeitnehmer nur vor solchen Nachteilen schützen, die aus der mitbestimmungspflichtigen Maßnahme selbst entstehen.[348] Demnach besteht nur dann ein Zustimmungsverweigerungsgrund nach § 99 Abs. 2 Nr. 1 BetrVG, wenn der Zweck einer Verbotsnorm nur durch Nicht-Übernahme eines Leiharbeitnehmers erreicht werden kann.[349] Bezüglich der Vergütungsansprüche eines Leiharbeitnehmers ist der Verleiher als Vertragsarbeitgeber der Schuldner und nicht der Entleiher. Ein Vorwurf einer Ungleichbehandlung geht deshalb gegenüber dem Entleiher ins Leere. Zudem wird der Leiharbeitnehmer individualrechtlich durch §§ 10 Abs. 4, 13 AÜG geschützt.[350]

Der allgemeine Einwand, dass die Arbeitnehmerüberlassung durch eine konzernangehörige Personal-Service-Gesellschaft gegen das AÜG verstoße, ist aufgrund der bereits gemachten Ausführungen zur Zulässigkeit nicht haltbar. Denn dies stellt eine zulässige Form der Arbeitnehmerüberlassung dar und ist mit dem AÜG vereinbar.[351]

8.1.2.1.2 Verstoß gegen weitere Gesetze

Der Betriebsrat kann aber nicht nur wegen eines Verstoßes gegen das AÜG widersprechen. Auch andere Rechtsvorschriften dürfen aufgrund der Übernahme des Leiharbeitnehmers nicht verletzt werden. In Betracht kommen hier praktisch alle Gesetze, Rechtsverordnungen etc., die relevant für die Interessen der Stamm- und Leiharbeitnehmer sind. Beispielhaft zu nennen sind Verstöße gegen die Beschäftigungsverbote nach MuSchG oder JArbSchG oder Verstöße gegen die Bestimmungen des ArbZG oder AGG.[352] Dem Entleiherbetriebsrat steht dieser Verweigerungsgrund jedoch nicht nur speziell bei der konzerninternen Arbeitnehmerüberlassung zu, sondern auch dann, wenn der Leiharbeitnehmer durch einen exter-

[347] BAG, 12.11.2002, a.a.O. (Fn. 341).

[348] *Wensing/Freise*, a.a.O. (2242); *Melms/Lipinski*, a.a.O. (Fn. 342), (2414).

[349] BAG, 25.01.2005, a.a.O. (Fn. 346).

[350] BAG, 25.01.2005, a.a.O., (1201 f.).

[351] Vgl. *Hunold*, Die Rechtsprechung zu den Beteiligungsrechten des Entleiher-Betriebsrats bei Einsatz von Leiharbeitnehmern, NZA-RR 2008, 281 (283); siehe auch Ausführungen Seite 74, 85 ff.

[352] *Boemke/Lembke*, AÜG, § 14 Rn. 108; Schüren/*Hamann*, AÜG, § 14 Rn. 193.

nen Verleiher überlassen werden soll. Hier ist wiederum auf den Einzelfall abzustellen, ein genereller Verweigerungsgrund für die konzerninterne Überlassung wird nicht gegeben.

8.1.2.1.3 Verstoß gegen Tarifvertrag

Ferner stellt für den Betriebsrat auch ein Verstoß gegen einen Tarifvertrag einen Verweigerungsgrund zur Übernahme eines Leiharbeitnehmers in den Entleiherbetrieb dar. In dem für den Entleiher geltenden Tarifvertrag können Regelungen bezüglich der Zulässigkeit des Einsatzes von Leiharbeitnehmern bestehen, beispielsweise in einer zahlenmäßigen Begrenzung von Leiharbeitnehmern im Betrieb, Einsatz von Leiharbeitnehmern nur für bestimmte Tätigkeiten oder nur aus bestimmten Anlässen wie Urlaubs- und Krankheitsvertretung. Einer Übernahme kann der Entleiherbetriebsrat dann widersprechen, wenn diese einen Verstoß gegen den Tarifvertrag darstellt.[353]

Soweit ersichtlich bestehen solche Regelungen in den für den Krankenhaussektor geltenden Tarifverträgen nicht. Aufgrund der Vielzahl von Tarifverträgen, vor allem auch in Form von Haustarifverträgen, kann dies jedoch nicht eindeutig gesagt werden. Aber auch hier muss auf den Einzelfall abgestellt werden. Ein Verstoß wäre dann unabhängig davon gegeben, ob es sich um einen externen oder internen Verleiher handelt.

8.1.2.1.4 Verstoß gegen Betriebsvereinbarungen

Ebenso können Regelungen in Betriebsvereinbarungen bestehen, die die Modalitäten der Einsätze von Leiharbeitnehmern regeln. Der Betriebsrat ist dann zur Verweigerung seiner Zustimmung berechtigt, wenn der konkrete Einsatz eines Leiharbeitnehmers gegen die Betriebsvereinbarung verstoßen würde.[354]

Sofern ein Entleiher mit seinem Betriebsrat eine solche Betriebsvereinbarung abgeschlossen hat und hier z.B. eine maximale Anzahl an Leiharbeitnehmern vorgesehen ist, kann der Betriebsrat seine Zustimmung verweigern, wenn bereits diese Anzahl erreicht ist.

8.1.2.1.5 Ergebnis

Zusammenfassend kann festgestellt werden, dass dem Betriebsrat unter bestimmten Umständen nach § 99 Abs. 2 Nr. 1 BetrVG ein Zustimmungsverweigerungsrecht bei der konzerninternen Arbeitnehmerüberlassung zusteht. Diese Umstände beziehen sich aber jeweils auf einen Einzelfall oder, wie beispielsweise bei Vorliegen einer Betriebsvereinbarung, auf einen ganz konkreten Entleiherbetrieb, hier ein entleihendes Krankenhaus. Der Betriebsrat kann indes nicht seine Zustimmung verweigern, nur weil der Leiharbeitnehmer von einem konzerninternen und nicht von einem externen Verleiher überlassen wird.

---

[353] Schüren/*Hamann,* AÜG, § 14 Rn. 194.

[354] Schüren/*Hamann,* AÜG, § 14 Rn. 196.

8.1.2.2 Verstoß gegen Auswahlrichtlinien nach § 99 Abs. 2 Nr. 2 BetrVG

Der Übernahme eines Leiharbeitnehmers kann nach § 99 Abs. 2 Nr. 2 BetrVG durch den Entleiherbetriebsrat widersprochen werden, wenn dies gegen eine Auswahlrichtlinie nach § 95 BetrVG verstoßen würde. Solche Auswahlrichtlinien können ihren Anwendungsbereich auch auf Leiharbeitnehmer erstrecken. So kann beispielsweise der Einsatz von Leiharbeitnehmern ganz ausgeschlossen werden oder der Beschäftigung eines Stammarbeitnehmers der Vorrang vor dem Einsatz eines Leiharbeitnehmers eingeräumt werden.[355]

Auch hier wird dem Entleiherbetriebsrat nicht pauschal ein Grund zur Zustimmungsverweigerung geliefert, weil der Leiharbeitnehmer von der konzerneigenen Personal-Service-Gesellschaft überlassen wird. Vielmehr kommt es auf den Einzelfall an, ob in einem konkreten Entleiherbetrieb der Einsatz eines Leiharbeitnehmers durch eine Auswahlrichtlinie ausgeschlossen oder beschränkt ist.

8.1.2.3 Benachteiligung von Stammarbeitnehmern nach § 99 Abs. 2 Nr. 3 BetrVG

Der Entleiherbetriebsrat kann nach § 99 Abs. 2 Nr. 3 BetrVG seine Zustimmung verweigern, wenn eine durch Tatsachen begründete Besorgnis besteht, dass infolge der Übernahme des Leiharbeitnehmers einem Stammarbeitnehmer gekündigt wird oder dieser sonstige Nachteile erleidet, ohne dass dies aus betrieblichen oder persönlichen Gründen gerechtfertigt ist. Bei einer unbefristeten Einstellung gilt auch die Nichtberücksichtigung eines gleich geeigneten befristet Beschäftigten als Nachteil.

Die befürchteten Benachteiligungen müssen seitens des Betriebsrats ausreichend konkret vorgetragen werden. Ein hierauf gestützter Einwand muss durch Tatsachen begründet sein, um Beachtung zu finden. Bloße Vermutungen genügen nicht.[356]

8.1.2.3.1 Kündigung von Stammarbeitnehmern

Bei einer befürchteten Kündigung ist zu beachten, dass zum einen die so genannte Austauschkündigung nicht zulässig ist, d.h. dass einem Stammarbeitnehmer nicht deshalb gekündigt werden darf, weil zukünftig sein Arbeitsplatz mit einem Leiharbeitnehmer besetzt werden soll.[357] Zum anderen darf einem Stammarbeitnehmer nicht betriebsbedingt gekündigt werden, wenn er über die Kündigungsfrist hinaus auf einem Arbeitsplatz eingesetzt werden kann, der zum Zeitpunkt der Kündigung von einem nicht nur vertretungsweise eingesetzten Leiharbeitnehmer besetzt wird. Die durch Leiharbeitnehmer besetzten Arbeitsplätze sind bei der Prüfung einer anderweitigen Beschäftigungsmöglichkeit einzube-

---

[355] *Boemke/Lembke*, AÜG, § 14 Rn. 109; *Wensing/Freise*, a.a.O. (Fn. 325), (2242).

[356] BAG, 25.01.2005, a.a.O. (Fn. 350).

[357] BAG, 2 AZR 200/96, Urteil, 26.09.1996, NZA 1997, 202; BAG, 2 AZR 66/04, Urteil, 16.12.2004, NZA 2005, 761.

ziehen. Deshalb ist zunächst der Einsatz von Leiharbeitnehmern zu beenden, bevor eine betriebsbedingte Kündigung ausgesprochen werden kann.[358] Eine (wirksame) Kündigung eines Stammarbeitnehmers aufgrund der Übernahme eines Leiharbeitnehmers kommt deshalb praktisch nicht in Betracht. Sollte der Betriebsrat eine solche dennoch befürchten, so hat er dies durch Tatsachen zu begründen.

8.1.2.3.2 Sonstige Nachteile

Die Verweigerung der Zustimmung ist nicht nur bei einer befürchteten Kündigung eines Stammarbeitnehmers möglich, sondern auch dann, wenn die Übernahme eines Leiharbeitnehmers sonstige Nachteile für die Stammarbeitnehmer bedeutet. Hier kommen materielle Einbußen durch Versetzungsmaßnahmen in Betracht, wenn der neue Arbeitsplatz mit einer niedrigeren Vergütung und schlechteren Arbeitsbedingungen einhergeht. Eine Verschlechterung von Aufstiegsmöglichkeiten ist nur dann gegeben, wenn schon eine geschützte Rechtsposition z.B. durch Zusage des Arbeitgebers bestand.[359]

Der Betriebsrat kann im Weiteren nicht wegen der Befürchtung von Einkommenseinbußen der Stammarbeitnehmer aufgrund von ausschließlicher oder vermehrter Vergabe von zuschlagspflichtigen Arbeiten an die Leiharbeitnehmer seine Zustimmung verweigern. Diese Nachteile stehen nicht im Zusammenhang mit der Übernahme, sondern mit Schichteinteilungen und Arbeitszuweisungen.[360]

8.1.2.3.3 Nichtberücksichtigung eines befristet Beschäftigten

Auch die Nichtberücksichtigung eines gleich geeigneten befristet Beschäftigten gilt bei der unbefristeten Einstellung grundsätzlich als Nachteil.

Dieser allgemeine Grund muss zunächst auf die Besonderheit bei der Übernahme eines Leiharbeitnehmers übertragen werden, da es hier nicht um eine eigentlich von § 99 BetrVG erfasste Einstellung eines Stammarbeitnehmers geht, bei der ein Arbeitsverhältnis begründet wird. Grundsätzliche Voraussetzung ist, dass sich der bereits befristet beschäftigte (Stamm)arbeitnehmer um den betreffenden Arbeitsplatz beworben hat. Denn in § 99 Abs. 2 Nr. 3 BetrVG ist vorausgesetzt, dass ein bereits befristet Beschäftigter mit einem noch nicht betriebsangehörigen Arbeitnehmer in Konkurrenz um einen Dauerarbeitsplatz tritt.

Eine Konkurrenz liegt allerdings nicht vor, wenn es nicht um die Besetzung eines unbefristeten Arbeitsplatzes beim Entleiher als Vertragsarbeitgeber geht, *„sondern um die Beset-*

---

[358] LAG Hamm, 11 Sa 1338/06, Urteil, 05.03.2007, DB 2007, 1701; LAG Hamm, 8 Sa 2311/04, Urteil, 06.08.2007, Haufe Personal Office Professional Online - HaufeIndex 1848795.

[359] *Boemke/Lembke*, AÜG, § 14 Rn. 110; Schüren/*Hamann,* AÜG, § 14 Rn. 202; *Wensing/Freise*, a.a.O. (Fn. 325), (2243).

[360] LAG Niedersachsen, 28.02.2006, a.a.O. (Fn. 335).

zung eines Arbeitsplatzes für Fremdpersonal". [361] Ein befristet beschäftigter Stammarbeitnehmer hat grundsätzlich keinen Anspruch auf die Verlängerung oder die Aufhebung seiner Befristung. Der Betriebrat kann auch nicht die Einrichtung eines Dauerarbeitsplatzes für eigene Arbeitnehmer anstelle eines Dauerarbeitsplatzes für Fremdpersonal verlangen. *„Soweit sich mit der Einstellung von Leiharbeitnehmern die bloßen Chancen von Stammarbeitnehmern des Entleihers auf eine Verlängerung des eigenen befristeten Arbeitsverhältnisses verringern sollten, liegt darin kein rechtlich bedeutsamer Nachteil"*. [362] Ein Zustimmungsverweigerungsrecht des Betriebsrats besteht nicht, weder bei Leiharbeitnehmern eines externen noch eines internen Verleihers.

8.1.2.3.4 Unterlaufen des Branchentarifvertrags

Die bloße Befürchtung des Betriebsrats, die Stammarbeitnehmer könnten aufgrund des vermehrten Einsatzes von Leiharbeitnehmern, vor allem im Zuge der konzerninternen Arbeitnehmerüberlassung, in eine Minderheit und somit unter Verhandlungsdruck bezüglich der Wahrung des Branchentariflohns kommen, reicht alleine nicht aus. Dieses müsste hinreichend konkret mit Tatsachen belegt werden, beispielsweise wenn der Entleiher bereits an Stammarbeitnehmer herangetreten ist mit dem Ansinnen, einer individuellen Vereinbarung über eine Lohnsenkung zuzustimmen. Allerdings würden die hier befürchteten Nachteile nicht auf der Einstellung an sich beruhen. Dies ist jedoch Voraussetzung für das Zustimmungsverweigerungsrecht des Betriebsrats. [363]

8.1.2.3.5 Ergebnis

Zusammenfassend stellt der Einsatz von Leiharbeitnehmern an sich noch keinen Nachteil im Sinne dieser Vorschrift dar. [364] Deshalb muss bei der konzerninternen Arbeitnehmerüberlassung eine Besorgnis entstehen, die der Betriebsrat des Entleihers durch begründete Tatsachen vorzutragen hat. Erneut ist auf den konkreten Einzelfall abzustellen, die konzerninterne Arbeitnehmerüberlassung kann nicht allgemein als Nachteil für die Stammarbeitnehmer gewertet werden und damit einen Zustimmungsverweigerungsgrund nach Nr. 3 darstellen.

---

[361] BAG, 25.01.2005, a.a.O. (Fn. 342), (1203); a.A. *Ulber*, AÜG, § 14 Rn. 171.

[362] BAG, 25.01.2005, a.a.O.

[363] LAG Niedersachsen, 9 TaBV 107/05, Beschluss, 20.02.2007, BeckRs 2007, 45984; siehe auch Seite 74.

[364] Schüren/*Hamann*, AÜG, § 14 Rn. 203; *Melms/Lipinski*, a.a.O. (Fn. 348); *Wensing/Freise*, a.a.O. (Fn. 359).

8.1.2.4 Benachteiligung des Leiharbeitnehmers nach § 99 Abs. 2 Nr. 4 BetrVG

Die in § 99 Abs. 2 Nr. 4 BetrVG angesprochene Benachteiligung des Leiharbeitnehmers muss aus der Übernahme als solche resultieren. Ein Verweigerungsgrund steht dem Entleiherbetriebsrat auch hier nicht zu, wenn eine Benachteiligung aus dem Arbeitsverhältnis mit dem Verleiher entsteht, beispielsweise wenn dem Leiharbeitnehmer durch den Verleiher schlechtere als die im Entleiherbetrieb geltenden Arbeitsbedingungen einschließlich des Arbeitsentgelts gewährt werden.

Ein Verstoß gegen § 75 Abs. 1 BetrVG, wonach alle im Betrieb tätigen Personen nach den Grundsätzen von Recht und Billigkeit behandelt werden sollen, ist ebenso nicht gegeben. Denn es handelt sich bei der Arbeitnehmerüberlassung um Arbeitnehmer von zwei verschiedenen Arbeitgebern. Die unterschiedlichen Arbeitsbedingungen beruhen auf der jeweiligen vertraglichen Gestaltung. Aus § 75 Abs. 1 BetrVG folgt nicht die Verpflichtung, Arbeitnehmer verschiedener Arbeitgeber gleich zu behandeln. Somit liegt kein Verstoß gegen § 75 Abs. 1 BetrVG vor.[365]

Eine Zustimmungsverweigerung des Entleiherbetriebsrats kann indes dann begründet sein, wenn der Leiharbeitnehmer beim Entleiher Tätigkeiten ausführen soll, die im Widerspruch zum Überlassungsvertrag stehen. Auszuführende Tätigkeiten unterhalb der Qualifikation des Leiharbeitnehmers stellen jedoch keine Benachteiligung dar, da diese Nachteile auf das Verhältnis zum Verleiher zurückzuführen sind.[366]

Im Fall der konzerninternen Arbeitnehmerüberlassung steht dem Entleiherbetriebsrat auch nach § 99 Abs. 2 Nr. 4 BetrVG kein allgemeiner Verweigerungsgrund zu, mit dem der Einsatz eines Leiharbeitnehmers beim Entleiher verhindert werden könnte. Liegt ein Grund zur Verweigerung vor, so ist dieser nicht auf die Tatsache zurückzuführen, dass der Leiharbeitnehmer von einem konzernangehörigen Verleiher überlassen wird. Vielmehr handelt es sich wieder um eine Einzelfallbetrachtung.

8.1.2.5 Fehlende Stellenausschreibung nach § 99 Abs. 2 Nr. 5 BetrVG

Fordert der Entleiherbetriebsrat nach § 93 BetrVG eine innerbetriebliche Stellenausschreibung, so kann er seine Zustimmung verweigern, wenn der Entleiher dies unterlassen hat. Dabei hängt es nicht davon ab, dass der freie Arbeitsplatz mit einem Leiharbeitnehmer anstelle eines Stammarbeitnehmers besetzt werden soll. Der Entleiherbetriebsrat darf seine

[365] LAG Niedersachsen, 28.02.2006, a.a.O. (Fn. 335); siehe Seite 74.

[366] *Boemke/Lembke*, AÜG, § 14 Rn. 111; Schüren/*Hamann,* AÜG, § 14 Rn. 204; *Wensing/Freise*, a.a.O. (Fn. 364).

Zustimmung jedoch nicht verweigern, wenn die Stellenausschreibung erfolgt ist, er einen innerbetrieblichen Bewerber aber für qualifizierter hält als den Leiharbeitnehmer.[367]

8.1.2.6 Störung des Betriebsfriedens nach § 99 Abs. 2 Nr. 6 BetrVG

Ferner ist der Entleiherbetriebsrat zur Verweigerung der Zustimmung berechtigt, wenn die durch Tatsachen begründete Besorgnis besteht, dass der für die Maßnahme in Aussicht genommene Leiharbeitnehmer den Betriebsfrieden durch gesetzwidriges Verhalten oder durch grobe Verletzung der in § 75 Abs. 1 BetrVG enthaltenen Grundsätze, insbesondere durch rassistische oder fremdenfeindliche Betätigung stören würde.

Dieser Zustimmungsverweigerungsgrund zielt auf eine konkrete Personalmaßnahme ab. Nicht ausreichend ist, dass der Betriebsrat allgemein durch den Einsatz von Leiharbeitnehmern Unruhen im Entleiherbetrieb erwartet.[368] Deshalb steht dem Entleiherbetriebsrat auch nach § 99 Abs. 2 Nr. 6 BetrVG grundsätzlich kein Anlass für die Verweigerung der Übernahme des Leiharbeitnehmers im Zuge der konzerninternen Arbeitnehmerüberlassung zu.

8.1.3 Folgen der Zustimmungsverweigerung

Dem Entleiherbetriebsrat stehen die allgemeinen Verweigerungsgründe nach § 99 Abs. 2 BetrVG zu, um der Übernahme eines überlassenen Leiharbeitnehmers entgegenzuwirken. Die konzerninterne Arbeitnehmerüberlassung erfüllt aufgrund ihrer Ausgestaltung nicht pauschal einen der Verweigerungsgründe. Dennoch haben, wie bereits dargestellt, in der jüngsten Vergangenheit Betriebsräte die Zustimmung verweigert, um eine solche Konstruktion zu verhindern. Die Verweigerung der Zustimmung wurde vor allem auf die von den Kritikern gegen die Zulässigkeit der konzerneigenen Personal-Service-Gesellschaft hervorgebrachten Argumente gestützt, es würde sich um eine Strohmannkonstruktion handeln. Des Weiteren wurde die Verweigerung mit einem Verstoß gegen §§ 9 Nr. 2, 3 Abs. 1 Nr. 3 AÜG begründet, weil dem Leiharbeitnehmer schlechtere Arbeitsbedingungen einschließlich des Arbeitsentgelts gewährt werden wie einem vergleichbaren Stammarbeitnehmer.[369]

Hat der Betriebsrat seine Zustimmung schriftlich und innerhalb der einwöchigen Frist nach § 99 Abs. 3 BetrVG verweigert, kann der Entleiher das gerichtliche Zustimmungsersetzungsverfahren nach § 99 Abs. 4 BetrVG einleiten. Das Arbeitsgericht entscheidet im Beschlussverfahren nach § 2 a Abs. 2 i.V.m. Abs. 1 Nr. 1 ArbGG. Solange die Zustimmung nicht rechtskräftig durch die Entscheidung des Gerichts ersetzt ist, ist der Entleiher (betriebsverfassungsrechtlich) nicht berechtigt, den Leiharbeitnehmer in seinem Betrieb einzu-

---

[367] *Boemke/Lembke*, AÜG, § 14 Rn. 112; Schüren/*Hamann*, AÜG, § 14 Rn. 205; *Hunold*, a.a.O. (Fn. 351), (283); *Wensing/Freise*, a.a.O.

[368] *Boemke/Lembke*, AÜG, § 14 Rn. 113; Schüren/*Hamann*, AÜG, § 14 Rn. 206; *Wensing/Freise*, a.a.O.

[369] Siehe Ausführungen Seite 74; vgl. auch BAG, 1 ABR 61/03, Beschluss, 25.01.2005, NZA 2005, 1199; *Melms/Lipinski*, a.a.O. (Fn. 364).

stellen und tatsächlich einzusetzen. Dies gilt auch für die Fälle, in denen die Verweigerung des Entleiherbetriebsrats unzutreffend ist.[370] Dem Entleiher steht kein Vorprüfungsrecht der vorgebrachten Gründe auf ihre Richtigkeit zu. Die Zustimmung muss arbeitsgerichtlich ersetzt werden. Insofern kann der Betriebsrat die Übernahme eines Leiharbeitnehmers zumindest bis zur Klärung, ob ein Zustimmungsverweigerungsgrund vorliegt, verhindern.

Beschäftigt der Entleiher den Leiharbeitnehmer dennoch, kann der Betriebsrat nach § 101 BetrVG beim Arbeitsgericht beantragen, dem Entleiher aufzugeben, die Übernahme aufzuheben, d.h. die tatsächliche Beschäftigung des Leiharbeitnehmers im Entleiherbetrieb einzustellen.[371] Zwar verweist § 14 Abs. 3 AÜG nur auf § 99 BetrVG, die Regelungen der §§ 100, 101 BetrVG sind aber entsprechend anzuwenden.[372] Bei wiederholten Verstößen (z.B. Einsatz des Leiharbeitnehmers trotz Zustimmungsverweigerung) kann der Betriebsrat gemäß § 23 Abs. 3 BetrVG beim Arbeitsgericht ein Verfahren gegen den Entleiher aufgrund von groben Verstößen gegen die betriebsverfassungsrechtlichen Pflichten einleiten.[373]

Vertritt der Entleiher die Auffassung, die Übernahme sei aus sachlichen Gründen dringend erforderlich, kann er trotz Zustimmungsverweigerung die Übernahme eines Leiharbeitnehmers als vorläufige personelle Maßnahme nach § 100 BetrVG durchführen. Sofern der Betriebsrat die Erforderlichkeit dieser personellen Maßnahme bestreitet, hat der Entleiher innerhalb von drei Tagen beim Arbeitsgericht die Ersetzung der Zustimmung und die Feststellung zu beantragen, dass diese Maßnahme aus sachlichen Gründen dringend erforderlich ist. Bis zur rechtskräftigen Entscheidung kann die Übernahme aufrechterhalten werden.

8.1.4 Sonstige betriebsverfassungsrechtliche Aspekte

Zu erwähnen bleibt noch, dass nach § 14 Abs. 1 AÜG Leiharbeitnehmer auch während der Zeit der Überlassung Angehörige des entsendenden Betriebs des Verleihers bleiben. Dennoch kann der Entleiherbetriebsrat während des Einsatzes im Entleiherbetrieb bei bestimmten Sachverhalten mitwirken und mitbestimmen (§§ 80, 87 BetrVG), denn § 14 AÜG enthält keine abschließende Festlegung der Mitbestimmungs- und Mitwirkungsrechte des Entleiherbetriebsrats. Diese Rechte sind jedoch nur gegeben, wenn es die Tätigkeit im Betrieb des Entleihers betrifft, z.B. Überwachung von Arbeitnehmerschutzvorschriften. In das Verhältnis zwischen Verleiher und Leiharbeitnehmer kann seitens des Entleiherbetriebsrats

---

[370] *Boemke/Lembke*, AÜG, § 14 Rn. 115; *Melms/Lipinski,* a.a.O.; Schüren/*Hamann,* AÜG, § 14 Rn. 208; Thüsing/*Thüsing*, AÜG, § 14 Rn. 175.

[371] *Boemke/Lembke*, AÜG, § 14 Rn. 115; Schüren/*Hamann,* AÜG, § 14 Rn. 209; Thüsing/*Thüsing*, AÜG, § 14 Rn. 175.

[372] *Boemke/Lembke*, AÜG, § 14 Rn. 115; Schüren/*Hamann,* AÜG, § 14 Rn. 173; Thüsing/*Thüsing*, AÜG, § 14 Rn. 175; *Wensing/Freise*, a.a.O. (Fn. 368), (2244).

[373] *Boemke/Lembke*, AÜG, § 14 Rn. 115; Schüren/*Hamann,* AÜG, § 14 Rn. 209; Thüsing/*Thüsing*, AÜG, § 14 Rn. 175; *Wensing/Freise*, a.a.O. (Fn. 325), (2244).

jedoch nicht eingegriffen werden. Dies fällt in den Zuständigkeitsbereich des Verleiherbetriebsrats.[374]

Den Leiharbeitnehmern steht nach einer dreimonatigen Einsatzdauer gemäß § 7 S. 2 BetrVG das aktive Wahlrecht zu, d.h. sie können den Betriebsrat im Entleiherbetrieb mitwählen; nach § 14 Abs. 2 S. 1 AÜG ist jedoch die Wählbarkeit (passives Wahlrecht) ausgeschlossen. Zudem zählen nach der derzeitigen Rechtsprechung Leiharbeitnehmer weder bei der Berechnung der Betriebsratsgröße im Entleiherbetrieb (§ 9 BetrVG) noch bei der Zahl der Freistellungen von Betriebsräten (§ 38 BetrVG) mit.[375]

8.2 Beteiligungsrechte des Personalrats

8.2.1 Anwendung des BPersVG

Gemäß § 130 BetrVG findet das BetrVG keine Anwendung auf Verwaltungen und Betriebe des Bundes, der Länder, der Gemeinden und sonstigen Körperschaften, Anstalten und Stiftungen des öffentlichen Rechts. Für die in öffentlicher Trägerschaft befindlichen Krankenhäuser bedeutet dies, dass sie keinen Betriebsrat gründen können. Vielmehr werden in solchen Einrichtungen Personalvertretungen gemäß §§ 1, 95 Bundespersonalvertretungsgesetz (BPersVG) gebildet.

Das Recht der Personalvertretungen wird für Verwaltungen des Bundes in dem Bundespersonalvertretungsrecht geregelt (vgl. § 1 BPersVG). Für Verwaltungen und Betriebe der Länder, Gemeinden und Gemeindeverbände bestehen Regelungen in den jeweiligen Personalvertretungsgesetzen der Länder (vgl. § 95 BPersVG).

Gemäß § 14 Abs. 4 AÜG gelten § 14 Abs. 1 und 3 sowie Abs. 2 S. 1 und 2 AÜG für die Anwendung des BPersVG entsprechend. Ein Verweis auf die Landespersonalvertretungsgesetze ist indes nicht gegeben. Deshalb ist es die alleinige Angelegenheit der Länder, eine Regelung bezüglich der personalvertretungsrechtlichen Stellung der Leiharbeitnehmer in den Landesverwaltungen zu treffen.[376] Im Folgenden wird auf die Beteiligungsrechte der Personalvertretung auf Bundesebene nach dem BPersVG eingegangen.

---

[374] *Boemke/Lembke*, AÜG, § 14 Rn. 83, 87, 116; ErfK/*Wank*, § 14 AÜG, Rn. 14.

[375] BAG, 7 ABR 53/02, Beschluss, 16.04.2003, BB 2003, 2178; BAG, 7 ABR 3/03, Beschluss, 22.10.2003, Haufe Personal Office Professional Online - HaufeIndex 1123480; BAG, 7 ABR 49/03, Beschluss, 10.03.2004, AP Nr. 8 zu § 7 BetrVG 1972; kritisch bei langfristigen Überlassungen nach der neuen Gesetzeslage: *Blanke,* Die betriebsverfassungsrechtliche Stellung der Leiharbeit, DB 2008, 1153; *Brors/Schüren,* Konzerninterne Arbeitnehmerüberlassung zur Kostensenkung, BB 2004, 2745 (2750 f.); *Dörner,* Der Leiharbeitnehmer in der Betriebsverfassung, in: Festschrift für Hellmut Wissmann zum 65. Geburtstag, München 2005, S. 295.

[376] BT-Drs. 9/847, S. 9; Schüren/*Hamann,* AÜG, § 14 Rn. 552 f.; Richardi/*Benecke*, BPersVG, § 4 Rn. 33; eine solche Regelung findet sich beispielsweise in § 115 NPersVG.

Für die Anwendbarkeit des § 14 Abs. 4 AÜG ist es nicht von Bedeutung, ob die Überlassung des Leiharbeitnehmers innerhalb der öffentlichen Verwaltung, von einem privaten Verleiher in eine öffentliche Verwaltung oder von einer öffentlichen Dienststelle in einen privaten Betrieb erfolgt.[377] Bei der konzerninternen Arbeitnehmerüberlassung wird es sich regelmäßig um eine Überlassung von einem privaten Verleiher in eine öffentliche Dienststelle handeln, sodass dies von § 14 Abs. 4 AÜG erfasst wird.

Aufgrund des Verweises in § 14 Abs. 4 AÜG auf dessen Abs. 3 S. 1 gilt die Mitbestimmung nach § 99 BetrVG sinngemäß. Personalvertretungsrechtlich ist die Beteiligung des Personalrats bei der Einstellung in §§ 75 Abs. 1 Nr. 1 i.V.m. § 77 BPersVG normiert. Danach hat der Personalrat ein Mitbestimmungsrecht bei der Einstellung.

8.2.2 Umfang und Inhalt der Unterrichtung

Nach § 69 Abs. 2 S. 1 BPersVG hat der Entleiher den Personalrat zu unterrichten und die Zustimmung zu beantragen. Dem Personalrat müssen alle erforderlichen Informationen gegeben werden, die dieser zur Ausübung des Mitbestimmungsrechts benötigt. Der Arbeitsvertrag unterliegt bei Beschäftigten des öffentlichen Dienstes ebenso wie nach dem BetrVG nicht der Mitbestimmung des Personalrats.[378] Gleiches gilt für den Arbeitsvertrag eines Leiharbeitsverhältnisses; dieser muss seitens des Entleihers nicht vorgelegt werden. Mit dem Mitbestimmungsrecht des Personalrats geht auch der Anspruch auf Vorlage der erforderlichen Unterlagen sowie die Informationsansprüche nach § 14 Abs. 3 S. 2 und 3 AÜG einher.[379] Bezüglich des Inhalts der Unterrichtung kann auf die obigen Ausführungen zu den Beteiligungsrechten des Betriebsrats verwiesen werden.[380]

Der Personalrat ist *vor* der Übernahme des Leiharbeitnehmers zu beteiligen, jedoch erst dann, wenn es sich um eine konkrete Maßnahme handelt.[381] Unterbleibt die Beteiligung des Personalrats nach § 75 Abs. 1 BPersVG, so darf der Leiharbeitnehmer, ebenso wie nach dem BetrVG, nicht im Entleiherbetrieb beschäftigt werden.[382]

---

[377] *Boemke/Lembke*, AÜG, § 14 Rn. 150; Schüren/*Hamann*, AÜG, § 14 Rn. 561; Thüsing/*Thüsing*, AÜG, § 14 Rn. 193.

[378] Lorenzen/*Rehak*, BPersVG § 75 Rdnr. 16 e.

[379] Thüsing/*Thüsing*, AÜG, § 14 Rn. 204; Richardi/*Weber*, BPersVG, § 69 Rn. 18.

[380] Siehe Ausführungen Seite 103.

[381] Lorenzen/*Rehak*, BPersVG § 75 Rdnr. 16 f.; Schüren/*Hamann*, AÜG, § 14 Rn. 578; Richardi/*Weber*, a.a.O., § 69 Rn. 21

[382] Richardi/*Kaiser*, a.a.O., § 75 Rn. 26.

8.2.3 Zustimmungsverweigerungsgründe des Personalrats nach § 77 Abs. 2 BPersVG

Die Zustimmung zur Übernahme eines Leiharbeitnehmers in die Dienststelle kann der Personalrat nur aus den abschließend in § 77 Abs. 2 BPersVG genannten Gründen verweigern.[383] Inhaltlich entsprechen diese im Wesentlichen den in § 99 Abs. 2 BetrVG genannten Zustimmungsverweigerungsgründen des Betriebsrats.[384] Aus den geringen Differenzen dieser Vorschriften lassen sich keine weiteren Gründe für den Personalrat herleiten, einer konzerninternen Arbeitnehmerüberlassung zu widersprechen. Vielmehr ist hier darauf hinzuweisen, dass auch dem Personalrat kein Grund zur Verweigerung der Zustimmung allein deswegen zusteht, weil der Leiharbeitnehmer entgegen dem „equal pay/equal treatment“ – Grundsatz nach §§ 9 Nr. 2, 3 Abs. 1 Nr. 3 AÜG zu schlechteren Arbeitsbedingungen arbeitet. Denn dies ist dem Arbeitsvertrag zwischen Leiharbeitnehmer und Verleiher zuzuordnen, über den der Personalrat jedoch nicht mitzubestimmen hat. Auch bezüglich der Überlassungsdauer besteht seit Wegfall der Höchstüberlassungsdauer kein Zustimmungsverweigerungsrecht mehr.[385]

8.2.4 Folgen der Zustimmungsverweigerung

Nach § 69 Abs. 2 BPersVG hat der Personalrat innerhalb von zehn Tagen über die Maßnahme zu beschließen, in dringenden Fällen innerhalb von drei Tagen. Verweigert er seine Zustimmung, muss diese schriftlich unter Angabe der Gründe erfolgen. Er darf die Verweigerung der Zustimmung jedoch nicht damit begründen, dass Leiharbeitnehmer im Allgemeinen nicht eingesetzt werden sollen. Verweigert er seine Zustimmung aus den in § 77 Abs. 2 Nr. 2 und 3 BPersVG genannten Gründen, so kommt es, wie nach dem BetrVG, nicht auf die Richtigkeit der vorgetragenen Tatsachen an.[386]

Bei Verweigerung der Zustimmung darf der Leiharbeitnehmer nicht im Entleiherbetrieb beschäftigt werden. Die letzte Entscheidung liegt bei der Einigungsstelle (§ 69 Abs. 4 i.V.m. § 71 BPersVG).[387] Diese kann aber erst angerufen werden, wenn die in § 69 Abs. 3 BPersVG genannten Instanzen durchlaufen sind. Eine Frist für die Anrufung der Einigungsstelle besteht indes nicht.[388]

Die Einigungsstelle ersetzt die fehlende Einigung zwischen Personalrat und Entleiher. Dazu stellt sie fest, ob tatsächlich ein Grund zur Verweigerung der Zustimmung vorliegt. Die

---

[383] Richardi/*Kaiser*, a.a.O., § 75 Rn. 1.

[384] Richardi/*Kaiser*, a.a.O., § 77 Rn. 36, 61, 77; vgl. Ausführungen Seite 106.

[385] Richardi/*Kaiser*, a.a.O., § 77 Rn. 44.

[386] Richardi/*Weber*, a.a.O., § 69 Rn. 48.

[387] *Ulber*, AÜG, § 14 Rn. 200.

[388] Richardi/*Weber*, BPersVG, § 69 Rn. 94.

Ersetzung der Einigung durch die Einigungsstelle ist gemäß § 71 Abs. 4 S. 2 BPersVG bindend.

Bis zur Ersetzung der Einigung durch die Einigungsstelle besteht die Möglichkeit, trotz Zustimmungsverweigerung seitens des Personalrats die Maßnahme durchzuführen, sofern es sich um eine vorläufige Regelung nach § 69 Abs. 5 BPersVG handelt. Bei Einstellungen bzw. der Übernahme von Leiharbeitnehmern kann vor allem dann von dieser Möglichkeit Gebrauch gemacht werden, wenn der Dienstablauf durch diese Maßnahme sichergestellt werden soll.[389] Die vorläufige Regelung muss dem Personalrat mitgeteilt und begründet werden.

8.2.5 Landespersonalvertretungsrecht

Auch wenn in einzelnen Landespersonalvertretungsgesetzen keine § 14 Abs. 4 AÜG entsprechende Regelung erlassen ist, so kann sich die Beteiligung des Personalrats unmittelbar aus den Mitbestimmungsvorschriften zur Einstellung ergeben. Denn bei der Übernahme eines Leiharbeitnehmers von einem privaten Verleiher in eine Dienststelle kann es sich um eine Einstellung im Sinne des jeweiligen LPVG handeln.[390] Eine Beurteilung erfolgt nach dem jeweiligen LPVG.

Des Weiteren können in den jeweiligen Landesgesetzen noch weitere die Leiharbeit betreffende Regelungen normiert sein. So sah beispielsweise § 72 Abs. 4 S. 4 LPVG NW a.F.[391] vor, dass dem Personalrat bei Abschluss von Arbeitnehmerüberlassungsverträgen ein Mitbestimmungsrecht zusteht.

8.2.6 Sonstige personalvertretungsrechtliche Aspekte

Aufgrund des Verweises des § 14 Abs. 4 AÜG auf dessen Abs. 1 bleibt der Leiharbeitnehmer auch hier während der Zeit der Überlassung Angehöriger des entsendenden Betriebs des Verleihers. Anders als bei den betriebsverfassungsrechtlichen Regelungen steht dem Leiharbeitnehmer allerdings das aktive Wahlrecht im Entleiherbetrieb nicht zu. Eine mit § 7 S. 2 BetrVG vergleichbare Regelung, wonach auch Leiharbeitnehmer nach einer bestimmten Dauer den Personalrat wählen dürfen, besteht bei der Überlassung von einem privaten Verleiher in eine öffentliche Dienststelle nicht. § 13 Abs. 2 BPersVG ist für die konzerninterne Arbeitnehmerüberlassung nicht anwendbar, da diese Regelung nur gilt, wenn die Überlassung zwischen zwei Dienststellen erfolgt.[392] Dies ist hier aber nicht der

[389] Richardi/*Weber*, a.a.O. § 69 Rn. 107 f.

[390] BVerwG, 6 P 4.90, Beschluss, 20.05.1992, Haufe Personal Office Professional Online - HaufeIndex 1214361; Richardi / *Benecke*, a.a.O., § 4 Rn. 34.

[391] Diese Regelung ist im Zuge der Reformierung des LPVG NW im Jahr 2007 weggefallen; siehe auch Verweigerungsgrund des Personalrats des Universitätsklinikums Essen, Seite 20.

[392] Vgl. Richardi/*Dörner*, BPersVG, § 13 Rn. 8; Thüsing/*Thüsing*, AÜG, § 14 Rn. 198; a.A. *Boemke/Lembke*, AÜG, § 14 Rn. 155.

Fall, da die Verleiher zumindest überwiegend privatrechtlich organisiert sind. Auch das passive Wahlrecht steht dem Leiharbeitnehmer nicht zu. Dies folgt aus dem Verweis auf § 14 Abs. 2 AÜG.[393]

Da § 14 Abs. 2 und 3 AÜG nicht abschließend die Beteiligungsrechte nennt, können auch dem Personalrat ebenso wie dem Betriebsrat weitere Befugnisse während der Überlassung zustehen, wenn diese an die tatsächliche Eingliederung der Leiharbeitnehmer anknüpfen oder das Verhalten der Leiharbeitnehmer in der Dienststelle betreffen. Mitbestimmungsrechte kommen deshalb in einigen Fällen des § 75 Abs. 3 BPersVG in Betracht.[394]

8.3 Beteiligungsrechte der Mitarbeitervertretung

Nach § 118 Abs. 2 BetrVG, § 112 BPersVG finden weder das BetrVG noch das BPersVG Anwendung auf Religionsgemeinschaften und deren karitativen und erzieherischen Einrichtungen (beispielsweise Caritas und Diakonie) ohne Rücksicht auf deren Rechtsform. Auch § 14 AÜG sieht keine entsprechende Anwendung der Beteiligungsrechte für den kirchlichen Bereich vor. Eine solche Vorgabe wäre auch im Hinblick auf das Selbstbestimmungsrecht der Kirchen unzulässig.[395] Die Kirchen haben vielmehr für ihren Bereich ein Mitarbeitervertretungsrecht geschaffen. Nach diesem verwirklichen sie eine Mitwirkung und Mitbestimmung der Beschäftigten im kirchlichen Dienst.

Aufgrund des Selbstverständnisses der Kirche, nach dem Mitarbeiter und Dienstgeber gemeinsam den Sendungsauftrag erfüllen, können sich Besonderheiten bei der dauerhaften Überlassung von Leiharbeitnehmern ergeben.

Die Kirchen dürfen eigenständig festlegen, welche Loyalitätspflichten sie ihren Mitarbeitern auferlegen, um den Sendungsauftrag zu erfüllen.[396] Demnach können sie selber verbindlich bestimmen, was notwendig ist, um die Kirche und ihre Verkündigungen glaubwürdig erscheinen zu lassen, was die wesentlichen Grundsätze ihrer Glaubens- und Sittenlehre sind, was als deren Verstoß anzusehen ist und was unter die spezifisch kircheneigenen Aufgaben fällt.[397]

Letztlich kommt es auf die Frage an, ob es mit der Erfüllung des Sendungsauftrags zu vereinen ist, wenn Leiharbeitnehmer eines nicht der Dienstgemeinschaft zugehörigen Verlei-

---

[393] Schüren/*Hamann,* AÜG, § 14 Rn. 563 f.; Thüsing/*Thüsing*, AÜG, § 14 Rn. 195

[394] *Boemke/Lembke*, AÜG, § 14 Rn. 159; Schüren/*Hamann,* AÜG, § 14 Rn. 579 a; Thüsing/*Thüsing*, AÜG, § 14 Rn. 206; *Ulber,* AÜG, § 14 Rn. 198.

[395] Thüsing/*Thüsing*, AÜG, § 14 Rn. 190.

[396] *Thüsing,* Leiharbeitnehmer in Caritas und Diakonie – Rechtliche Grundlagen und personelle Grenzen der kirchlichen Dienstgemeinschaft, in: Festschrift Reinhard Richardi zum 70. Geburtstag, München 2007, S. 995.

[397] *Thüsing,* Kirchliches Arbeitsrecht, Tübingen 2006, S. 15.

hers dauerhaft innerhalb einer Dienstgemeinschaft eingesetzt werden können und ob der MAV aufgrund dessen besondere Mitbestimmungsrechte bei der Einstellung von Leiharbeitnehmern zustehen. Zu bemerken ist, dass auch die von den konfessionellen Krankenhäusern gegründeten Verleihunternehmen weltlich sind und nicht der Dienstgemeinschaft angehören.

8.3.1 Beteiligungsrechte in der katholischen Kirche nach der MAVO

Die für die Katholische Kirche geltende „Grundordnung des kirchlichen Dienstes im Rahmen kirchlicher Arbeitsverhältnisse" regelt in Artikel 8: *Zur Sicherung ihrer Selbstbestimmung in der Arbeitsorganisation kirchlicher Einrichtungen wählen die Mitarbeiterinnen und Mitarbeiter nach Maßgabe kirchengesetzlicher Regelung Mitarbeitervertretungen, die an Entscheidungen des Dienstgebers beteiligt werden. Das Nähere regelt die jeweils geltende Mitarbeitervertretungsordnung (MAVO). Die Gremien der Mitarbeitervertretungsordnung sind an diese Grundordnung gebunden.*

Hier wird ersichtlich, dass nicht von *der* Mitarbeitervertretungsordnung gesprochen werden kann. Vielmehr kann jede Diözese ihre eigene MAVO erlassen, da jeder Diözesanbischof der örtlich zuständige kirchliche Gesetzgeber ist und den diözesanen Gegebenheiten entsprechende Regelungen treffen kann. Es besteht jedoch die „Rahmenordnung für eine Mitarbeitervertretungsordnung" (MAVO), die als empfohlenes Muster für eine diözesane MAVO gilt[398] und deren Regelungen im Folgenden zugrunde gelegt werden.

8.3.1.1 Begriff des Mitarbeiters nach MAVO

Da § 14 AÜG keinen Verweis auf eine entsprechende Anwendung der Beteiligungsrechte nach der MAVO enthält, müssen die Leiharbeitnehmer vom Geltungsbereich der MAVO erfasst werden. Hierzu regelt § 3 MAVO, wer Mitarbeiterin und Mitarbeiter im Sinne der MAVO ist. Nach § 3 Abs. 1 S. 2 MAVO sind Mitarbeiterinnen oder Mitarbeiter, die dem Dienstgeber zur Arbeitsleistung im Sinne des Arbeitnehmerüberlassungsgesetzes überlassen werden, keine Mitarbeiterinnen und Mitarbeiter im Sinne der MAVO.

Die MAVO trifft an dieser Stelle eine ganz konkrete Aussage. Damit werden Leiharbeitnehmer nicht dem Begriff Mitarbeiter zugeordnet. Dies ist, wie im Folgenden dargestellt wird, wesentlich für die Beurteilung, ob die MAV bei der Einstellung von Leiharbeitnehmern zuständig ist und somit Mitwirkungs- und Beteiligungsrechte einfordern kann.[399]

---

[398] *Thiel* in Bleistein/Thiel, MAVO, Präambel, Rn. 2.

[399] *Thiel* in Bleistein/Thiel, a.a.O., § 3, Rn. 7.

8.3.1.2 Informationsrechte der MAV bei Einstellung von Leiharbeitnehmern

Die Beteiligungsrechte der MAV bei der Einstellung sind in § 34 MAVO geregelt. Dieser stellt unmittelbar auf den Begriff des Mitarbeiters ab, nur bei „Einstellung und Anstellung von Mitarbeiterinnen und Mitarbeitern" bedarf es der Zustimmung der MAV. Da aber Leiharbeitnehmer nach § 3 MAVO nicht dem Begriff Mitarbeiter zuzuordnen sind, entsteht hier kein Zustimmungsrecht der MAV. Selbst wenn die Beschäftigung eines Leiharbeitnehmers von vornherein über einen längeren Zeitraum beabsichtigt ist, liegt keine zustimmungspflichtige Einstellung i.S.v. § 34 MAVO vor.[400]

Die MAV besitzt jedoch ein Informationsrecht nach § 27 Abs. 1 MAVO.[401] Danach haben Dienstgeber und MAV eine gegenseitige Informationspflicht bezüglich Angelegenheiten, die die Dienstgemeinschaft betreffen. In welcher Form und in welchem Umfang die Informationspflicht besteht, ist indes nicht geregelt. Zu beachten ist aber die Pflicht zur vertrauensvollen Zusammenarbeit und der gegenseitigen Unterstützung zum Wohle der Einrichtung und ihrer Mitarbeiter nach § 26 Abs. 1 S. 1 MAVO. Deshalb kann auch auf Wunsch eine Aussprache zwischen Dienstgeber und MAV nach § 27 Abs. 1 MAVO anberaumt werden.[402]

Daraus kann gefolgert werden, dass der Entleiher die MAV zu informieren hat über den Einsatz von Leiharbeitnehmern, die Dauer der Überlassung, den Arbeitsplatz, den Einstellungstermin sowie sonstige wesentliche Informationen, die mit dem Einsatz eines Leiharbeitnehmers zusammenhängen. Für die konzerninterne Arbeitnehmerüberlassung bedeutet das fehlende Zustimmungsrecht, dass die MAV den Einsatz nicht verhindern kann, da sie lediglich das Informationsrecht besitzt.

8.3.1.3 Sonstige mitarbeitervertretungsrechtliche Aspekte

Der Leiharbeitnehmer ist in den Einrichtungen des Dienstgebers nicht wahlberechtigt. Er kann weder die MAV wählen noch selber gewählt werden. §§ 7, 8 MAVO stellen insoweit auch wieder auf den Begriff der Mitarbeiter ab. Das aktive Wahlrecht bei einer Abordnung nach § 7 Abs. 2 MAVO kommt nur bei einer Abordnung zwischen zwei Dienststellen zur Anwendung. Dieser Tatbestand ist bei der konzerninternen Arbeitnehmerüberlassung indes nicht gegeben.[403]

Die Verweisungen des § 14 AÜG auf die anderen Mitwirkungs- und Mitbestimmungsrechte des Betriebsrats gelten wegen fehlender entsprechender Anwendung nicht für die in kirchli-

---

[400] *Bleistein/Thiel* in Bleistein/Thiel, a.a.O., § 34 Rn. 11 ff.

[401] *Bleistein/Thiel* in Bleistein/Thiel, a.a.O., § 34 Rn. 11.

[402] *Bleistein/Thiel* in Bleistein/Thiel, a.a.O., § 27 Rn. 1.

[403] *Thiel* in Bleistein/Thiel, a.a.O., § 3 Rn. 52.

chen Einrichtungen tätigen Leiharbeitnehmer. Aufgrund der Ausklammerung der Leiharbeitnehmer aus dem Mitarbeiterbegriff hat die MAV keine Beteiligungsrechte nach der MAVO während des Einsatzes von Leiharbeitnehmern. Allerdings wird sich ein in der kirchlichen Einrichtung eingesetzter Leiharbeitnehmer bei Beschwerden während seines Einsatzes an die MAV wenden und diese zur Unterstützung oder Vermittlung zu Rate ziehen können. Basierend auf dem Grundsatz der vertrauensvollen Zusammenarbeit wird diese dem nachgehen.[404]

8.3.2 Beteiligungsrechte in der evangelischen Kirche nach dem MVG.EKD

Die Beteiligung der MAV in der evangelischen Kirche richtet sich nach dem „Kirchengesetz über Mitarbeitervertretungen in der Evangelischen Kirche in Deutschland“ (MVG.EKD). Zu beachten ist jedoch, dass es auch in der evangelischen Kirche nicht nur *ein* Mitarbeitervertretungsgesetz gibt. Vielmehr haben einige Landeskirchen in Anlehnung an das MVG.EKD eigene Gesetze erlassen, die nur für die jeweilige Landeskirche gelten. Im Folgenden werden die Beteiligungsrechte der MAV nach dem MVG.EKD dargestellt.

8.3.2.1 Anwendbarkeit des MVG.EKD auf Leiharbeitnehmer

Wegen fehlender Verweisung des § 14 AÜG auf die kirchenrechtlichen Beteiligungsregeln bei Einstellung eines Leiharbeitnehmers muss auch für den evangelischen Bereich zunächst beurteilt werden, ob das MVG.EKD und die sich daraus ergebenden Beteiligungsrechte für Leiharbeitnehmer gelten.

§ 2 MVG.EKD bestimmt, wer als Mitarbeiter im Sinne des MVG.EKD anzusehen ist. Nach § 2 Abs. 3 MVG.EKD gelten Personen, die aufgrund von Gestellungsverträgen beschäftigt sind, als Mitarbeiter und Mitarbeiterinnen im Sinne des MVG.EKD; ihre rechtlichen Beziehungen zu der entsendenden Stelle bleiben jedoch unberührt. Somit fallen auch Leiharbeitnehmer unter den Mitarbeiterbegriff des MVG.EKD. Die MAV ist bei der Einstellung eines Leiharbeitnehmers zu beteiligen.

8.3.2.2 Eingeschränktes Mitbestimmungsrecht der MAV bei Einstellung von Leiharbeitnehmern

Der MAV steht nach § 42 a i.V.m. § 2 Abs. 3 MVG.EKD ein eingeschränktes Mitbestimmungsrecht bei der Einstellung von Leiharbeitnehmern zu. Dieses Mitbestimmungsrecht dient in erster Linie dem kollektiven Interesse der bereits eingestellten Mitarbeiter.[405]

Anknüpfungspunkt für das Mitbestimmungsrecht der MAV ist ebenfalls die tatsächliche Eingliederung in die Dienststelle. Es kommt entscheidend darauf an, dass die zu beschäftigende Person in die Arbeitsorganisation der Dienststelle so eingegliedert ist, dass der

---

[404] *Thiel* in Bleistein/Thiel, a.a.O., § 3 Rn. 53.

[405] Andelewski/*Brachmann,* MVG.EKD, § 42 Rn. 7.

Dienstgeber ihr gegenüber Weisungen erteilen kann, die für ein Arbeitsverhältnis typisch sind. Deshalb kann der Einstellung auch ein Arbeitnehmerüberlassungsvertrag zugrunde liegen.[406] Gleich gestellt ist die Verlängerung des Einsatzes eines Leiharbeitnehmers.[407]

Das Mitbestimmungsrecht der MAV wird ausgelöst, wenn seitens des Entleihers konkret beabsichtigt wird, einen Leiharbeitnehmer einzustellen. Die MAV ist jedoch so früh wie möglich zu beteiligen, sodass sie in die Entscheidungsfindung mit einbezogen werden kann.[408] Hinsichtlich des Umfangs der zu erteilenden Informationen gilt ebenfalls wie im BetrVG und BPersVG, dass die MAV so zu informieren ist, dass sie in der Lage ist zu überprüfen, ob ein Zustimmungsverweigerungsgrund vorliegt. Deshalb kann bezüglich des Umfangs der Informationspflicht auf die Ausführungen zum Betriebsverfassungsrecht verwiesen werden.[409] Hinzuweisen ist nochmals darauf, dass auch der MAV nicht der Arbeitsvertrag des Leiharbeitnehmers vorzulegen ist.

8.3.2.3 Zustimmungsverweigerungsgründe nach § 41 Abs. 1 MVG.EKD

Die MAV besitzt nach § 42 MVG.EKD nur ein eingeschränktes Mitbestimmungsrecht. Die Einschränkung der Mitbestimmung bezieht sich auf § 41 MVG.EKD. Nach dieser Vorschrift darf die MAV bei einer Einstellung nicht aus jedem beliebigen Grund ihre Zustimmung verweigern, sondern nur aus den abschließend in § 41 Abs. 1 MVG.EKD genannten Gründen.

Die Zustimmungsverweigerungsgründe nach § 41 Abs. 1 MVG.EKD sind denen des Betriebs- und des Personalrats sehr ähnlich. Für die konzerninterne Arbeitnehmerüberlassung ergeben sich hier grundsätzlich keine weiteren Gründe, die der MAV zur Verweigerung zur Verfügung stehen. Insoweit kann auf die obigen Ausführungen verwiesen werden.[410] Allerdings ergeben sich bezüglich des Zustimmungsverweigerungsgrunds nach § 41 Abs. 1 a MVG.EKD Besonderheiten aufgrund des kirchlichen Selbstbestimmungsrechts.

Nach § 41 Abs. 1 a MVG.EKD kann die MAV ihre Zustimmung verweigern, wenn die Maßnahme gegen eine Rechtsvorschrift, eine Vertragsbestimmung, eine Dienstvereinbarung, eine Verwaltungsanordnung, eine andere bindende Bestimmung oder eine rechtskräftige gerichtliche Entscheidung verstößt. Ebenso wie im BetrVG und BPersVG muss auch hier die Maßnahme selbst gegen eine Rechtsvorschrift verstoßen.

---

[406] Andelewski/*Brachmann,* a.a.O., § 42 Rn. 8 ff., 23.

[407] Vgl. Andelewski/*Brachmann,* a.a.O., § 42 Rn. 11.

[408] Andelewski/*Brachmann,* a.a.O., § 42 Rn. 27.

[409] Siehe Seite 103; vgl. Andelewski/*Brachmann*, a.a.O, § 42 Rn. 29 ff.

[410] Vgl. Andelewski/*Brachmann,* a.a.O., § 41 Rn. 42 ff., 52, der hier dieselben Gründe aufführt und auch auf die Rechtsprechung und Kommentierung zum BetrVG verweist.

Grundsätzlich ist der Begriff der Rechtsvorschrift sehr weit gefasst, sodass u.a. das Grundgesetz, Gesetze, Rechtsverordnungen und Tarifverträge hierunter fallen. Aufgrund des verfassungsrechtlich garantierten Selbstbestimmungsrechts der Religionsgemeinschaften nach Art. 140 GG i.V.m. Art. 137 Abs. 3 WRV besitzen diese die Kompetenz zur kirchlichen Rechtssetzung in ihren eigenen Angelegenheiten. Deshalb steht der MAV bei Verstößen gegen solche kirchenrechtlichen Vorschriften ein Zustimmungsverweigerungsrecht zu. Unter diese Rechtsvorschriften fällt beispielsweise das MVG.EKD.[411] Ob der MAV in Bezug auf den dauerhaften Einsatz von Leiharbeitnehmern ein Verweigerungsrecht zusteht, hat der Kirchengerichtshof der EKD (KGH.EKD) in einem Beschluss vom 09.10.2006 entschieden.[412]

Ausgangspunkt dieses Beschlusses war die Verweigerung der Zustimmung zum Einsatz von Leiharbeitnehmern für die Dauer von zwei Jahren durch die MAV. Der Verleiher war eine von diakonischen Einrichtungen (u.a. Stiftung Friedehorst in Bremen[413]) gegründete Personal-Service-Gesellschaft, die Leiharbeitnehmer auf der Grundlage eines Zeitarbeitstarifvertrags beschäftigt und an diakonische Einrichtungen überlässt. Die Verweigerung erfolgte mit der Begründung, dass die Leiharbeitnehmer abweichend vergütet würden sowie dass eine Substitution von eigenen Mitarbeitern durch Leiharbeitnehmer stattfinden würde. Der Dienstgeber beantragte daraufhin beim zuständigen Kirchengericht die Ersetzung der verweigerten Zustimmung. Dem Antrag wurde entsprochen und die Zustimmung ersetzt. Die MAV reichte daraufhin Beschwerde beim KGH.EKD ein. Die Beschwerde hatte Erfolg.[414]

Der KGH.EKD hat zunächst ausdrücklich klargestellt, dass das Institut der Leiharbeit den diakonischen Dienstgebern nicht grundsätzlich verschlossen ist. Auf Leiharbeit soll allerdings nur bei kurzfristigem Bedarf, beispielsweise aufgrund von Urlaub, Krankheit oder Spitzenbedarf, zurückgegriffen werden. Ein dauerhafter Einsatz, der zum Ersatz von eigenen Mitarbeitern erfolgt, sei mit dem kirchlichen Arbeitsrecht nicht vereinbar. Eine Substitution verstoße gegen das Leitbild der Dienstgemeinschaft.[415]

Dieses Leitbild könne sowohl aus der Präambel des MVG.EKD als auch aus der Loyalitätsrichtlinie[416] abgeleitet werden. Nach diesem ist der Dienst der Kirche durch den Auftrag

---

[411] Andelewski/*Brachmann*, a.a.O., § 41 Rn. 24.

[412] KGH.EKD, II-0124/M 35-06, Beschluss, 09.10.2006, NZA 2007, 761.

[413] Siehe Ausgangsbeispiel Seite 23.

[414] KGH.EKD, 09.10.2006, a.a.O. (Fn. 412).

[415] KGH.EKD, 09.10.2006, a.a.O., (765).

[416] Richtlinie des Rates der Evangelischen Kirche in Deutschland nach Art. 9b Grundordnung über die Anforderungen der privatrechtlich beruflichen Mitarbeit in der Evangelischen Kirche in Deutschland und des Diakonischen Werkes der EKD.

bestimmt, das Evangelium in Wort und Tat zu bezeugen. Alle Mitarbeiter, die in Kirche und Diakonie tätig sind, wirken an der Erfüllung des Auftrags in unterschiedlicher Weise mit. Dienststellenleitung und Mitarbeiter sind aufgrund der gemeinsamen Verantwortung für den Dienst der Kirche und ihrer Diakonie zu einer vertrauensvollen Zusammenarbeit verpflichtet.[417] Aufgrund des dauerhaften Einsatzes von Leiharbeitnehmern würde die Mitarbeiterschaft aufgespaltet in Stamm- und Leiharbeitnehmer. Dies widerspreche dem Erfordernis einer organisatorischen Einheit, die für die Dienstgemeinschaft prägend ist. Die Leiharbeitnehmer würden der entleihenden Dienststelle und deren Mitarbeitern nicht unmittelbar die für eine Dienstgemeinschaft prägende Loyalität schulden. Die dauerhafte Substitution konterkariere deshalb die Idee des gemeinsamen Handelns innerhalb einer Dienstgemeinschaft, da ein Leiharbeitnehmer aufgrund des Arbeitsverhältnisses zum Verleiher nur diesem gegenüber Loyalität schulde und in der Dienststelle lediglich den Weisungsrechten unterworfen ist. Damit diene ein Leiharbeitnehmer letztlich zwei Herren. Der MAV steht deshalb ein Zustimmungsverweigerungsrecht nach § 41 Abs. 1 a MVG.EKD zu.[418]

Zudem liege ein Verstoß gegen kirchliches Recht vor, weil die Substitution von Mitarbeitern durch Leiharbeitnehmer mit dem Dritten Weg nicht vereinbar sei. Dies stelle eine Flucht aus dem Dritten Weg dar, die der kirchlichen Grundordnung vom Leitbild der Dienstgemeinschaft widerspreche und somit gegen kirchliches Recht verstoße.[419]

Eine kirchliche Einrichtung sei daher nicht frei in ihrer Entscheidung, durch wen sie Daueraufgaben erledigen lässt, d.h. ob durch eigene Mitarbeiter, durch Dritte über Werk- und Dienstverträge oder durch Leiharbeitnehmer.[420]

Diese Entscheidung des KGH.EKD ist in die Kritik geraten, vor allem wegen der Auslegung des Begriffs der Dienstgemeinschaft.[421] Dieser Begriff ist zunächst ein theologischer, allerdings formt das MVG.EKD diesen Begriff auch rechtlich aus, da der Gedanke der Dienstgemeinschaft dem Gesetz zugrunde liegt. Der Begriff der Dienstgemeinschaft i.S.d. MVG.EKD und der theologische Begriff decken sich nicht. Die Auslegung des Begriffs der Dienstgemeinschaft soll hier jedoch nicht vertieft werden. Deshalb ist grundsätzlich festzuhalten, dass, zumindest nach Ansicht des KGH.EKD, die dauerhafte Überlassung von Leih-

---

[417] Vgl. Präambel des MVG.EKD, § 2 der Loyalitätsrichtlinie.

[418] KGH.EKD, 09.10.2006, a.a.O. (Fn. 412), (764); in dem Beschluss werden die Regelungen der Landeskirche in Bremen herangezogen; hier werden die entsprechenden Regelungen im MVG.EKD zitiert.

[419] KGH.EKD, 09.10.2006, a.a.O, (765).

[420] KGH.EKD, 09.10.2006, a.a.O., (764).

[421] Vgl. *Manterfeld,* Perspektiven der Zeitarbeit in der Diakonie nach dem Beschluss des KGH.EKD, AuK 2007, 30; *Andelewski/Stützle,* Die Einstellung von Leiharbeitnehmern und das kirchliche Arbeitsrecht, NZA 2007, 723; *Joussen,* „Ut unum sint“ – Betriebsgemeinschaft und Dienstgemeinschaft im Arbeitsrecht, RdA 2007, 328 (334).

arbeitnehmern durch ein konzernangehöriges Verleihunternehmen gegen eine Rechtsvorschrift verstoße und der MAV ein Zustimmungsverweigerungsgrund bei einem dauerhaften Einsatz von Leiharbeitnehmern zusteht. Die MAV wird – im Gegensatz zum Betriebsrat, dem Personalrat oder der MAV der Katholiken - in die Lage versetzt, einen solchen Einsatz zu verhindern.

8.3.2.4 Mitbestimmungsverfahren

Die Einstellung eines Leiharbeitnehmers darf gemäß § 41 Abs. 3 i.V.m. § 38 Abs. 1 MVG.EKD erst vollzogen werden, wenn die Zustimmung der MAV vorliegt oder diese kirchengerichtlich ersetzt worden ist. Sofern die MAV die Zustimmung verweigert und diese auch nicht kirchengerichtlich ersetzt wird, muss die Einstellung des Leiharbeitnehmers unterbleiben.

Der Entleiher muss die Zustimmung der MAV gemäß § 38 Abs. 2 MVG.EKD ausdrücklich oder konkludent beantragen, die bloße Unterrichtung reicht nicht aus.[422] Nach Antragstellung kann die MAV innerhalb von zwei Wochen die Zustimmung zur Maßnahme schriftlich unter Angabe der Gründe verweigern. Allerdings kann sie auch innerhalb dieser Frist eine mündliche Erörterung beantragen. *„Die Erörterungsgespräche müssen mit dem ernsthaften Bemühen um die Darstellung der beabsichtigten Maßnahme, ein Verstehen der jeweils anderen Position und dem Willen zur Einigung geführt werden“.*[423] Die MAV muss jedoch nicht im Anschluss an diese Gespräche der Maßnahme zustimmen, sie kann diese auch ablehnen. Sowohl MAV als auch Entleiher können die Erörterung für beendet erklären, weil eine Einigung nicht mehr möglich erscheint.

Für die Verweigerung der Zustimmung ist es nicht notwendig, dass die vorgebrachten Gründe in sich widerspruchsfrei oder zutreffend sind. Dem Entleiher steht insoweit kein Prüfungsrecht zu, die Prüfung der Schlüssigkeit der vorgetragenen Gründe sowie der Begründetheit der Verweigerung an sich obliegt den Kirchengerichten. Deshalb müssen die seitens der MAV vorgebrachten Einwände nicht die Zustimmungsverweigerung rechtfertigen, im Ergebnis brauchen sie auch nicht einleuchtend zu sein. Sie müssen lediglich im Zusammenhang mit den Zustimmungsverweigerungsgründen nach § 41 Abs. 1 MVG.EKD stehen.[424]

Die Zustimmungsverweigerung muss sich indes auf die von dem Entleiher konkret beabsichtigte Maßnahme beziehen. Eine bloße Bezugnahme oder Wiedergabe des Wortlauts einer der in § 41 Abs. 1 MVG.EKD genannten Gründe ist nicht ausreichend.[425]

---

[422] Andelewski/*Andelewski,* a.a.O., § 38 Rn. 12.

[423] Andelewski/*Andelewski,* a.a.O., § 38 Rn. 17.

[424] Andelewski/*Andelewski,* a.a.O., § 38 Rn. 52.

[425] Andelewski/*Brachmann,* a.a.O., § 41 Rn. 18.

Sofern die MAV der Maßnahme zustimmt bzw. die Zustimmung nach § 38 Abs. 3 S. 1 MVG.EKD fingiert wird, kann der Entleiher den Leiharbeitnehmer einstellen. Verweigert sie hingegen die Zustimmung, so hat die Maßnahme zu unterbleiben. Trotz Verweigerung kann der Entleiher den Leiharbeitnehmer jedoch einsetzen, wenn es sich um eine vorläufige Regelung nach § 38 Abs. 5 MVG.EKD handelt. Dabei muss es sich um eine Maßnahme handeln, die keinen Aufschub duldet, beispielsweise wenn eine zeitliche Verzögerung, die durch das Mitbestimmungsverfahren entstehen würde, zu einer schweren Beeinträchtigung der Funktionsfähigkeit der Dienststelle führen würde.[426] Die MAV ist über die vorläufige Regelung zu benachrichtigen. Des Weiteren muss die Maßnahme begründet sowie das Mitbestimmungsverfahren unverzüglich eingeleitet bzw. fortgesetzt werden.

Verweigert die MAV ihre Zustimmung, so kann der Entleiher die Ersetzung der Zustimmung innerhalb von zwei Wochen nach Abschluss der Erörterung bzw. Eingang der schriftlichen Zustimmungsverweigerung durch das Kirchengericht beantragen (§§ 38 Abs. 4, 60 Abs. 5, 6 MVG.EKD). In den Fällen der eingeschränkten Mitbestimmung, wie hier vorliegend, hat das Kirchengericht nach § 60 Abs. 5 MVG.EKD lediglich zu prüfen und festzustellen, ob für die MAV ein Grund zur Verweigerung der Zustimmung nach § 41 Abs. 1 MVG.EKD vorliegt. Sofern das Kirchengericht entgegen der Auffassung des KGH.EKD feststellt, dass kein Grund vorliegt, ersetzt es die Zustimmung.

8.4 Zusammenfassung

Weder der Betriebsrat noch der Personalrat können die Übernahme eines Leiharbeitnehmers deshalb verhindern, weil dieser von einem konzerninternen Verleiher überlassen wird. Allerdings können sie den Einsatz hinauszögern, wenn sie ihre Zustimmung aus einem der gesetzlich abschließend aufgeführten Gründe verweigern. Denn dann wird eine Klärung durch das Arbeitsgericht bzw. die Einigungsstelle notwendig. Bis dahin darf aber - abgesehen von einer vorläufigen Regelung - der Leiharbeitnehmer nicht im Entleiherbetrieb beschäftigt werden.

Der MAV in der katholischen Kirche steht nach der MAVO kein Zustimmungsverweigerungsrecht zur Verfügung. Sie hat nur ein Informationsrecht. Daher ist sie nicht in der Lage, die Einstellung eines Leiharbeitnehmers zu verhindern. Sie kann auch nicht den Einsatz eines Leiharbeitnehmers hinauszögern, so wie es bei Betriebs- und Personalrat möglich ist.

Lediglich der MAV in der evangelischen Kirche steht aufgrund der kirchenrechtlichen Besonderheiten ein Zustimmungsverweigerungsrecht zur Verfügung, mit dem sie den Einsatz von Leiharbeitnehmern verhindern kann. Bemerkenswert ist allerdings, dass die Stiftung Friedehorst, die Beteiligte des Verfahrens vor dem KGH.EKD war, nach wie vor über ihre Personal-Service-GmbH Leiharbeitnehmer entleiht. Die Entscheidung des KGH.EKD

[426] Vgl. Andelewski/*Andelewski,* a.a.O., § 38 Rn. 65.

wird demnach nicht über die ihr zugrunde liegenden Fälle hinaus umgesetzt.[427] Zwar stünde der MAV ein Zustimmungsverweigerungsrecht zu; der Einsatz der Leiharbeitnehmer wird allerdings als vorläufige Maßnahme nach § 38 Abs. 5 MVG.EKD deklariert, deren Durchführung keinen Aufschub dulde. Die Dienststelle beantragt vor Einsatz des jeweiligen Leiharbeitnehmers nicht die Zustimmung bei der MAV. Diese Handhabung ist kein Verstoß gegen das Urteil des KGH.EKD, da diesem lediglich *ein* bestimmter Sachverhalt zugrunde lag. Auch andere Einrichtungen lassen es anscheinend auf eine Entscheidung des für sie jeweils örtlich zuständigen Gerichts ankommen.[428]

[427] *Gathmann,* Wo Kirche draufsteht, muss auch Kirche drin sein, AuK 2007, 106.

[428] *Baumann-Czichon,* Wider die Säkularisierung der Diakonie – Oder warum das Verbot ersetzender Leiharbeit unverzichtbar ist, AuK 2007, 35 (39).

9 Überblick der möglichen Änderungen im AÜG

Anhand der vorangegangenen Ausführungen, insbesondere zu den maßgeblichen Änderungen im AÜG, ist ersichtlich, dass die konzerninterne Arbeitnehmerüberlassung nur solange möglich und auch ökonomisch attraktiv ist, wie sich die gesetzlichen Regelungen nicht wesentlich ändern.

Seit der Liberalisierung des AÜG durch die „Hartz I“ – Gesetzgebung sind die Bestimmungen des AÜG aufgrund der Entwicklung der Leiharbeit in Deutschland jedoch zunehmend in die Kritik geraten. Denn seit diesem Zeitpunkt ist die Anzahl der Leiharbeitnehmer von 399.789 (Stichtag 30.06.2004) auf 793.661 (Stichtag 30.06.2008) angestiegen.[429] Diese Entwicklung hat vor allem die Gewerkschaften und die Politik dazu gebracht, über mögliche Änderungen nachzudenken.

In der Diskussion ist zum einen die bereits angesprochene Aufnahme der Arbeitnehmerüberlassungsbranche in das AEntG bzw. nach der Ablehnung die Einführung einer Lohnuntergrenze in das AÜG, um den Leiharbeitnehmern einen ausreichenden Schutz zu gewähren und Dumpinglöhne zu verhindern. Diese Änderung wird aber voraussichtlich keine erheblichen negativen Auswirkungen auf die konzerninterne Arbeitnehmerüberlassung mit sich bringen, denn wie die Ausgangsbeispiele und auch die den Beschlüssen des Landesarbeitsgerichts Niedersachsen zugrunde liegenden Sachverhalte zeigen, erhalten die Leiharbeitnehmer bei der konzerninternen Arbeitnehmerüberlassung nicht nur den Tariflohn, sondern zudem noch übertarifliche Zulagen. Eine Anhebung des Lohnniveaus wird sich deshalb nicht erheblich auswirken.

Zum anderen werden auch die derzeitigen Bestimmungen des AÜG sowie deren mögliche Änderungen diskutiert, vor allem die hier maßgeblichen Änderungen in Form der Aufhebung der Höchstüberlassungsdauer sowie der Abweichung vom „equal pay/equal treatment“ – Grundsatz.

Die Diskussion beschränkt sich jedoch nicht nur auf Deutschland und die hier geltenden Bestimmungen. Vielmehr sind die Arbeitsbedingungen von Leiharbeitnehmern ein Thema, mit dem sich auch die Europäische Union (EU) beschäftigt.

Deshalb soll an dieser Stelle ein kurzer Überblick über mögliche Änderungen des AÜG in Bezug auf die für die konzerninterne Arbeitnehmerüberlassung relevanten Vorschriften gegeben werden.

---

[429] Statistik der Bundesagentur für Arbeit, Arbeitsmarkt in Zahlen, Arbeitnehmerüberlassung, 1. Halbjahr 2008, Nürnberg 2008, Tabelle 8.

9.1 Änderungen im AÜG aufgrund der Richtlinie über Leiharbeit

Auf EU-Ebene lag seit dem Jahr 2002 ein Richtlinienentwurf[430] vor, der die Arbeitsbedingungen von Leiharbeitnehmern regeln sollte. Gemäß dessen Begründung soll den Leiharbeitnehmern EU-weit ein Mindestmaß an Schutz gewährt werden. Des Weiteren soll damit ein Beitrag zur Weiterentwicklung der Arbeitnehmerüberlassung als flexible Lösung sowohl für Arbeitgeber als auch für Arbeitnehmer geleistet werden.

Nach mehrjährigen Verhandlungen und Diskussionen über diese Richtlinie erzielten die Arbeitsminister der EU-Mitgliedstaaten im Beschäftigungsministerrat am 09.06.2008 eine Einigung über diese Richtlinie zur Leiharbeit.[431]

Zur Einigung hierüber kam es zu diesem Zeitpunkt vor allem deshalb, weil sich Großbritannien als einer der letzten Gegner einer stärkeren Regulierung der Leiharbeit wenige Wochen vorher mit Arbeitgebern und Gewerkschaften auf die Geltung des „equal pay“ – Grundsatzes nach einer zwölfwöchigen Einarbeitungszeit geeinigt hat. Damit schien der Weg einer einheitlichen Regelung für die EU geebnet zu sein.[432] Allerdings hat auch Deutschland in den vergangenen Jahren eine Einigung über den Richtlinienentwurf blokkiert.[433]

Die Richtlinie (Art. 249 EGV) wird zu einer Vereinheitlichung der bislang in den jeweiligen EU-Mitgliedstaaten bestehenden unterschiedlichen Regelungen zur Arbeitnehmerüberlassung führen. Inhaltlich werden diese angeglichen, durch die Richtlinie wird ein auf Gemeinschaftsebene harmonisierter Rahmen zum Schutz der Leiharbeitnehmer geschaffen. Hinsichtlich des zu erreichenden Ziels ist eine Richtlinie verbindlich, die Wahl der Form und der Mittel ist jedoch den Mitgliedstaaten überlassen. Eine Richtlinie entfaltet indes, anders als die Verordnung, keine unmittelbare Wirkung im innerstaatlichen Recht. Sie begründet deshalb nicht unmittelbare Rechte und Pflichten Einzelner. Vielmehr muss eine Richtlinie erst seitens des deutschen Gesetzgebers umgesetzt werden.

Das Europäische Parlament hat den gemeinsamen Standpunkt des EU-Rates ohne Änderung gebilligt und die Richtlinie über Leiharbeit am 22.10.2008 verabschiedet. Die Richtlinie wurde am 05.12.2008 im Amtsblatt der Europäischen Union veröffentlicht. Somit ist

---

[430] Geänderter Vorschlag für eine Richtlinie des Europäischen Parlaments und des Rates über die Arbeitsbedingungen von Leiharbeitnehmern, KOM (2.002)701 endg..

[431] Politische Einigung im EU-Ministerrat zu den Richtlinien über Arbeitszeit und Leiharbeit am 9. Juni 2008, Material zur Information des Bundesministerium für Arbeit und Soziales; Geänderter Vorschlag für eine Richtlinie des Europäischen Parlaments und des Rates über die Arbeitsbedingungen von Leiharbeitnehmern, 9687/08 SOC 300 CODEC 625.

[432] Tagesspiegel vom 01.06.2008, „Rechte für Leiharbeiter gestärkt“.

[433] Die Welt vom 17.09.2007, „Leiharbeit: EU setzt Deutschland unter Druck“; *Lembke,* Die „Hartz-Reform“ des Arbeitnehmerüberlassungsgesetzes, BB 2003, 98 (100).

die Richtlinie an diesem Tag in Kraft getreten. Die Umsetzungsfrist beläuft sich auf drei Jahre, sodass der deutsche Gesetzgeber bis zum 05.12.2011 Zeit hat, das deutsche Arbeitnehmerüberlassungsrecht anzupassen.

Deshalb ist hier ein Blick auf die vorgesehenen Regelungen der Richtlinie zu werfen. Die für die konzerninterne Arbeitnehmerüberlassung interessierenden Regelungen sind vor allem solche über eine Höchstüberlassungsdauer sowie über den „equal pay/equal treatment“ – Grundsatz.

9.1.1 Höchstüberlassungsdauer

Die Richtlinie trifft bezüglich einer Höchstüberlassungsdauer keine Regelung. Demnach ist es die alleinige Entscheidung des deutschen Gesetzgebers, eine solche wieder einzuführen.

9.1.2 „Equal pay/equal treatment” - Grundsatz

Die Richtlinie trifft in Art. 5 Regelungen bezüglich des „equal pay/equal treatment“ – Grundsatzes. Nach Abs. 1 entsprechen die wesentlichen Arbeits- und Beschäftigungsbedingungen der Leiharbeitnehmer während der Dauer der Überlassung an ein entleihendes Unternehmen mindestens denjenigen, die für sie gelten würden, wenn sie von jenem genannten Unternehmen unmittelbar für den gleichen Arbeitsplatz eingestellt worden wären.

Art. 5 Abs. 2 – 4 enthalten Abweichungsmöglichkeiten von diesem Grundsatz. Nach Abs. 2 können die Mitgliedstaaten nach Anhörung der Sozialpartner in Bezug auf das Arbeitsentgelt die Möglichkeit vorsehen, von dem soeben genannten Grundsatz abzuweichen, wenn Leiharbeitnehmer, die einen *unbefristeten Vertrag* mit dem Leiharbeitsunternehmen abgeschlossen haben, auch in der Zeit zwischen den Überlassungen bezahlt werden.

Art. 5 Abs. 3 sieht vor, dass die Mitgliedstaaten nach Anhörung der Sozialpartner diesen die Möglichkeit einräumen können, auf der geeigneten Ebene und nach Maßgabe der von den Mitgliedstaaten festgelegten Bedingungen Tarifverträge aufrechtzuerhalten oder zu schließen, die unter Achtung des Gesamtschutzes von Leiharbeitnehmern Regelungen in Bezug auf die Arbeits- und Beschäftigungsbedingungen von Leiharbeitnehmern enthalten können, die von dem „equal pay/equal treatment“ – Grundsatz abweichen können.

Zudem besteht in Art. 5 Abs. 4 eine weitere Regelung zur Abweichung vom Grundsatz des „equal pay/equal treatment“, wenn die Mitgliedstaaten kein gesetzliches System haben, durch das Tarifverträge allgemeine Gültigkeit erlangen. Da dies in Deutschland jedoch nicht der Fall ist, ist diese Ausnahmeregelung unbeachtlich.

Zu erwähnen ist noch Art. 5 Abs. 5 der Richtlinie. Hiernach sollen die Mitgliedstaaten die erforderlichen Maßnahmen ergreifen, um eine missbräuchliche Anwendung des Art. 5 zu verhindern. Über die Maßnahmen ist die Europäische Kommission zu unterrichten.

Auffällig ist, dass die Regelung in Abs. 1 sehr große Ähnlichkeit mit den derzeit im deutschen Recht bestehenden Regelungen hat (§§ 9 Nr. 2, 3 Abs. 1 Nr. 3 AÜG). Dies ist darauf zurückzuführen, dass der deutsche Gesetzgeber sich damals die geplante Richtlinie zum

Vorbild für die Regelung im AÜG genommen hatte.[434] Auch die Abweichungsmöglichkeit durch Tarifvertrag nach Abs. 3 ist sehr ähnlich mit der deutschen Regelung. Eine vom „equal pay“ – Grundsatz abweichende Regelung, wie es in Abs. 2 vorgesehen ist, ist im AÜG jedoch bislang noch nicht enthalten.

Die Richtlinie sieht demnach neben der Abweichungsmöglichkeit nach Abs. 2 bei Vorliegen eines unbefristeten Vertrages und Zahlung des Entgelts für verleihfreie Zeiten auch eine Abweichungsmöglichkeit durch Tarifvertrag vor, ebenso wie im geltenden deutschen Recht. Nach Ansicht des Bundesministeriums für Arbeit und Soziales entspricht das deutsche Recht bereits den neuen europäischen Standards, sodass deshalb keine wesentlichen Änderungen im AÜG notwendig sein werden.[435]

Der deutsche Gesetzgeber ist gefordert, das AÜG bis zum Ablauf der Umsetzungsfrist am 05.12.2011 auf die Vereinbarkeit mit der Richtlinie zu überprüfen. Bei einer Richtlinie liegt aber nur eine Mindestharmonisierung vor, sodass dem deutschen Gesetzgeber ein Spielraum bei der Umsetzung eingeräumt wird. Deshalb bleibt abzuwarten, ob der deutsche Gesetzgeber über die durch die Umsetzung möglicherweise notwendigen Änderungen hinaus noch weitere Änderungen im AÜG vornehmen wird. Deshalb wird im Folgenden kurz aufgezeigt, welche Änderungsvorschläge in Deutschland unabhängig von der EU-Richtlinie diskutiert werden.

9.2 Änderungsvorschläge im deutschen Recht

Im deutschen Recht gab es in den vergangenen Jahren immer wieder Vorstöße und Initiativen, die den Druck auf den Gesetzgeber erhöhen sollten, um eine Änderung der Bestimmungen des AÜG zu erreichen und somit die Liberalisierung ein Stück weit aufzuheben.

9.2.1 Einblick in die Vorschläge

Vor allem sind es die Gewerkschaften, die sich gegen Leiharbeit und die derzeitigen Regelungen aussprechen. Zu nennen ist in diesem Zusammenhang beispielsweise die Kampagne „Gleiche Arbeit – Gleicher Lohn“ der IG-Metall, mit der sie erreichen will, dass Leiharbeitnehmer den gleichen Lohn erhalten wie ein Stammarbeitnehmer. Hierzu versucht sie, mit Entleihern auf betrieblicher Ebene Vereinbarungen zu treffen, nach denen der Grundsatz des „equal pay“ eingehalten wird.[436] Aber auch die Gewerkschaft ver.di hat angekündigt, gegen die immer stärker wachsende Branche Leiharbeit vorzugehen, vor allem im Hinblick darauf, dass immer mehr Stammarbeitnehmer durch Leiharbeitnehmer ersetzt

---

[434] *Lembke,* a.a.O. (Fn. 433).

[435] Politische Einigung im EU-Ministerrat, a.a.O. (Fn. 431); Pressemitteilung des Bundesministerium für Arbeit und Soziales vom 22.10.2008.

[436] Die Welt vom 10.04.2008, „IG Metall sagt der Zeitarbeit den Kampf an“.

werden. Sie wolle als Gewerkschaft den Gesetzgeber auffordern, durch Gesetzesänderungen hiergegen etwas zu unternehmen.[437]

Gewerkschaften fordern nicht nur das gleiche Arbeitsentgelt für die Leiharbeitnehmer, sondern auch die Wiedereinführung der Höchstüberlassungsdauer oder eine Festlegung von Höchstquoten der im Entleiherbetrieb mit Leiharbeitnehmern besetzten Arbeitsplätze.[438] So soll vor allem die Substitution von Stammarbeitnehmern durch Leiharbeitnehmer verhindert werden.

Unterstützt werden sie hierbei von der Linkspartei und auch der SPD. Diese fordern ebenfalls eine Einführung von Höchstquoten für Leiharbeitnehmer in einem Entleiherbetrieb, eine größere Mitsprache des Betriebsrats bei der Übernahme von Leiharbeitnehmern sowie gleiche Entlohnung wie ein vergleichbarer Stammarbeitnehmer.[439] Letzteres soll nach Vorstellung der SPD nach einer angemessenen Einarbeitungszeit gelten. Insgesamt gehe es der SPD aber nicht nur darum, dass die Leiharbeitnehmer das gleiche Arbeitsentgelt erhalten, sondern auch um gleiche Arbeitszeiten sowie Vergünstigungen wie Urlaubs- und Weihnachtsgeld. Hierdurch wirke man den Fehlentwicklungen, die in den vergangenen Jahren durch die Deregulierung der Arbeitnehmerüberlassung entstanden sind, entgegen.[440]

Wirtschaftminister *Michael Glos* (CSU) hingegen warnt, die Deregulierung der Arbeitnehmerüberlassung wieder rückgängig zu machen. Dies würde den Verlust vieler Arbeitsplätze bedeuten.[441] Auch die Zeitarbeitgeber warnen vor allem vor der von einigen Parteien und Gewerkschaften angestrebten gleichen Entlohnung der Leiharbeitnehmer. Dies würde hunderttausende Arbeitsplätze kosten. Zudem müssten die Verleiher über rund 67.000 Tarifverträge Kenntnisse erlangen, wenn die Leiharbeitnehmer so entlohnt werden müssten wie ein vergleichbarer Stammarbeitnehmer im Entleiherbetrieb.[442] Für die Leiharbeitnehmer würde dies ebenfalls einen Nachteil bedeuten, da sie mit einem ständig wechselnden Lohnniveau umgehen müssten und hierbei keine Planungssicherheit hätten.[443]

Darüber hinaus gibt es noch weitere Vorschläge, inwieweit die Arbeitnehmerüberlassung zu beschränken sei. Dieser Einblick sollte jedoch nur die wichtigsten und für die konzerninterne Arbeitnehmerüberlassung relevantesten Argumente aufzeigen. Neben diesen Äuße-

---

[437] Die Welt vom 29.12.2007, „Ver.di sieht im neuen Jahr Konflikte heraufziehen".

[438] FAZ vom 10.12.2007, „Streit über Zeitarbeit".

[439] Focus vom 07.01.2008, „Kolbenfresser im Jobmotor".

[440] Handelsblatt vom 23.10.2007, „Zeitarbeitsbranche empört über SPD-Pläne"; Financial Times Deutschland vom 29.01.2008, „Dossier Glos warnt vor Kahlschlag bei Zeitarbeit".

[441] FAZ vom 17.12.2007, „Glos warnt vor Änderungen des Arbeitnehmerüberlassungsgesetzes"; Focus vom 07.01.2008.

[442] FAZ vom 17.12.2007, a.a.O.

[443] FAZ vom 10.12.2007, „Streit über Zeitarbeit".

rungen in der Presse gab es auch bereits einen Gesetzentwurf zur Änderung des AÜG bezüglich der für die konzerninterne Arbeitnehmerüberlassung interessierenden Normen.

9.2.2 Gesetzentwurf zur Änderung des AÜG

Die Partei „DIE LINKE“ hat im März 2007 einen Gesetzesentwurf zur Änderung des AÜG in den Bundestag eingebracht.[444] Dieser sah vor, die beiden Ausnahmeregelungen vom „equal pay/equal treatment“ – Grundsatz (§§ 9 Nr. 2, 3 Abs. 1 Nr. 3 AÜG) ersatzlos zu streichen. Demnach müssten dem Leiharbeitnehmer vom ersten Tag an und ohne Ausnahme die gleichen Arbeitsbedingungen einschließlich des Arbeitsentgelts gewährt werden wie einem vergleichbaren Stammarbeitnehmer. Als Begründung wurde angeführt, dass die derzeitige Regelung Lohndumping ermöglichen würde und hierdurch insbesondere Stammarbeitnehmer durch Leiharbeitnehmer substituiert werden. Gleiche Einkommen bei Stamm- und Leiharbeitnehmern verhindere diese Substitution.

Im September 2007 stellte die Partei „BÜNDNIS 90 / DIE GRÜNEN“ einen Änderungsantrag zu diesem Gesetzesentwurf.[445] Dieser Änderungsantrag sah die vollständige Streichung des § 1 Abs. 3 Nr. 2 AÜG (erlaubnisfreie Konzernleihe) vor. Zudem sollten die Ausnahmeregelungen der §§ 9 Nr. 2, 3 Abs. 1 Nr. 3 AÜG bestehen bleiben. Allerdings wurde beantragt, die Tariföffnungsklausel dahingehend zu ändern, dass nur ein Tarifvertrag abweichende Regelungen zulassen kann, soweit er allgemeinverbindlich ist und die Überlassung an einen Entleiher die Dauer von höchstens drei Monaten nicht überschreitet. Zudem sollte sowohl § 3 Abs. 1 Nr. 3 AÜG als auch § 9 Nr. 2 AÜG dahingehend ergänzt werden, dass die Erlaubnis auch dann zu versagen bzw. eine Vereinbarung auch dann unwirksam ist, wenn Leiharbeitnehmer vor der Überlassung als Arbeitnehmer im Betrieb des Entleihers am selben oder an einem vergleichbaren Arbeitsplatz tätig waren. Begründet wurde auch dieser Antrag mit der vermehrten Überlassung zur Absenkung von Löhnen, zur Verschlechterung von Arbeitsbedingungen sowie zur Substitution von Stamm- durch Leiharbeitnehmer. Eine deutliche Verschärfung der Erlaubnispflicht durch Wegfall des § 1 Abs. 3 Nr. 2 AÜG und eine sinnvolle Eingrenzung der Ausnahmeregelung vom „equal pay/equal treatment“ – Grundsatz könne diese Vorgehensweise verhindern.

Die Anträge wurden jedoch auf Empfehlung des Ausschusses für Arbeit und Soziales abgelehnt. Bei einer öffentlichen Anhörung hatten sich zuvor die überwiegende Anzahl der gehörten Sachverständigen gegen die vorgeschlagene Beschränkung ausgesprochen.[446]

Allerdings hatte die Bundesregierung auch schon vorher eine Tendenz dahingehend gesehen, dass die Leiharbeit nicht immer nur neue Arbeitsplätze schafft, sondern auch eine Substitution stattfindet. Eine Korrektur hatte sie sich grundsätzlich offen gehalten, sofern

[444] BT-Drs. 16/4805.

[445] BT-Drs. 16(11)734.

[446] BT-Drs. 16/7513.

sich Fehlentwicklungen abzeichnen, so die Antwort auf die bereits erwähnte Kleine Anfrage betreffend „Konzerninterne Arbeitnehmerüberlassung“.[447]

Festzuhalten ist jedenfalls, dass die Aussage des Bundesministeriums für Arbeit und Soziales zum Änderungsbedarf aufgrund der EU-Richtlinie nicht auf eine hierüber hinausgehende Änderung des AÜG in naher Zukunft deutet (mit Ausnahme einer möglichen Einführung einer Lohnuntergrenze im AÜG). Es bleibt dennoch abzuwarten, ob möglicherweise eine durch die Umsetzung der EU-Richtlinie erforderliche Änderung des AÜG zum Anlass genommen wird, auch weitere Änderungen vorzunehmen.

Aufgrund der hier ausgewählten Beispiele ist auch ersichtlich, dass die Meinungen der Parteien erheblich differieren. Bemerkenswert ist, dass auch die SPD, obwohl sie damals die Hartz-Gesetzgebung und somit die Liberalisierung des AÜG auf den Weg gebracht hat, jetzt die Deregulierung zumindest in Teilen wieder rückgängig machen möchte. Deshalb bleibt im Hinblick auf die anstehende Wahl im Jahr 2009 und einem damit möglicherweise verbundenen Wechsel der Bundesregierung die Frage offen, ob die Vorschriften des AÜG in näherer Zukunft geändert werden und die Möglichkeit der konzerninternen Arbeitnehmerüberlassung weiterhin gegeben ist. Letztendlich wird dies eine politische Entscheidung sein.

[447] BT-Drs. 16/6221; siehe Seite 76.

Fazit

Die Ausführungen zur konzerninternen Arbeitnehmerüberlassung zeigen, dass diese Thematik rechtlich, wirtschaftlich und auch politisch bedeutend ist.

Der Gesetzgeber hat durch das „Erste Gesetz für moderne Dienstleistungen am Arbeitsmarkt" die Arbeitnehmerüberlassung dereguliert und somit die gesetzlichen Rahmenbedingungen für eine dauerhafte Substitution von Stammarbeitnehmern durch Leiharbeitnehmer geschaffen. Zudem wurde die Abweichungsmöglichkeit des „equal pay/equal treatment" - Grundsatzes eingeführt, der die Substitution für die Unternehmen ökonomisch attraktiv gemacht hat.

Die vor diesem Hintergrund entstandene konzerninterne Arbeitnehmerüberlassung, bei der ein Unternehmen seine eigene Verleihgesellschaft gründet, ist nach der hier vertretenen Ansicht zulässig und mit dem AÜG vereinbar. Auch den Arbeitnehmervertretungen steht, mit Ausnahme der MAV in der evangelischen Kirche, kein Zustimmungsverweigerungsgrund für den dauerhaften Einsatz von Leiharbeitnehmern des konzerneigenen Verleihunternehmens zu.

Die generelle Möglichkeit der Substitution, die Abweichungsmöglichkeit des „equal pay/equal treatment" – Grundsatzes durch Tarifvertrag sowie die daraus möglich gewordene konzerninterne Arbeitnehmerüberlassung tragen wahrscheinlich in hohem Maße dazu bei, dass die Arbeitnehmerüberlassungsbranche in Deutschland so umstritten ist.

Aus wirtschaftlicher Sicht ist die Substitution von „teurem Stammpersonal" durch „billige Leiharbeitnehmer" verständlich. Die Senkung von Kosten stellt ein legitimes wirtschaftliches Ziel dar. Zudem bietet sich hier für Unternehmen ein Kosteneinsparpotential, das durch Änderung von gesetzlichen Rahmenbedingungen geschaffen wurde.

Aus gesellschaftspolitischer Sicht kann die Substitution von Stammarbeitnehmern durch Leiharbeitnehmer aber nicht generell nachvollzogen werden. Denn die Arbeitnehmerüberlassung sollte grundsätzlich, trotz der Deregulierung und einem veränderten Leitbild, die typische Beschäftigungsform, bei der ein Arbeitnehmer in dem Betrieb seines Arbeitgebers tätig ist und von diesem die Weisungen erhält, nicht verdrängen. Nach der hier vertretenen Ansicht ist aus gesellschaftspolitischer Sicht eine differenzierte Betrachtung vorzunehmen. In wirtschaftlich schwierigen Situationen mag hinter der Entscheidung, auf die konzerninterne Arbeitnehmerüberlassung zurückzugreifen, ein nachvollziehbares Interesse bestehen. Denn hierdurch kann möglicherweise die Existenz eines Unternehmens erhalten und somit Arbeitsplätze langfristig gesichert werden. Diese Intention trifft für wirtschaftlich gut dastehende Unternehmen jedoch nicht zu, deren Existenz nicht gefährdet ist und die ihre entstehenden Kosten mit den Erträgen decken können.

Der hier im Speziellen beleuchtete Krankenhaussektor ist durch die gesetzlichen Restriktionen und die Umstellung des Vergütungssystems in einer wirtschaftlich schwierigen Situation. Dies trifft zwar nicht für alle, jedoch für viele Einrichtungen zu. Die Entgelte für die Behandlungen können sie nicht selbständig festlegen. Außerdem müssen sie zunehmend die grundsätzlich staatlich zugesicherten Investitionskosten selber tragen. Im Weiteren ist bedeutsam, dass einige Tarifverträge, wie beispielsweise der TVöD oder TV-L, sowie die AVR keine speziellen Vergütungsregelungen für den Krankenhausbereich vorsehen. Daher kann die konzerninterne Arbeitnehmerüberlassung dazu beitragen, die wirtschaftliche Notlage zu bewältigen und hierdurch Arbeitsplätze langfristig zu sichern.

Der Entscheidung für die Gründung einer Personal-Service-Gesellschaft sollten jedoch nicht nur allein wirtschaftliche und rechtliche Aspekte zugrunde gelegt werden. Denn diese Entscheidung wirkt sich auch auf die verbleibende Belegschaft aus. Mit der Gründung einer konzerneigenen Personal-Service-Gesellschaft wächst der Druck und die Angst der Beschäftigten, zukünftig durch Leiharbeitnehmer substituiert zu werden bzw. selber bald als Leiharbeitnehmer bei der konzerneigenen Personal-Service-Gesellschaft beschäftigt zu werden. Auch das Betriebsklima wird beeinträchtigt, was wiederum Auswirkungen auf die Qualität der Arbeit und die Motivation der Beschäftigten hat.

Grundsätzlich sollte deshalb die Arbeitnehmerüberlassung eine atypische Beschäftigungsform bleiben und nur in wirtschaftlich schwierigen Lagen bzw. bei kurzfristigen Engpässen in Erwägung gezogen werden. Solange die rechtliche Möglichkeit zur Substitution bestehen bleibt, wird diese auch von den Unternehmen genutzt. Letztlich wird die Entscheidung für oder gegen eine Änderung der gesetzlichen Rahmenbedingungen eine politische Entscheidung sein.

Literatur- und Quellenverzeichnis

Bücher / Kommentare / Festschriften

Ahrens Ulrich, Auswirkungen der Einführung von Diagnosis Related Groups in Deutschland, Regensburg 2005

Andelewski Utz Aeneas, Berliner Kommentar zum Mitarbeitervertretungsgesetz der Evangelischen Kirche in Deutschland (MVG.EKD), Stuttgart 2007 (zit.: Andelewski/*Bearbeiter*, MVG.EKD)

Annuß/Thüsing (Hrsg.), Teilzeit- und Befristungsgesetz, 2. Aufl. Frankfurt am Main 2006 (zit.: *Bearbeiter* in Annuß/Thüsing, TzBfG)

Bleistein Franzjosef/Thiel Adolf, Kommentar zur Rahmenordnung für eine Mitarbeitervertretungsordnung (MAVO), 5. Aufl. München 2006 (zit.: *Bearbeiter* in Bleistein/Thiel, MAVO)

Boemke Burkhard/Lembke Mark, Arbeitnehmerüberlassungsgesetz, 2. Aufl. Frankfurt am Main 2005 (zit.: *Boemke/Lembke,* AÜG)

Bruckenberger Ernst/Klaue Siegfried/Schwintowski Hans-Peter, Krankenhausmärkte zwischen Regulierung und Wettbewerb, Berlin / Heidelberg 2006

Creifelds, Rechtswörterbuch, 19. Aufl. München 2007

Däubler, Tarifvertragsgesetz, 2. Aufl. Baden - Baden 2006 (zit.: Däubler/*Bearbeiter*, TVG)

Deutsche Krankenhausgesellschaft, Broschüre „Zahlen, Daten, Fakten 2007“

Dieterich/Neef/Schwab (Hrsg.), Arbeitsrecht-Blattei, Heidelberg / München / Landsberg / Berlin 2006 (zit.: AR-Blattei (SD)/*Bearbeiter*)

Dietrich Martin, Qualität, Wirtschaftlichkeit und Erfolg von Krankenhäusern, Wiesbaden 2005

Dörner Hans-Jürgen, Der Leiharbeitnehmer in der Betriebsverfassung, in: *Festschrift für Hellmut Wissmann zum 65. Geburtstag*, München 2005, S. 286 - 301

Erfurter Kommentar zum Arbeitsrecht, 8. Aufl. München 2008 (zit.: ErfK/*Bearbeiter*)

Grimm Detlef/Brock Martin, Praxis der Arbeitnehmerüberlassung, Bonn 2004

Haubrock Manfred/Schär Walter (Hrsg.), Betriebswirtschaft und Management im Krankenhaus, 4. Aufl. Bern 2007

Henssler/Willemsen/Kalb (Hrsg.), Arbeitsrecht Kommentar, 2. Aufl. Köln 2006 (zit.: HWK/*Bearbeiter*)

Hiekel Hans-Jürgen, Besonderheiten bei Befristung und betriebsbedingter Kündigung von Leiharbeitsverhältnissen, in: *Festschrift zum 25-jährigen Bestehen der ARGE Arbeitsrecht im Deutschen Anwaltverein*, Bonn 2006, S. 333 – 344

Kämmerer Jörn Axel/Thüsing Gregor, Leiharbeit und Verfassungsrecht, Berlin 2005

Leuchten Alexius, Zur Zustimmung des Betriebsrats bei der Einstellung von Leiharbeitnehmern – insbesondere bei Konzernverhältnissen, in: *Festschrift zum 25-jährigen Bestehen der Arbeitsgemeinschaft Arbeitsrecht im Deutschen Anwaltverein,* Bonn 2006, S. 927 - 939

Lorenzen, Bundespersonalvertretungsgesetz, Heidelberg 2008 (zit.: Lorenzen/*Bearbeiter,* BPersVG)

Pulte Peter, Das deutsche Arbeitsrecht, 2. Aufl. München 2006

Reineke Thomas, Arbeitnehmerüberlassungsgesetz – Reformbedarf nach den Hartz-Reformen?, in: *Festschrift Manfred Löwisch zum 70. Geburtstag,* München 2007, S. 211 - 228

Richardi Reinhard, Personalvertretungsrecht, 3. Aufl. München 2008 (zit.: Richardi/*Bearbeiter,* BPersVG)

Rutz Stefan, Die Einführung von Diagnosis Related Groups in Deutschland, Lohmar - Köln 2006

Schaub Günter, Arbeitsrechts – Handbuch, 12. Aufl. München 2007 (zit.: Schaub/*Bearbeiter*, ArbR-Hdb.)

Schüren Peter, Arbeitnehmerüberlassungsgesetz, 3. Aufl. München 2007 (zit.: Schüren/*Bearbeiter*, AÜG)

Schüren Peter, Tarifverträge für die Leiharbeit – weitreichende Innovation mit erheblichem Konfliktpotential, in: *Jahrbuch des Arbeitsrechts*, Band 41, Berlin 2004, S. 49 - 70

Schwerdtner Peter, Rechtshandbuch der Personalpraxis, 15. Aufl. Neuwied 2006

Sponer/Steinherr, Tarifvertrag für den öffentlichen Dienst, Gesamtausgabe – Kommentar, Heidelberg 2007 (zit.: *Bearbeiter* in Sponer/Steinherr, TVöD)

Thüsing Gregor, Arbeitnehmerüberlassungsgesetz, München 2005 (zit.: Thüsing/*Bearbeiter,* AÜG)

Thüsing Gregor, Kirchliches Arbeitsrecht, Tübingen 2006

Thüsing Gregor, Leiharbeitnehmer in Caritas und Diakonie – Rechtliche Grundlagen und personelle Grenzen der kirchlichen Dienstgemeinschaft, in: *Festschrift Reinhard Richardi zum 70. Geburtstag,* München 2007, S. 989 - 1005

Tilch/Arloth (Hrsg.), Deutsches Rechts-Lexikon, 3. Aufl. München 2001

Ulber Jürgen, Arbeitnehmerüberlassungsgesetz, 3. Aufl. Frankfurt am Main 2006 (zit.: *Ulber,* AÜG)

Urban-Crell Sandra/Schulz Christian, Arbeitnehmerüberlassung und Arbeitsvermittlung, München 2003

Willemsen Heinz Josef, Arbeitsrechtliche Strategien für eine Änderung der Tarifstruktur am Beispiel der Arbeitszeitverlängerung ohne Lohnausgleich, in: *Festschrift zum 25-jährigen Bestehen der ARGE Arbeitsrecht im Deutschen Anwaltverein,* Bonn 2006, S. 1013 – 1035

Zeitschriften

Andelewski Utz/Stützle Nils, Die Einstellung von Leiharbeitnehmern und das kirchliche Arbeitsrecht, NZA 2007, 723 - 730

Baumann-Czichon Bernhard, Erdbeben in der Diakonie – Das Ende der Leiharbeit, AuK 2006, 86 - 88

Baumann-Czichon Bernhard, Leiharbeit – die neue Form der Tarifflucht, AuK 2006, 47 - 49

Baumann-Czichon Bernhard, Wider die Säkularisierung der Diakonie – Oder warum das Verbot ersetzender Leiharbeit unverzichtbar ist, AuK 2007, 35 – 40

Behrend Britta, Neues zum Scheinwerkvertrag: Die vermutete Arbeitsvermittlung im AÜG, BB 2001, 2641 - 2646

Belling Detlev, Kirchliches Arbeitsrecht und kirchliche Arbeitsgerichtsbarkeit, NZA 2006, 1132 - 1135

Bertram Oliver, Konzerninterne Personal-Service-Gesellschaften, HR Services 3/2007, 39 - 42

Blanke Thomas, Die betriebsverfassungsrechtliche Stellung der Leiharbeit, DB 2008, 1153 - 1159

Boemke Burkhard, jurisPR-ArbR 48/2006, Anm. 3 zu LAG Niedersachsen, 28.02.2006

Bohle Thomas, Tarifaustritt, Tarifbindung und Tarifkonkurrenz – tarifrechtliche Aspekte im kommunalen Krankenhaus, Das Krankenhaus 2006, 565 - 572

Brors Christiane/Schüren Peter, Konzerninterne Arbeitnehmerüberlassung zur Kostensenkung, BB 2004, 2745 - 2752

Brors Christiane/Schüren Peter, Kostensenkung durch konzerninterne Arbeitnehmerüberlassung, BB 2005, 494 - 495

Dahl Holger, Betriebsbedingte Kündigung eines Leiharbeitsverhältnisses wegen Auftragsrückgangs, DB 2003, 1626 - 1629

Dahl Holger, Zeitarbeit - zwei Jahre nach Hartz, FA 2006, 290 - 293

Düwell Franz Josef/Dahl Holger, Arbeitnehmerüberlassung und Befristung, NZA 2007, 889 - 893

Feuerborn Andreas, Arbeitnehmerüberlassung im Konzern, WiVerw 2001, 190 - 203

Frik Roman, Die Befristung von Leiharbeitsverträgen nach dem Teilzeit- und Befristungsgesetz, NZA 2005, 386 - 390

Gathmann Mira, Wo Kirche draufsteht, muss auch Kirche drin sein, AuK 2007, 106 - 107

Gaul Björn/Naumann Eva, Tarifwechsel durch Firmentarifvertrag, DB 2006, 1054 – 1059

Gaul Björn/Naumann Eva, Gestaltungsrisiken bei der arbeitsvertraglichen Bezugnahme auf Tarifverträge, DB 2007, 2594 – 2598

Groeger Axel, Arbeitsrechtliche Aspekte des neuen Arbeitnehmerüberlassungsgesetzes, DB 1998, 470 - 473

Hamann Wolfgang, Gewerbsmäßige Arbeitnehmerüberlassung, JURA 2003, 361 - 368

Hamann Wolfgang, Gleichbehandlungsgrundsatz im AÜG, BB 2005, 2185 - 2189

Herms Sascha/Meinel Gernod, Neue Wege im Arbeitsrecht, Krankenhaus Umschau 2006, 705 -707

Hunold Wolf, Die Rechtsprechung zu den Beteiligungsrechten des Entleiher-Betriebsrats bei Einsatz von Leiharbeitnehmern, NZA-RR 2008, 281 - 286

Joussen Jacob, „Ut unum sint" – Betriebsgemeinschaft und Dienstgemeinschaft im Arbeitsrecht, RdA 2007, 328 - 335

König Kai/Hauptvogel Christoph J./Zeidler Frank, Outsourcing: arbeitsrechtliche und umsatzsteuerliche Aspekte bei privaten Krankenhäusern, BB Special 2005, 9 - 18

Landauer Gert, Wie krank ist der Patient Krankenhaus?, WISU 2006, 1045 - 1048

Laschet Helmut, Lohndumping im Namen der Barmherzigkeit, Ärzte-Zeitung vom 19.10.2005

Lembke Mark, Befristung von Arbeitsverträgen mit Leiharbeitnehmern nach „Hartz I" DB 2003, 2702 - 2706

Lembke Mark, Die „Hartz-Reform" des Arbeitnehmerüberlassungs-gesetzes, BB 2003, 98 – 104

Manterfeld Norbert, Perspektiven der Zeitarbeit in der Diakonie nach dem Beschluss des KGH.EKD, AuK 2007, 30 - 34

Marschner Andreas, Die Abgrenzung der Arbeitnehmerüberlassung von anderen Formen des Personaleinsatzes, NZA 1995, 668 -670

Mastmann Gabriele/Offer Bettina, Ausgewählte Probleme der Leiharbeit, AuA 2005, 330 - 335

Melms Christopher/Lipinski Wolfgang, Absenkung des Tarifniveaus durch die Gründung von AÜG-Gesellschaften als alternative oder flankierende Maßnahme zum Personalabbau, BB 2004, 2409 - 2417

o.V., Flexibilisierung kontra Besitzstände, Personalführung 6/2007, 20 - 21

o.V., Leiharbeiter sollen Kosten an Uniklinik Essen senken, Ärzte-Zeitung vom 27./28.04.2007

Pitschas Rainer, Fallpauschalen im Krankenhaus – Rechtsfragen leistungsbezogener Krankenhausentgelte, NZS 2003, 341 - 346

Plander Harro, Tarifflucht durch kurzfristig vereinbarten Verbandsaustritt?, NZA 2005, 897 – 902

Reiserer Kerstin/Powietzka Arnim, Änderungskündigung zur Entgeltsenkung, BB 2006, 1109 - 1115

Röder Gerhard/Krieger Steffen, Arbeitnehmerüberlassung: Kein Ausweg aus der equal pay-Falle? DB 2006, 2122 – 2125

Säcker Franz Jürgen/Kühnast Simone, Die vermutete Arbeitsvermittlung (§ 1 Abs. 2 AÜG) als gesetzgebungspolitische Fehlleistung, ZfA 2001, 117 - 155

Schiefer Bernd/Köster Hans-Wilhelm / Korte Walter, Befristung von Arbeitsverträgen – Die neue Altersbefristung nach § 14 Abs. 3 TzBfG, DB 2007, 1081 -1086

Schüren Peter, Kostensenkung durch konzerneigene Verleihunternehmen, BB 2007, 2346 - 2350

Thüsing Gregor, Equal pay bei Leiharbeit, DB 2003, 446 – 451

Thüsing Gregor/Lembke Mark, Zeitarbeit im Spannungsverhältnis von Dienstleistungsfreiheit und Tarifautonomie, ZfA 2007, 87- 125

Ubber Thomas, Zeitarbeit aus dem eigenen Haus, Personalwirtschaft 11/2006, 50 - 52

Ulber Jürgen, Personal-Service-Agenturen und Neuregelung der Arbeitnehmerüberlassung, AuR 2003, 7 - 15

von Steinau-Steinrück Robert/Paul Sabine, Drittbezogener Personaleinsatz im Überblick, NJW – Spezial 2006, 81 - 82

Wensing Hans-Hubert/Freise Agnes, Beteiligungsrechte des Betriebsrats bei der Übernahme von Leiharbeitnehmern, BB 2004, 2238 – 2245

Werthebach Pia, Die Befristung von Leiharbeitsverträgen nach dem Teilzeit- und Befristungsgesetz, NZA 2005, 1044

Willemsen Heinz Josef/Annuß Georg, Kostensenkung durch konzerninterne Arbeitnehmerüberlassung, BB 2005, 437 -440

Zumbeck Christine, „Ein Strohmann, kein Verleiher", Mitbestimmung 2005, 68

Zeitungen

Focus vom 02.05.2006, „Krankenhaus-Sterben: 600 Kliniken vor dem Aus"

Wirtschaftswoche vom 26.03.2007, „Moderne Nomaden"

Die Welt vom 16.05.2007, „SPD wirft der Union Blockade beim Mindestlohn vor"

Focus vom 25.06.2007, „Bruderkrieg der Bosse"

Die Welt vom 17.09.2007, „Leiharbeit: EU setzt Deutschland unter Druck"

Handelsblatt vom 23.10.2007, „Zeitarbeitsbranche empört über SPD-Pläne"

FAZ vom 10.12.2007, „Streit über Zeitarbeit"

FAZ vom 17.12.2007, „Glos warnt vor Änderungen des Arbeitnehmerüberlassungsgesetzes"

Die Welt vom 29.12.2007, „Ver.di sieht im neuen Jahr Konflikte heraufziehen"

Focus vom 07.01.2008, „Kolbenfresser im Jobmotor"

Financial Times Deutschland vom 29.01.2008, „Dossier Glos warnt vor Kahlschlag bei Zeitarbeit"

Kitzinger Zeitung vom 01./02.03.2008, „Service GmbH soll Supergau verhindern"

Die Welt vom 11.03.2008, „Union: SPD-Minister Scholz soll Mindestlohn Pläne überarbeiten"

Wirtschaftswoche vom 21.03.2008, „Zeitarbeit: Kleber und Brücke"

Mainpost vom 31.03.2008, „Bischof verurteilt kirchliche Leiharbeit"

Die Welt vom 10.04.2008, „IG Metall sagt Zeitarbeit den Kampf an"

FAZ vom 25.04.2008, „Deutschland hält die Grenzen dicht"

Die Welt vom 03.05.2008, „Streit um Mindestlohn lodert auf"

Tagesspiegel vom 01.06.2008, „Rechte für Leiharbeiter gestärkt"

Tagesspiegel vom 10.06.2008, „Verwischte Versprechen"

Handelsblatt vom 12.01.2009, „Fünf Branchen bekommen Mindestlohn"

Sonstiges

Bundesgesetzblatt, BGBl. I 2002, 4607 f.

Durchführungsanweisung der Bundesagentur für Arbeit, PP 11-7160.4

Geänderter Vorschlag für eine Richtlinie des Europäischen Parlaments und des Rates über die Arbeitsbedingungen von Leiharbeitnehmern, KOM (2002)701 endg.

Geänderter Vorschlag für eine Richtlinie des Europäischen Parlaments und des Rates über die Arbeitsbedingungen von Leiharbeitnehmern, 9687/08 SOC 300 CODEC 625

Haufe Personal Office Professional Online

Jahresbericht 2006 des Universitätsklinikums Essen, S. 61

Koalitionsbeschluss zum Arbeitnehmerentsendegesetz und Mindestarbeitsbedingungsgesetz vom 18.06.2007

Personalrat-Info des Uniklinikums Essen, Extraausgabe 06-2007

Politische Einigung im EU-Ministerrat zu den Richtlinien über Arbeitszeit und Leiharbeit am 9. Juni 2008, Material zur Information des Bundesministerium für Arbeit und Soziales

Pressemitteilung der DKG vom 09.04.2008 zum Tarifabschluss für Ärzte an kommunalen Krankenhäusern

Pressemitteilung der DKG vom 31.03.2008 zum Tarifabschluss für die Beschäftigten des kommunalen öffentlichen Dienstes

Statistik der Bundesagentur für Arbeit, Arbeitsmarkt in Zahlen, Arbeitnehmerüberlassung, 1. Halbjahr 2008, Nürnberg 2008

Statistisches Bundesamt, Grunddaten der Krankenhäuser 2006, Fachserie 12, Reihe 6.1.1, Wiesbaden 2007

Statistisches Bundesamt, Statistisches Jahrbuch 2007, Wiesbaden 2007

Stellungnahme der Bundesagentur für Arbeit zum Arbeitnehmerüberlassungsgesetz

Bundestagsdrucksachen

BT-Drs. 9/847 vom 28.09.1981, Gesetzentwurf der Bundesregierung, Entwurf eines Gesetzes zur Bekämpfung der illegalen Beschäftigung (BillBG)

BT-Drs. 10/3206 vom 17.04.1985, Beschlussempfehlung und Bericht zu dem von der Bundesregierung eingebrachten Entwurf eines Beschäftigungsförderungsgesetzes 1985 und zu dem Antrag der Fraktion der SPD

BT-Drs. 12/5502 vom 04.09.1993, Gesetzentwurf der Bundesregierung, Entwurf eines Ersten Gesetzes zur Umsetzung des Spar-, Konsolidierungs- und Wachstumsprogramms

BT-Drs. 13/4941 vom 18.06.1996, Gesetzentwurf der Fraktionen der CDU/CSU und FDP, Entwurf eines Gesetzes zur Reform der Arbeitsförderung (Arbeitsförderung-Reformgesetz AFRG)

BT-Drs. 14/6944 vom 24.09.2001, Gesetzentwurf der Fraktionen der SPD und Bündnis 90/Die Grünen, Entwurf eines Gesetzes zur Reform der arbeitsmarktpolitischen Instrumente (Job-Aqtiv-Gesetz)

BT-Drs. 15/25 vom 05.11.2002, Gesetzentwurf der Fraktionen SPD und Bündnis 90/Die Grünen, Entwurf eines Ersten Gesetzes für moderne Dienstleistungen am Arbeitsmarkt

BT-Drs. 15/6008 vom 30.09.2005, Unterrichtung durch die Bundesregierung, Zehnter Erfahrungsbericht der Bundesregierung über Erfahrungen bei der Anwendung des Arbeitnehmerüberlassungsgesetzes – AÜG -

BT-Drs. 16/1777 vom 07.06.2006, Kleine Anfrage der Abgeordneten Brigitte Pothmer, Irmingard Schewe-Gerigk und der Fraktion BÜDNIS 90/DIE GRÜNEN – Arbeitnehmerüberlassungsgesetz – Wirkung der unbegrenzten Entleihdauer

BT-Drs. 16/1926 vom 22.06.2006, Antwort der Bundesregierung auf die Kleine Anfrage der Abgeordneten Brigitte Pothmer, Irmingard Schewe-Gerigk und der Fraktion BÜDNIS 90/DIE GRÜNEN – Drucksache 16/1777

BT-Drs. 16/4805 vom 22.03.2007, Gesetzentwurf der Abgeordneten Werner Dreibus, Dr. Barbara Höll, Ulla Lötzer, Kornelia Möller, Dr. Herbert Schui, Dr. Axel Troost, Sabine Zimmermann, Dr. Gregor Gysi, Oskar Lafontaine und der Fraktion DIE LINKE, Entwurf eines ... Gesetzes zur Änderung des Gesetzes zur Regelung der erwerbsmäßigen Arbeitnehmerüberlassung (...Arbeitnehmerüberlassungsgesetzänderungs-gesetz - ...AÜGÄndG)

BT-Drs. 16/6127 vom 23.07.2007, Kleine Anfrage der Abgeordneten Ulla Lötzer, Werner Dreibus, Dr. Barbara Höll, Kornelia Möller, Dr. Axel Troost, Sabine Zimmermann und der Fraktion DIE LINKE – Konzerninterne Arbeitnehmerüberlassung

BT-Drs. 16/6221 vom 09.08.2007, Antwort der Bundesregierung auf die Kleine Anfrage der Abgeordneten Ulla Lötzer, Werner Dreibus, Dr. Barbara Höll, weiterer Abgeordneter und der Fraktion DIE LINKE – BT-Drucksache 16/6127 – Konzerninterne Arbeitnehmerüberlassung

BT-Drs. 16(11)734 vom 19.09.2007, Änderungsantrag der Abgeordneten Brigitte Pothmer... und der Fraktion BÜNDNIS 90/DIE GRÜNEN zur zweiten Beratung des Gesetzentwurfs der Abgeordneten Werner Dreibus, Dr. Barbara Höll, Ulla Lötzer, weiterer Abgeordneter und der Fraktion DIE LINKE – BT-Drucksache 16/4805 -

BT-Drs. 16/7513 vom 12.12.2007, Beschlussempfehlung und Bericht des Ausschusses für Arbeit und Soziales (11. Ausschuss) – BT-Drucksache 16/4805 –

BT-Drs. 16/10486 vom 07.10.2008, Gesetzentwurf der Bundesregierung über zwingende Arbeitsbedingungen für grenzüberschreitend entsandte und für regelmäßig im Inland beschäftigte Arbeitnehmer und Arbeitnehmerinnen (AEntG)

Internet

www.bmas.de

Rechtsprechung

BAG, Beschluss v. 06.06.1978, 1 ABR 66/75, Haufe Personal Office Professional Online - HaufeIndex 437014

BAG, Urteil v. 20.07.1982, 3 AZR 446/80, AP Nr. 5 zu § 611 BGB Mittelbares Arbeitsverhältnis mit Anm. Koller

BAG, Urteil v. 20.03.1986, 2 AZR 294/85, Haufe Personal Office Professional Online - HaufeIndex 437722

BAG, Urteil v. 05.05.1988, 2 AZR 795/87, Haufe Personal Office Professional Online - HaufeIndex 438230

BAG, Urteil v. 23.11.1988, 7 AZR 34/88, AP Nr. 14 zu § 1 AÜG

BAG, Beschluss v. 24.05.1995, 7 ABR 48/94, Haufe Personal Office Professional Online - HaufeIndex 441001

BAG, Urteil v. 26.09.1996, 2 AZR 200/96, NZA 1997, 202 - 204

BAG, Urteil v. 06.11.1996, 10 AZR 287/96, NZA 1997, 659 - 661

BAG, Urteil v. 03.12.1997, 7 AZR 764/96, NZA 1998, 876 - 879

BAG, Urteil v. 10.02.1999, 2 AZR 422/98, Haufe Personal Office Professional Online - HaufeIndex 436255

BAG, Urteil v. 28.06.2000, 7 AZR 100/99, Haufe Personal Office Professional Online - HaufeIndex 537469

BAG, Urteil v. 25.10.2000, 7 AZR 487/99, RdA 2002, 107 - 110 mit Anm. Schüren/Behrend

BAG, Urteil v. 20.03.2002, 4 AZR 101/01, NZA 2002, 1402 – 1406

BAG, Beschluss v. 12.11.2002, 1 ABR 1/02, Haufe Personal Office Professional Online - HaufeIndex 906800

BAG, Urteil v. 19.02.2003, 4 AZR 11/02, Haufe Personal Office Professional Online - HaufeIndex 980897

BAG, Urteil v. 19.03.2003, 7 AZR 267/02, DB 2003, 2793 -

BAG, Beschluss v. 16.04.2003, 7 ABR 53/02, BB 2003, 2178 - 2180

BAG, Urteil v. 06.08.2003, 7 AZR 180/03, BB 2004, 669 - 672

BAG, Beschluss v. 22.10.2003, 7 ABR 3/03, Haufe Personal Office Professional Online - HaufeIndex 1123480

BAG, Beschluss v. 10.03.2004, 7 ABR 49/03, AP Nr. 8 zu § 7 BetrVG 1972

BAG, Urteil v. 24.03.2004, 5 AZR 303/03, NZA 2004, 971 – 974 = DB 2004, 1432 – 1434

BAG, Urteil v. 15.07.2004, 2 AZR 376/03, NZA 2005, 523 – 526

BAG, Urteil v. 16.12.2004, 2 AZR 66/04, NZA 2005, 761 - 764

BAG, Beschluss v. 25.01.2005, 1 ABR 61/03, NZA 2005, 1199 – 1203

BAG, Beschluss v. 20.04.2005, 7 ABR 20/04, NZA 2005, 1006 - 1010

BAG, Urteil v. 21.06.2005, 9 AZR 353/04, Haufe Personal Office Professional Online - HaufeIndex 1459738

BAG, Urteil v. 12.01.2006, 2 AZR 126/05, NZA 2006, 587 – 590

BAG, Urteil v. 18.05.2006, 2 AZR 412/05, RdA 2007, 176 - 180

BAG, Urteil v. 18.10.2006, 7 AZR 145/06, NZA 2007, 443 - 446

BAG, Urteil v. 17.01.2007, 7 AZR 23/06, DB 2007, 1034 – 1036

BAG, Urteil v. 18.04.2007, 4 AZR 653/05, DB 2007, 2597 - 2600

BAG, Urteil v. 19.09.2007, 4 AZR 656/06, DB 2008, 243 - 244

BAG, Beschluss v. 23.01.2008, 1 ABR 74/06, DB 2008, 822 - 823

LAG Hamm, Urteil v. 23.10.1987, 17 (9) Sa 578/87, EzAÜG § 10 AÜG Fiktion Nr. 57

LAG Hessen, Urteil v. 26.05.2000, 2 Sa 423/99, DB 2000, 1968 - 1969

LAG Berlin, Urteil v. 07.01.2005, 6 Sa 2008/04, NZA-RR 2005, 353

LAG Niedersachsen, Beschluss v. 28.02.2006, 13 TaBV 56/05, AuA 2006, 753 - 754 = BeckRs 2006, 43575

LAG Niedersachsen, Beschluss v. 31.10.2006, 12 TaBV 1/06, BeckRs 2007, 40409

LAG Niedersachsen, Beschluss v. 20.02.2007, 9 TaBV 107/05, BeckRs 2007, 45984

LAG Hamm, Urteil v. 05.03.2007, 11 Sa 1338/06, DB 2007, 1701 - 1702

LAG Hamm, Urteil v. 06.08.2007, 8 Sa 2311/04, Haufe Personal Office Professional Online - HaufeIndex 1848795

LAG Niedersachsen, Beschluss v. 26.11.2007, 6 TaBV 32/07, Haufe Personal Office Professional Online - HaufeIndex 1979191

LAG Niedersachsen, Beschluss v. 26.11.2007, 6 TaBV 33/07, Haufe Personal Office Professional Online - HaufeIndex 1979192

LAG Niedersachsen, Beschluss v. 26.11.2007, 6 TaBV 34/07, Haufe Personal Office Professional Online - HaufeIndex 1979193

ArbG Düsseldorf, Beschluss v. 11.08.2004, 4 BV 90/04, EzAÜG § 14 AÜG Betriebsverfassung Nr. 59

BVerfG, Beschluss v. 04.06.1985, 2 BvR 1703, 1718/83, 2 BvR 856/84, NJW 1986, 367 – 371, mit Anm. Weber

BVerfG, Beschluss v. 29.12.2004, 1 BvR 2283/03, 1 BvR 2504/03, 1 BvR 2582/03, BB 2005, 495 - 500

BVerwG, Beschluss v. 20.05.1992, 6 P 4.90, Haufe Personal Office Professional Online - HaufeIndex 1214361

BayObLG, Beschluss v.10.08.1995, 3Z BR 149/93, NZA-RR 1996, 10 – 12

KGH.EKD, Beschluss v. 09.10.2006, II-0124/M 35-06, NZA 2007, 761- 765

Stichwortverzeichnis

Pulte

Das deutsche Arbeitsrecht

Kompaktwissen für die Praxis

In erster Linie will das Arbeitsrecht die Rechtsbeziehungen zwischen Arbeitgeber und Arbeitnehmer - den Parteien des Arbeitsrechts - und deren Organisationen und Interessenvertretern regeln. Darüber hinaus dient es dem besonderen Schutz aller in abhängiger Tätigkeit stehender Personen. Im Vordergrund des Arbeitslebens steht der Mensch mit seiner persönlichen Arbeitsleistung.

Der Titel vermittelt kompakt und übersichtlich die vielseitigen Facetten des Arbeitsrechts. Von der Einstellung über die Durchführung bis zur Beendigung des Arbeitsverhältnisses werden alle Aspekte dargestellt, die in einem Arbeitsleben auftreten können. Aber auch die kollektivrechtliche Seite Betriebsverfassung, Tarifordnung, Streikrecht, das Arbeitsschutzrecht und das arbeitsgerichtliche Verfahren sind in die Darstellung aufgenommen worden.

Das Buch aus der Reihe „Kompaktwissen für die Praxis“ bietet sich somit sowohl zum Studium als auch für die praktische Orientierung als ein bedeutsames Hilfsmittel an.

ISBN 978-3-941388-00-0 Preis der Printausgabe: 19,80 €

Bontrup, Hansen

Personalmanagement

Kompaktwissen für die Praxis

Das Buch Personalmanagement ist eine Aufsatzsammlung von prominenten WissenschaftlerInnen und PraktikerInnen.

Neben Fragen der Personalplanung und des Personal- controllings werden das Problemfeld der Führung im Unternehmen sowie die Theorie und Praxis aktueller Manage- mentkonzepte zur Modernisierung der Arbeitsorganisation angesprochen. Weitere Aufsätze beschäftigen sich mit einem internationalen Vergleich der Arbeitszeitorganisation im Betrieb und mit der theoretischen Analyse des Arbeitsentgeltes in Form eines volks- und betriebswirtschaftlichen Diskurses.

Den Abschluss des Buches bildet ein Beitrag zur Unternehmenskultur, Partizipation und Mitbestimmung.

Die vorgelegte Aufsatzsammlung eignet sich sowohl für Studierende der Wirtschaftswissenschaft mit den Schwer- punkten Arbeitsökonomie und Personalbetriebswirtschafts- lehre als auch für Praktiker im Bereich des Personal- management sowie für unternehmerische und betriebliche Mitbestimmungsträger.

ISBN 978-3-941388-17-8 Preis der Printausgabe: 19,80 €

www.vprm.de

Korenke

Das deutsche Sozialversicherungsrecht **Kompaktwissen für die Praxis**

Das deutsche Sozialversicherungsrecht umfasst die fünf verschiedenen, im Sozial- gesetzbuch kodifizierten Zweige der Sozialversicherung. Das sind die Arbeits- losenversicherung, die gesetzliche Kranken-, Renten- und Unfallversicherung sowie die soziale Pflegeversicherung. Das Sozial- versicherungsrecht dient ebenso wie das Arbeitsrecht in erster Linie dem Schutz der abhängig Beschäftigten. Allerdings sind die Rechtsbeziehungen zwischen den Trägern der Sozialversicherung (Bundesagentur für Arbeit, Kranken- und Pflegekassen, Berufsgenossenschaften, Rentenversicherung etc.) öffentlich-rechtlicher Natur.

Der vorliegende Titel gibt einen praxisorientierten Überblick über die wichtigsten Begriffe und Institute der Sozialversicherung. Ausführlich behandelt werden vor allem die Ansprüche der Versicherten auf Arbeitslosen- und Krankengeld, auf Rente wegen ver- minderter Erwerbsfähigkeit, auf Verletztenrente nach einem Arbeitsunfall sowie auf Pflegegeld. Überdies werden in dem jeweiligen Kontext die Rechtsmittel des Widerspruchs und der Klage beim Sozialgericht dargestellt.

ISBN 978-3-941388-03-1 Preis der Printausgabe: 19,80 €

Pulte

Beteiligungsrechte des Betriebsrates außerhalb der Betriebsverfassung

Kompaktwissen für die Praxis

Die betriebliche Mitbestimmung der Arbeitnehmer regelt das Betriebsverfassungsgesetz. Darin ist die Zusammenarbeit zwischen Arbeitgeber, Belegschaften, Betriebsrat, Gewerkschaften und Vereinigungen des Arbeitgebers festgelegt. Es beinhaltet die Regelungen von der Wahl des Betriebsrats als Interessenvertretung der Arbeitnehmer über seine Aufgaben bis zu seinen Rechten. Geregelt werden darin im Einzelnen Informations-, Anhörungs- und Mitwirkungsrechte des Betriebsrats.

Neben den Regelungen im Betriebsverfassungsgesetz sind in zahlreichen anderen Gesetzen, Verordnungen und Anordnungen Rechte und Pflichten des Betriebsrates geregelt bzw. dessen Einbeziehung vorgesehen.

In der Reihe „Kompaktwissen für die Praxis“ wird eine neue Übersicht veröffentlicht, die nach Sachgebieten geordnet den wesentlichen Regelungsinhalt beinhaltet.

ISBN 978-3-941388-01-7 Preis der Printausgabe: 19,80 €

www.vprm.de